传统人生礼仪及其个体品德培育功能研究

何继龄 ———— 著

Traditional
Ritual

中国社会科学出版社

图书在版编目(CIP)数据

传统人生礼仪及其个体品德培育功能研究/何继龄著. —北京：中国社会
科学出版社，2017.5
ISBN 978 - 7 - 5203 - 0915 - 8

Ⅰ.①传… Ⅱ.①何… Ⅲ.①礼仪—研究—中国 Ⅳ.①K892.26

中国版本图书馆 CIP 数据核字(2017)第 221594 号

出 版 人	赵剑英	
责任编辑	张　潜	
特约编辑	范晨星	
责任校对	胡新芳	
责任印制	王　超	

出　　版	中国社会科学出版社	
社　　址	北京鼓楼西大街甲 158 号	
邮　　编	100720	
网　　址	http://www.csspw.cn	
发 行 部	010 - 84083685	
门 市 部	010 - 84029450	
经　　销	新华书店及其他书店	

印　　刷	北京君升印刷有限公司	
装　　订	廊坊市广阳区广增装订厂	
版　　次	2017 年 5 月第 1 版	
印　　次	2017 年 5 月第 1 次印刷	

开　　本	710 × 1000	1/16
印　　张	12.25	
插　　页	2	
字　　数	189 千字	
定　　价	56.00 元	

凡购买中国社会科学出版社图书,如有质量问题请与本社营销中心联系调换
电话:010 - 84083683

前言　礼仪与个体品德

　　在人类文明史上，礼仪随着历史的发展而逐渐成为传统文化的重要内容，也成为传统道德的重要组成部分，并成为社会成员培育个体品德的重要载体和实现途径，对人类社会的进步发挥了积极的推动作用。21世纪的今天，礼仪作为人们在社会生活中所必须遵循的行为规范和基本准则，它与道德的关系依然非常紧密，它既是现代道德的重要组成部分，也是现代公民强化自我修养、培育高尚道德品质的有效载体和实现途径。

　　文化思想史学家刘梦溪先生曾撰文指出："晚清以来百年中国的文化处于艰难的解构与重建的过程之中。这其中的问题多到不知凡几，但最为人所忽略也是最重要的，是代表一个民族文化秩序和文明程度的礼仪问题。中华民族号称礼仪之邦，但百年来西潮冲击、传统解体，我们越来越少了承继自己民族的文化传统、代表今天文明程度的诸种礼仪，包括怎么吃饭，怎么睡觉，怎么穿衣，怎么走路，怎么跟人谈话，基本上都处于失序状态。"[①] 生活在 21 世纪的今人，不论你是否赞成这一观点，古往今来的每一个社会成员都是礼仪的实践者，也是自己的人生礼仪的执行者，而人生礼仪的形成过程，实际上是对礼仪的研究和创新过程。因此，从广义的角度来看，自古迄今，人们所从事的一切社会活动都是围绕礼仪而展开的。

　　但是，我们也清楚地看到，礼仪总是与一定时期的道德观念以及风俗习惯相结合，体现道德意识与道德行为的有机统一，体现群体普遍的价值准则与个体品德及其行为的有机统一，进而成为维系社会稳定的巨

---

① 刘梦溪：《礼仪与文化传统的重建》，《光明日报》2004 年 4 月 28 日。

大制度力量；另一方面，礼仪又是通过一定的严格和规范的程式来体现它的宗旨，个体参与其中可以感受其严肃的氛围、庄重的陈设，在仪式中净化自己的灵魂、反思自己的言行，最终实现造就理想人格、指导和纠正人们的行为、培养和谐人际关系的目的。

在当代中国，礼仪这一传统美德的表现形式，不仅是社会主义核心价值观的承载者，也是中国特色社会主义社会公民的德性所在。在我国公民道德规范中，"明礼"同样被确定为是加强公民道德建设的基础性任务，这足以表明关注公民的个体品德及其行为应该成为我国道德实践的逻辑起点；同时，礼仪作为道德品质的外在表现形式之一，它具有规范性与操作性相统一的优势。人们可以通过参与一定的礼仪活动，将礼仪知识变为实际行动，在仪式中体验道德，进而养成文明规范的行为方式，形成高尚的个体品德。

一　礼仪的结构及其功能

在欧洲，"礼仪"一词最早见于法语的"etiquette"，原意是"法庭上的通行证"。作为法庭，无论是在古代还是在现代，为了展示司法活动的威严性、保证审判活动能够合法有序地进行，总是既安排得庄严肃穆，又要求所有进入法庭的人员必须十分严格地遵守法庭纪律。由于在社会交往中，人们必须遵守一定的规矩和准则，才能体现人之所以为人的特有风范，才能保证文明社会得以正常维系和发展，所以，当"etiquette"一词进入英文后，便有了"礼仪"的含义，意即"人际交往的通行证"。后来，经过不断的演变和发展，"礼仪"一词的含义逐渐变得明确起来，并独立出来。

中国作为一个具有悠久文化的文明古国，素有"礼仪之邦"之美称。"礼仪"一词，很早就是"礼义"与"典礼"的复合，并被作为典章制度、道德教化与风俗习惯而普遍使用。人们在把握上，也是将"礼仪"和"仪式"加以区别，"礼仪"的含义更接近于"礼义"，用以表明礼本身所蕴含的内在文化价值、精神实质与品德指向；"仪式"的含义则更接近于"典礼"，用以表明礼的外在表现形式、程式次序与物质载体。

礼仪是在原始人群形成之后，伴随着人们的劳动生产活动及社会交往活动的展开而形成的。原始人在进行劳动生产的时候，对生产的过程进行简单模仿，戴着各种装饰，表演打猎、种植或其他各种动作；在取得胜利和丰收的同时，他们也采取一定的形式表达愉快喜悦的心情，如当果实成熟的时候，他们跳丰收舞，打猎成功时，跳庆功舞。这种生产活动中的庆祝形式演变成今天欢庆丰收的礼仪。礼仪是劳动生活的产物，是劳动生活真实而高度的反映，它从生活中产生，又反过来影响和促进生活。从礼仪活动中，人们可以感受到劳动的乐趣和幸福，鼓舞信心，产生新的力量，创造劳动价值，推动社会历史的进步。

礼仪表现为对自然神灵的尊重。人类社会在它的起步阶段，由于生产力的低下，对自然界和人类社会中变幻无常的天气、昼夜更替、季节变换和生老病死等所有现象，都无法解释，从而产生一种观念，认为在他们周围存在着一种超自然的力量，自然界中似乎到处都有威力无穷、不可捉摸的神灵，这种神灵主宰着世上的一切，相比之下，人类是渺小和软弱无力的。人类为了生存，实现美好的生活愿望，就把它寄托在虚无缥缈的自然神灵的意志上，开始对各种自然力、自然物及神灵进行崇拜，并形成了一种相对固定的礼仪。

进入阶级社会之后，出现了国家，设置了管理机构，国家需要加强管理的职能以达到对人民的统治，于是就把礼仪引入了社会管理，纳入了政治轨道，用礼仪来约束人们的行为。荀子认为，"礼起于何也？曰：人生而有欲；欲而不得，则不能无求；求而无度量分界，则不能不争；争则乱；乱则穷。先王恶其乱也，故制礼义以分之，以养人之欲，给人之求，使欲不必穷乎物，物不必屈于欲；两者相持而长，是礼之所起也。"① 荀子认为，礼就是用来节制个人欲望、合理安排个人利益的行为准则。这就扩大了礼的内涵，把法规制度、行为规范融到"礼"中。

礼仪是由礼仪观念、礼仪行为和礼仪模式三部分构成的。礼仪观念是人们在社会活动及其人际交往中对礼仪价值取向的各种心理过程及由此产生的相对稳定的礼仪心理。作为社会活动与人际交往的产物，礼仪

_____

① 《荀子·礼论》。

观念的产生是人类的精神心理与其群体生活互动的结果。应该说，礼仪意识首先产生于人类群体生活中的物质生产、再生产的过程。物质生产与再生产，是人类生存与发展的首要和基本条件。"当原始人学会集体制造工具、集体狩猎、集体采集和集体调节群体内部两性关系以繁衍群体人口时，他们自己为自己创造一种经久的、牢固的纽带从而使动物的生物群体转变成人类的社会性群体。在社会群体中，原始人通过集体生产的共同目标和维护族系生命延续的基本要求，不但逐渐形成了一种公共意志，而且要求每个成员的行为举动都表现服从这个公共意志。在集体生产过程中，每个人的行为都被纳入到一个有组织的活动系统中，大家只有服从共同的目标，互相协作，密切配合，才能保证任务的完成。这样，个体的行为不但必须面对集体进行克制和调整，而且必须面对相关个体进行克制和调整。"[1]　正是在不断进行的物质生产、再生产的过程中，促使人类形成了一种"共同意志"，礼仪观念作为这种"共同意志"的重要组成部分，成为社会成员在社会活动和日常交往中不得不经常地、持续不断地培养的一种社会意识。礼仪观念的产生也表现了人类对自我的尊重。人与动物的根本区别就在于人能意识到自己的需要，并能使客观需要转化为主观目的。由于有了自我意识，人们才获得自我控制的能力。礼仪观念的产生固然不能缺少外在的条件，但它最终还是直接发生于人的自我意识之中。礼的本意是敬神，但神是虚幻的，而人类自身的能力却日益显现。而在长期的社会实践中，人们逐渐认识到自身的价值。于是，人们在向"神"祈福的同时，也对人类自己的智慧和力量给予歌颂和纪念，借助自己的意志、智慧和力量逐步认识世界、改造世界，由此而对那些为社会发展与进步做出突出贡献的人报之以礼仪，给予歌颂和纪念。这是对礼仪的高度升华，赋予礼仪真正的意义。中国古代礼仪中的修陵墓、建庙宇祠堂、立碑和定节日等各种礼仪，都表现出对人类自身的尊重。孟德斯鸠认为，西方"君主国的教育要求人们的举止要有某种礼貌；人类与生俱来要一起生活，也同样要彼此取悦。那些不遵守社交惯例的人，会冒犯所有与他共同生活的人，而丧失其信用，以至于毫无成就。然而，礼貌的来源通常并非如此单纯，它来

---

[1]　刘文英：《原始道德的自制力从何而来》，《伦理学研究》2003 年第 3 期。

自人们出人头地的欲望。人们有礼貌是出于自尊。你们用仪表来证实自己并不卑贱，并以此证明我们从未同被历代所不齿的人们共同生存过。这就是我们引为骄傲的。""我们以此产生了对所有人的尊重。以此产生的礼貌使有礼貌的人欣喜，也使接受礼貌的人对人们的喜悦以礼相待。"①

　　礼仪行为是指礼仪在表达上的行为形式和程序上的约定俗成。中国传统的礼，实际上就是系统化、规范化、制度化了的道德行为规范，也是人际交往中必须遵循的最基本的行为准则。礼仪行为常常被分为个体礼仪、群体礼仪和社会礼仪三种类型。其中个体礼仪是社会个体在个人生活领域所体现出来的符合"礼"的精神的行为规范。个体礼仪以个人为支点，是个人仪容、举止、服饰、谈吐等方面的具体规定，也是个人道德品质、文化素养、审美修养等精神内涵的外在表现。它是对社会成员个人自身行动的礼仪规定，其核心是律己敬人、表里如一。这对于建立人与人之间的相互尊重和友好合作的新型关系，避免或缓解个人或群体的冲突十分重要。群体礼仪是指人们在群体交往活动中所遵循的相互表示尊重、敬意、亲善和友好的行为规范与准则。群体礼仪要求人们在公共场所依照群体礼仪的要求而行事，文明礼貌、相互尊重、相互体谅，不妨碍他人，不随意议论他人，守住自己与他人的界限，从而顺利地进行公共活动；群体礼仪要求人们行为有序，在公共生活中自觉维护公共道德要求，具有较强的礼仪观念，行为举止要有较高的律己自控能力。社会礼仪是人们在社会生活中所必须遵循的行为规范和准则。社会礼仪是人类活动的规约，是社会交往的通行证。社会礼仪的核心是谦恭礼让，基本原则是平等、尊重、宽容，基本要求是善良、诚信、和谐、谦敬、自律，包含了以安分守己、行为有序、友善待人为主要内容的交往礼仪，以敬业奉献、诚实守信、热情公道为主要内容的职业礼仪和以平等互爱、敬老爱幼、谦让互助为主要内容的家庭礼仪。在人类社会的发展进程中，礼仪始终以其巨大的交际功能、道德功能和管理功能，制约和影响着人们社会生活的方方面面，成为个人进步和社会发展的重要工具和手段。

---

　　① 孟德斯鸠：《论法的精神》，陕西人民出版社 2001 年版，第 38—39 页。

　　礼仪模式是人们在习俗的基础上形成，在观念的层次上升华，在行为的基础上提高，最后成为社会成员必须遵守的道德规范和行为准则。当礼仪成为一种人们应该遵循的道德规范和行为准则而相对固定下来时，它也就逐渐变成人们的行为模式，并形成顽强的习惯定式，穿越时代的限制，凝结成传统的积淀，潜移默化，渗透到社会观念中，影响个体的道德品质与行为方式。其中家庭礼仪模式、人生礼仪模式和交际礼仪模式对个体品德培育的影响最为明显。家庭礼仪模式可以具体地划分为家庭成员礼仪、家庭称谓礼仪、家庭仪式礼仪和家庭生活礼仪四类。其中家庭成员礼仪主要指成员之间的礼仪规范，如夫妻之间的礼仪、父母子女之间的礼仪、兄弟姐妹之间的礼仪等；家庭称谓礼仪是指家庭成员之间具有礼貌性和规范性的称谓；家庭仪式礼仪是指家庭活动中的各种仪式都有各自不同的一套行为准则与活动规范，举办者与参加者由于所处的地位、立场不同，其行为都应遵从或符合一定的礼仪规范和要求；而家庭生活礼仪所涉及的范围很广，是家庭生活的方方面面。人生礼仪模式主要包括：诞生礼、成年礼、婚礼、葬礼，以及标志人进入重要年龄阶段的祝寿仪式和一年一次的生日庆贺活动等。人生礼仪模式的主要功能是实现个体在社会中的角色转换。人际交往模式主要包括称谓礼仪、相见礼仪和文字礼仪，它指的是人与人之间传递信息、沟通思想和交流情感的联系过程。人际交往，从来都在不同层次、不同规模上进行，因而也体现出不尽相同的性质。

　　礼仪的首要功能是调节功能。礼仪本身体现着一种价值导向，引导人们选择正确的价值方向和目标，去做符合礼仪规范的事情；同时，它通过对人们行为的评价及评价信息的反馈，来指导、纠正人们的行为和活动，使之符合道德规范，以特有的感召力引导人们扬善抑恶、趋美避丑。礼仪可以适当地限制人们对于物质利益的需求，以协调人们不断增长的欲望与有限的物质资源之间的矛盾。一套合乎社会规范的礼仪能够限制人们的物质需求而又使人们心安理得地认定自己的名分而不做非分的追求，这就发挥了它在物质分配方面的调节功能。同时，礼仪又通过指导和纠正人们的行为方式，塑造良好的社交形象等手段，来达到协调人际关系的目的。尤其是当人际关系出现裂痕，良好而得体的礼仪可以弥合这种裂痕，这也是一种调节。如果说礼貌、礼节、礼物都还不过是外在的行为方式，那么推己及人、以己度人的忠恕之道，则是一种内在的道德修养。它是礼仪的更高层次追求，是一种发自内心的自我约束。做到了这一点，人际关系也就可以得到更为理想的调节。

其次是教育功能。礼仪与法律不同，法律对民众的行为具有强制性，而礼仪重在自律。也就是说，礼仪主要是通过示范、灌输、评价、劝阻等教育方式，要求人们自觉遵行社会所倡导的行为规范，并且纠正那些不合乎规范的行为。这一切，都在和风细雨之中潜移默化地进行着，较少使用暴力。正因为如此，礼仪的教育功能历来受到人们的重视。事实上，礼仪的推行过程，其本身也就是一个全民的教育过程。任何礼仪都不仅仅表现为外在的行为方式，而必然地体现出行为主体的道德修养和文化修养。礼仪的深入人心、普遍推行，也就是全社会道德水平普遍提高、精神境界不断提升的过程。也正是在这样一个过程里，礼仪的教育功能得到了充分的体现。

再次是维系功能。人作为群体生活的动物，每个人都必须遵守一定的行为规范，否则，这个群体将不复存在；而当群体认同了一定的行为规范——礼仪——之后，社会生活就有可能逐渐步入有序的轨道；人与人之间有了正常的交往和协作，也就有可能使得群体产生向心力和凝聚力，从而进一步保证社会的稳定和健康发展。礼仪的许多规范，都在教人怎样处理夫妻关系、父子关系、兄弟关系，说到底，正是为了维系家庭，不让家庭破裂。家庭稳固了，社会稳定的基础就具备了。同时，礼仪作为群体的行为规范，长期积淀在人们的心灵深处，已经成为人们相互认同的标识。

最后是激励功能。人的道德素质是沉淀在内心世界的，但是，它可以通过人的礼仪行为表现出来。所以，观察一个人的仪态仪表、行为举止、语言文字，往往可以了解他内心的道德世界，包括道德认识、道德倾向和伦理精神，从而评价他的道德水准和修养程度。为了使社会成员的素质符合社会秩序的需要，任何社会都会推崇相应的理想人格，如果说道德精神是理想人格的重要内涵，那么，礼仪形象就是理想人格的外部表现。即"德"成于中，"礼"形于外，"德""礼"互相依托、相辅相成。礼仪能够通过认知的方式，帮助人们理解礼仪的价值及在塑造理想人格中的作用，从而自觉地培养道德精神和礼仪素质；同时，它还能够通过评价的方式，激发人们的道德情感和道德意志，引导人们坚持不懈地追求良好的礼仪形象，塑造一种将内在的思想素质与外在的仪表素质有机结合的完善的人格形象。

二　个体品德的内涵

道德作为人们相互之间行为规范的总和，是依靠社会舆论和人的内心信念来维持的，是依靠社会公共准则来约束的。社会道德现象在个体身上的表现即为个体品德。个体品德的实质是人际交往经验结构，是一种以情感为核心的知、情、意、行的整合结构，集中体现为对人、对事、对己的基本态度，其形成和发展既受客观的社会生活条件的制约，又服从于个体心理发展的规律，是人的个性中最具有道德评价意义的核心部分。

所谓个体品德，是指个人遵守社会道德规范在行动时所表现出来的稳定特点，是稳定的道德行为需要与为满足这种需要而掌握的稳定行为方式的统一体。个体品德既是社会道德原则和规范内化过程中建构起来的遵从性交往经验结构，也是个体作为主体对社会道德的认识、选择以及实践的结果，是个人在社会生活中的行为活动个性化的道德特质。个体品德至少应该包含以下四层含义：第一，个体品德是指具有一定社会身份并起一定社会作用的个人，为自我实现、自我完善而具备的，并适应一定利益关系的客观要求的道德素质和指导自身行为选择的内心道德准则的总和。第二，个体品德是能够展现有着特定情感的行动的性情、品质。作为一种品性状态，个体品德不只涉及做正确的行动，而且涉及感受正确的情感，是有品性的人理解和反映世界的一种视镜。第三，个体品德是个体在对社会道德原则和规范的内化过程中逐步建立起来的对社会规范的自觉遵从态度。第四，个体品德的构成包含了知、情、意、行四个主要方面。所谓"知"，是指品德知识的学习；所谓"情"，即品德情感的培养；所谓"意"，即道德意志的坚守；所谓"行"，即品德行为的践履。

个体品德是社会规范内化过程中建构起来的遵从性交往经验结构。社会规范的内化是逐步完成的，随着内化的不断深入，逐步建立对社会规范的自觉遵从态度。它依次经历顺从、同化、内化三个阶段：第一阶段是顺从阶段，顺从是指行为主体对别人或团体提出的某种行为的依据或必要性缺乏认识，甚至有抵触的认识和情绪时，出于安全的需要仍然遵照执行的一种遵从现象，它包括从众与服从，是道德规范接受的一种初级水平；第二阶段是同化阶段，同化是指思想与行为上对规范的趋同，同化的动机不是对权威或情境的直接或间接压力的屈从，而是对榜样的仰慕与趋同，是自觉地接受他人的观点、信念、态度与行为影响，使自己的态度和行为逐渐与他人或某个团体的态度与行为相接近的过程；第三阶段是内化阶段，内化是指个体随着对规范认识的概括化与系统化，以及对规范体验的逐步累积与深化，最终形成一种价值信念作为个体规范行为的驱动力，内化是对社会规范的最高接受水平，是主体真正从内心深处相信并接受他人的观点，彻底转变自己的态度，把外部的新思想、新观点、新行为归于自己的思想体系之中，成为自己态度与品德体系的一个组成部分，是稳定而自觉的规范行为产生的内因。[1]

个体品德作为一定社会或阶级的道德原则和规范在个体思想和行为中的体现，是个体在一系列的道德行为中所表现出来的比较稳定的特征和倾向。个体品德通过社会环境的熏陶、思想道德教育和个体的自觉修养逐步养成，表现为个体对某种道德要求的强烈认同、对道德情感的充分表达、对社会道德规范的执着践履。个体品德作为社会道德在个体身上的具体体现，既反映了社会整体道德进步和发展的要求，也反映了个人提升内在素养的需要，从这一内涵来看，个体品德体现了群体道德与个体道德的统一。由此而言，个体品德培育在当前的道德建设中具有极其重要的地位。首先，个体品德培育是道德建设尊重公民主体地位的体现。道德建设从本质上讲就是作为主体性活动的人的品德培育，它归根到底是一种主体性培育活动。其次，个体品德培育是实现人的全面发展的主要途径。社会的发展，根本上来说，就是个体人的发展，也就是个体的体力、智力、心理、品德等各方面的发展，而个体人的全面发展是人类社会发展的终极指向。再次，个体品德培育可以为构建和谐社会凝聚力量。个体品德培育的目的与功效在于激发主体的创造力，它不仅能

---

① 吴琦：《个体品德形成的心理机制》，《成都大学学报》（社科版）2007 年第 5 期。

够提高个体的道德素质，还能够调动和发挥个体构建和谐社会的积极性、主动性和创造性。最后，个体品德培育是促进国家文化软实力提高的重要手段。当今时代，文化越来越成为民族凝聚力和创造力的重要源泉，越来越成为综合国力竞争的重要因素。要提高文化软实力，就要形成全社会的价值认同和道德遵循，即形成人们对社会主义核心价值体系的认同。重视个体品德培育，以社会主义核心价值体系为根本，以增强诚信意识、责任意识为重点，以解决突出道德问题为突破口，全面提高公民的思想道德素质，这正是提高文化软实力的重要保障。

任何一种社会道德规范只有转化为个体的思想品德和行动才能称得上是真正意义上的现实道德。也就是说，道德作为一种自觉自愿的规范，只有进入个体的思想、意识、情感、意志和实际行为过程之中并转化为个性化的实践精神和内在素质，才有强大生命力。鉴于此，个体品德培育的思维方式应当是：个体品德培育必须以现实的个人为出发点，使人们认识到培育个体品德和提高自身修养是人的内在发展的需要和动力。个体品德培育必须以人的道德主体性为依托，尊重道德主体的自主性、创造性和差异性。个体品德培育必须以培养人、造就人为目标，促进人的自由和全面发展。

三　礼仪与个体品德之间的关系

礼仪是以一定的道德信念、道德理论为基础，并广泛地渗透于社会生活的各个层面、各个领域，通过公众普遍认可的行为规范来约束无视道德的行为，促进个体品德的发展和完善，创造有利于社会稳定和经济发展所需要的和谐的人际关系环境和良好的社会环境。个体品德只有通过礼仪具体地反映和表现出来，才能实现其功能。"任何一种社会道德只有转化为个体道德才能称得上真正意义上的道德。只有转化为个体的思想、意识、情感、意志和实际行为过程之中，并转化为个性化的实践精神和内在素质，才是活生生的有生命力的东西。"[①] 礼仪恰恰是社会道德由抽象的概念到人们的具体行为、由社会道德向个体品德转化的一

---

① 唐凯麟、龙兴海：《个体道德论》，中国青年出版社1993年版，第18页。

种桥梁和纽带。

第一，礼仪与个体品德互为表里。首先，礼仪是个体品德的"外化"。礼仪作为道德知识的外在形式，显示的是人们的道德水平，展现的是一个人的道德素质。礼仪本身是人们道德意识、道德信念、道德情感等精神内涵的外化，如果缺乏对礼仪的正确认识以及对礼仪精神内涵的深刻理解和把握，就不可能产生积极的道德情感与正确的道德判断能力。正如孔子所说的："非礼勿视，非礼勿听，非礼勿言，非礼勿动。"礼是人的行为准则，礼的精神在于人务必遵循这种准则切实地去做。外界可以根据行为体察到个体对"礼"的价值的认知水平以及他对"礼"的践行的修养程度。其次，礼仪是个体品德的"细化"。礼仪作为一种基础性的行为规范，可以促进人们加强道德修养。礼仪自古以来就是君子的修身养性之道。古人学礼的目的是"修身、齐家、治国、平天下"，《大学》中说："古之欲明明德于天下者，先治其国；欲治其国者，先齐其家；欲齐其家者，先修其身；欲修其身者，先正其心；欲正其心者，先诚其意；欲诚其意者，先致其知。致知在格物。""自天子以至于庶人，一是皆以修身为本。"这里强调平天下、治国、齐家、修身、正心、诚意、致知、格物八者之间，修身处于第一位，正心、诚意、致知、格物是修身的功夫和修身的方式，修身向外扩张表现为齐家、治国、平天下。通过学习待人接物方面的技巧，培养客观成熟的心态、较强的自我调适和控制能力，来规范自己的行为。另外，礼仪是个体品德的"固化"。礼仪作为一种实践性的道德规范，可以使道德原则在一定的时期和一定的群体中实现并确定下来，实现道德原则的"固化"。人的道德素质是沉淀在内心世界的，通过礼仪行为可以将这种内在的道德素质表现出来。所谓"道德仁义，非礼不成；教训正俗，非礼不备；分争辨讼，非礼不决；君臣上下，父子兄弟，非礼不定；宦学事师，非礼不亲；班朝治军，莅官行法，非礼威严不行；祷祠祭祀，供给鬼神，非礼不诚不庄；是以君子恭敬撙节退让以明礼"。从这个意义上说，礼仪实际上是把沉淀在人们内心世界的社会普遍的道德规范通过一种相对固定的形式逐步内化为个体的道德品质和道德实践的过程，礼仪"固化"了人们对自身、对人与人、对人与社会、对人与自然等关系的认识，在与他人的和谐相处中树立起内心的道德信念和修身准则。

第二，礼仪有助于唤醒个体品德意识。礼仪的一个重要原则就是尊重，这种尊重既包括自尊，也指尊重他人，现实生活中的任何人都需要自尊和来自他人的尊重。儒家学者对礼仪最精彩、最得意的解释即是人与动物的区别。孔子说："今之孝者，是谓能养，至于犬马，皆能有养，不敬，何以别乎？"人与动物的区别就在于人懂得尊敬别人，所谓"恭敬之心，礼也"。而尊重正是礼仪的核心内容。礼仪中的繁文缛节很多，但首要的原则就是尊重。这个尊重包括自我尊重和尊重他人。孟子对礼的解释就是"自卑而尊人"，强调任何时候都把自己看得轻一些、淡一些，而把别人放在一个更重要的位置。礼仪讲究的就是等级秩序，下级对上级、晚辈对长辈、主人对客人等，都要恭敬；但反过来，上级对下级要礼贤下士，长辈对晚辈要关怀爱护，客人对主人要客随主便，礼仪中的任何一方都要把对方放在一个更重要的位置。当人们首先对别人表示尊敬时，就会获得对方的友好和尊重，从而在内心深处感受到个体品德的重要性。凡是认同、遵从礼仪规范的人都能在社会交往中体验到人格的尊严。应该说，人格的尊严是个体品德的支柱，只有个体品德意识的觉醒，才能使人真正认识到自己与动物的区别，从而使人自觉地遵循礼仪以获得他人的尊重，才能把现存社会的道德规范和行为准则转化为能持久发挥作用的内在机制。

第三，礼仪有助于塑造个体品德心理。礼仪的另一个重要原则就是自律原则，它要求每个人在自己的心中树起一种内在的道德信念和行为准则，并以此来约束自己，而无须外界的监督。礼仪之所以被人们认同，成为普遍遵守的行为规范，是因为礼仪是人们内心情感的自然流露，是一种文化事象。众所周知，文化对人具有教化和培养功能，但这一教化和培养不应是外在僵硬的说教和灌输，而应当通过使人的意识觉醒而产生自觉的追求来达到，有了自觉的追求，人们就会积极主动地在实践中学习和创造，从而不断地提高自己的素质。社会规范包括法律规范和非法律规范，它们虽然都是调整人们之间关系的行为规范，但法律是从外部强制性地约束人的行为，礼仪规范虽然不具有强制性，但它能唤起人内心的自我约束。人真正的责任感出自道德自律。礼仪规则、礼仪价值和礼仪审美一旦为社会所尊崇、所认同、所遵从，有关的规范、程式就会为人们所接受和照办，人们如果不这样做就会感到羞耻和窘迫。礼仪就是通过感化人的灵魂与提高人的修养来使人们摆脱自己的丑陋、欠缺和低级趣味，从而塑造健全完美的个体品德心理。同时，礼仪是一种直观的道德规范和行为准则，其实践特征非常明显，它侧重于从微观的角度，从具体的言谈举止、待人接物、衣着打扮、饮食起居等日常生活中的应对进退，来规范人的行为，通过榜样示范、模仿、强化等一系列方式，优化人的行为，塑造完美人格心理。个体往往是在学习礼仪的过程中逐步认识自身、认识家庭、认识社会，并逐步克服自身的缺点与不足，最终达到完善个体品德心理的目的。另外，礼仪作为一种专门针对人的，专门讲与人如何打交道的知识，其特殊性表现在主要是通过日常生活来实现的，需要你的观察、体验、参与，而且要反复地观察、体验、参与，才能使这种知识内化为自己内心深处的一种自然的诉求；而且学习礼仪要从自己最亲近的人开始，这就使礼仪的学习一开始就带有强烈的人情色彩，这种人情色彩既是礼仪区别于其他知识的一个特殊性，也是它易于为人们所接受，从而塑造个体品德心理的根本原因所在。

第四，礼仪有助于约束个体品德行为。礼仪作为一种行为规范，它教人做事是以不损害他人利益为前提的。即孔子说的"己所不欲，勿施于人"。孔子非常重视礼仪的学习，从某种意义上讲，孔子的学说就是围绕礼而展开的，有人甚至认为礼是孔子哲学思想的核心。在孔子看来，学礼就是为了掌握做人的依据。人依据礼所规定的准则来处理个人与社会、个人与他人的关系，这样才能为社会所接纳。他自己也才能在社会上立足。而礼仪是什么？礼仪就是关于人际关系的学问。孔子在讨论礼仪的重要性的时候又说："不学礼，无以立。"这里孔子的着眼点在于，每个人都必须用礼这种行为规范来约束自己，就是说，人必须要受客观的社会准则的制约。具体的关于礼仪与个人行为的制约关系，孔子提出了这样的标准："非礼勿视，非礼勿听，非礼勿言，非礼勿动。"即人的言行举止都要受礼仪的规范。任何一个生活在某一礼仪习俗和规范环境中的人，都自觉或不自觉地受到该礼仪的约束。同时，礼仪能够使人们直观地学习掌握社会的基本道德要求与行为规范，又能约束自己的言谈举止，在为人处事等方面都会对照礼仪规范来要求自己，按照礼仪礼节的具体要求，学会尊重他人，完善自己，提高道德自觉意识和自我约束能力。通过礼仪的实践来形成良好的行为习惯，逐步把社会的道德规范内化为自身的良好道德品质，成为内在修养良好、外在形象优雅的公民，实现公民的社会化。除此而外，作为社会知识的一部分，礼仪从人类最基本的行为入手，告诉人们怎样规范自己的言行举止，引导人们在约束和规范自身行为的同时，培养高尚的道德情操，进而形成正确的世界观、人生观和价值观，可以有效地加强道德的实践性和可操作性。

第五，礼仪有助于展现个体品德价值。人作为群体生活的动物，在群体生活中必须建立并遵守一定的秩序，而礼仪就是人类为了有序生活而逐渐信守的一套行为规范。礼仪的有序性不仅维护和促进了各种社会关系的和谐，而且在此基础上展现了个体品德的价值。首先，礼仪能够促进家庭和谐。家庭是社会的细胞，一个国家的长治久安、稳定和平，来自每一个家庭的和睦融洽。而礼仪在促进家庭的和睦幸福方面，具有至关重要的作用。古人在家庭礼仪中特别强调长幼、尊卑，因之讲孝多于讲慈。在孔子看来，"生，事之以礼；死，葬之以礼，祭之以礼，可谓孝矣"。父母对子女生之养之抚之育之成之，十几年甚至几十年无怨无悔，子女对父母就应该心存感恩之情，以自己身体力行地对父母的侍奉，来报答父母的养育之恩，另一方面，也会切身体验到父母养育子女的不易和艰辛。因此，子女对父母要时时处处以礼事之，不能有半分的失礼之处。同时也强调子女对于父母的"礼"的问题，即"父母在，不远游，游必有方"。子女要出门远行，应该向父母禀告自己的去向，以免父母担心，这叫尽礼。子女对于父母尽礼，父母的心情和身体都会有稳定的保障，当然家庭的气氛就会和谐融洽。其次，礼仪能够促进人际关系和谐。人际关系是人类社会生活中重要的关系，礼仪在促进人际关系和谐方面的作用主要表现在它的规范和调节的功能上。礼仪一方面表现为对人的行为的规范，使人们的行为合乎某种传统的要求，并通过对礼仪的深刻理解和切实的实施，使人际关系趋于和谐。"礼之用，和为贵"，讲的就是通过"礼"达到和谐的人际关系的状态。礼仪在人际关系中对每个个体的人起着规范作用，教导人们应该做什么，不应该做什么，如何去做；怎样做才是合乎规范的，才是礼仪所允许的。因为礼仪作为一种规范和程序，它是一种凝固下来的文化传统，它反映着自古以来人们对于一些事务的固定的看法和价值取向。另一方面，礼仪在人际关系中还起着调节作用。人际关系中难免会出现一些不和谐，这些不和谐如果不能及时得到有效的解决，往往会愈演愈烈，甚至发展到不可调和的地步。而礼仪的作用就是在平时的人与人的交往中进行及时的适度的调整和调节，通过一定的礼仪形式和礼仪活动增进了解、化解矛盾，建立起健康良好的人际关系。同时，礼仪还能够促进社会和谐。古人所谓"礼，经国家、定社稷、序民人、利后嗣者也"，就是说，礼在治理安定国家社稷、管理安抚人民百姓、有利于后世子孙方面，是有着重要作用的。孔子则将"政"与"德"、"刑"与"礼"对比，强调"政"和"刑"是通过国家暴力的形式规范和协调人们的行动，而"德"与"礼"则主要通过教化和引导来希望受教者或犯规者实现精神的提升和内心的自省，从而实现自身的和谐，并通过这种个体和谐逐步达到整个社会的和谐，所谓"道之以政，齐之以刑，民免而无耻；道之以德，齐之以礼，有耻且格"。由于道德和礼仪能够使人们在较为宽松和融洽的关系中增进彼此的了解，因此对于生活中不道德的、不合乎礼仪的行为，人们往往也能够做到将之预防在未形成阶段，甚至能够将之遏止于萌芽状态。因此相对于"政"和"刑"来说，礼仪和道德无疑会更有利于每个人的全面发展，从这个意义上讲，礼仪其实是一种"准法律"，它的作用渗透到了社会生活和社会群体的各个层面，影响、规范甚至制约着人们的行为，进而营造社会的和谐氛围，在最大范围内和最大程度上展现了个体品德的价值。

第六，礼仪有助于提升个体品德境界。任何礼仪规范都包含着审美的要求，反映着人类共同的审美情趣和欣赏习惯，无论任何国家、地区和种族的礼仪，都推崇外在形象和形式的美。这种对美的追求，源于人类的精神需求。从原始社会，人们就开始了对美的追求。随着社会的发展，美越来越被人们重视，它是精神生活中必不可少的部分。礼仪对人的言谈、举止、仪态、仪表都有形象和形式上的规范，这一切综合地体现在一个人的气质、风度和魅力上。它们并非指人的某一个动作，而是人的全部生活姿态提供给人的综合印象，包括思想品德、性格情操等内在品质，但表现在言谈、举止、仪态仪表这些外在素质的东西更多。也就是说人的气质、风度和魅力是各自心理素质和修养的外在表现，只有心灵美好，才会行为美好，但礼仪的内涵要通过外在形象和形式的美表现出来。礼仪文化能够唤醒和激发人们对美的追求。追求美，会使人精神美好，心地纯洁，情感和信念端正。礼仪就是从审美的角度来感染人、吸引人，把品德培育与审美情趣的培养巧妙地结合，使人在潜移默化中陶冶性情，净化心灵，从而影响人们的思维方式、行为态度和行为方式，提升个体品德境界。

目　　录

第一章 传统人生礼仪与个体品德培育概述

传统人生礼仪是古代中国社会生命个体一生中在不同年龄阶段所举行的仪式。它是指围绕着人的生命历程中的关键时刻或时段而形成的仪式性礼仪活动。应该说，群居生活的特性决定了人的社会性，群居生活的方式决定了人生礼仪的重要性。只有妥善处理人与人、人与群体、群体与群体之间的关系，培养和塑造良好的个体品德，才能建立起和谐的社会关系和良好的生活秩序，人类社会才能得以生存和发展。传统人生礼仪不仅对生命个体极为重要，而且对于人类文明进步的重要性也是不容忽视的，同时，传统人生礼仪随着人类历史的发展而逐渐成为中华文化的重要内容，并始终在人类社会生活中发挥着重要作用。

一 传统人生礼仪的内涵

1. 传统人生礼仪释义

在任何一个社会，个体的成长都要遵照他所属集团的规范和文化，实现从他律到自律、从自然性地位到自主性地位、从全人格关系到非人格关系等一系列社会化转变，最终发展起维系社会共同生活的实际行为。总的来看，这样的社会化进程大致可分为三个阶段：一是婴幼儿时期的养育，其目的是引导人接受一定的社会习惯，为其日后人格形成奠定基础；二是青春期的各种角色准备和训练，这意味着人开始接受社会所施加的成人责任；三是成年后的学习，特别是职业学习。在人的社会化进程中存在着一些关键的"节点"。有学者指出："人的一生就像竹子，其过程并不是平直的，而是有许多'节'，表示着其阶段性的特征。人生是由若干阶段组成的，人就是在具备某些条件时，通过一个个'人生枝节'，发育成长，走向终点的。"① 在古代社会，人们往往在个体成长的特定阶段或角色的转换之际，举行一些约定俗成的仪式活动，其目的是保证个体在成长和发展的道路上平稳地实现这一转换。这些仪式就是我们平常所说的"人生礼仪"。人生礼仪的举行，一方面标志人生进入一个新的阶段，另一方面也说明社会对个体的接受与认可。所以，"人生仪礼是将个体生命加以社会化的程序规范和阶段性标志"②。

传统人生礼仪之所以如此重要，跟人类的信仰心理有关。古人以为人生过程中的每一件事都表示着一种征兆，与他本人乃至整个家族的吉凶祸福都有一定的关联，因而不可掉以轻心。一个人从一种社会状况向另一种社会状况转变的关键时刻，就像人生旅途上要经过一个关口一般，能不能过这个关口，关系重大，需要得到神灵的保佑，也离不开家族成员和乡党邻里的扶助。所以，历来要在这些关键时刻里安排一定的礼节性仪式，以示虔诚和感谢之意。这些礼节性仪式一般称之为人生礼仪。传统人生礼仪不仅对其本人关系重大，甚至对于他的家庭、家族，以及周围的人都至关重要。所以，传统人生礼仪并非个人行为，而是家庭行为，是家庭中的大事，或者说是家庭中的节日，有时候甚至还要邀集家族里的人，乃至尽可能多的人来参加。

传统人生礼仪对社会成员的社会生活有着细致深刻的道德影响，体现了道德控制的个体化、普遍化、全程化与极强的渗透性。中国传统社会通过人生礼仪与伦理道德标准的密切结合，使社会生活中的每个成员、每一个角落及其人生的全过程都具有一定的规范约束，便于伦理道德以更具有操作性和感染力的面目出现在社会生活中，有效地保证了个体品德培育的生活化与有效性。

传统人生礼仪能够有效地对人们的社会生活进行规范、约束和塑造，从而避免了道德的社会价值被"虚化"。众所周知，道德规范只有进入人们的生活才是真实有效的，而传统人生礼仪是道德规范融入人们日常生活的重要环节，借助于人生礼仪对人们社会生活的道德引导、行

① 王娟：《民俗学概论》，北京大学出版社 2002 年版，第 179 页。
② 钟敬文：《民俗学概论》，上海文艺出版社 1998 年版，第 156 页。

为约束和品德塑造，可以构建社会认同的人文基础。尤其是在当今时代，伴随着世界范围内多种文明的矛盾冲突与整合，经济发达国家利用经济优势在文明冲突与竞争中对其他文明进行强势渗透，包括中国在内的发展中国家在这场世纪角力中能否树立充分的文明自信心与归属感，关系到民族文化的存亡绝续。能否有效地引导社会成员的文化认同是文明的对立和冲突过程中的胜负关键。

传统人生礼仪的普遍参与性与广泛传播性，有效地传承了社会主流文化精神和社会人格，从而起到了稳定和整合社会心理的重要作用。当前，我国社会结构变迁及其影响，一方面表现为国家与社会分离。即资源配置的权利转移，社会团体发展迅速，政府职能逐渐转型，社会控制成本增加且形式、方法、手段面临创新等。另一方面是由总体型社会向分化型社会转变。社会分层、分化、分工复杂且转换运动频繁，社会矛盾、社会冲突有一定程度的增长势头，社会对道德理论解决现实生活中个体品德问题的要求更为迫切。人生礼仪对社会生活的全面观照有利于体现社会发展中的稳定性和一致性、增强社会道德控制能力、稳定社会心理及缓解社会摩擦、减少冲突和对抗。

我国传统人生礼仪的类型纷繁复杂，丰富多彩，别具特色。从历史文献可知，早在两千多年前，我国的人生礼仪就有了完备的体系，并普遍得到遵行。两千多年来，人生礼仪经历了漫长的传承、变异过程，不断丰富完善，一部分流传至今，一部分被淘汰；有的保留了旧的形式，置换了内容；有的则在同样的主题下，创造出了新的仪式来。随着时间的推移，人生礼仪逐渐褪去了宗教与迷信色彩，并删繁就简，出现了世俗化的倾向。人生礼仪世俗化的结果，必然使其融入现代社会交往中，并逐渐演变为社交礼仪的组成部分。传统的贯穿人生全过程的礼仪仪式主要有诞生礼仪、成人礼仪、婚姻礼仪和丧葬礼仪。其中诞生礼仪是传统人生礼仪的始端；成人礼仪在传统人生礼仪中具有标志性；婚姻礼仪是传统人生礼仪中的大礼，也是中国古代"五礼"中的嘉礼；丧葬礼仪是传统人生礼仪的终结，它标志着一个人走完了人生旅程，最终告别社会。

2. 传统人生礼仪的特征

传统人生礼仪作为一种文化事象，它能够被人们所接纳和遵循，并广泛地应用于人类社会生产与生活的各个领域，长期的历史积淀与实践检验，使它具有一些相对稳定的特征。大致说来，传统人生礼仪具有四个明显的特征：

第一，虚拟性。传统人生礼仪行为是非实用的、超常态的表现性行为，而与这种表现性特征相应的，则是人生礼仪行为的表演性特征。我们发现，大多数人生礼仪行为都带有表演成分，而几乎所有的人生礼仪都毫无例外地伴随着一系列的表演项目。传统人生礼仪的一系列行为组合，就是一系列的表演组合。当我们说人生礼仪的主要行为方式是一种表演的时候，其中便隐喻着人生礼仪的"虚拟性"特征，因为表演本身就是一种虚拟行为。无论表演内容是神话还是文化，无论表演手法是求真还是虚拟，归根到底，表演的本质是虚拟性的。人生礼仪的虚拟性特征，除了人生礼仪行为方式的虚拟性外，也体现于人生礼仪场景的虚拟性。比如：诞生礼仪中的求子仪式，其场所的神像是对神的虚拟，成人礼仪中的冠礼仪式是对神圣空间的虚拟，婚姻礼仪的迎娶仪式中为新娘铺袋子就是对传宗接代的一种虚拟，丧葬礼仪的为逝者送纸货仪式中的纸人纸马就是对真人真马的虚拟、为亡灵鬼魂抛撒的阴界纸钱则是对人间货币的虚拟。人生礼仪的表演，就是在这种虚拟场景中的虚拟表演。大凡与信仰、灵魂有关的人生礼仪表演，比如丧葬礼仪，它本身并不是对现实世界的模拟，而是对神秘世界的虚拟，是将无形的神秘世界拟化为有形的神秘世界的一个过程。正如小小的戏剧舞台代表着广阔的社会时空一样，人生礼仪中由表演和场景拟化而来的小小的神秘世界同样代表着无限的神秘时空；正如舞台上的社会时空是演员虚拟和观众想象中的心理时空一样，人生礼仪场景中的神秘时空同样是人生礼仪参与者虚拟和想象中的心理时空。可见，"虚拟"是传统人生礼仪的主要特征，传统人生礼仪是虚拟的世界。

当然，这个虚拟的世界，主要指的是人生礼仪行为方式的虚拟性、人生礼仪表演手法的虚拟性、人生礼仪场景布置的虚拟性以及人生礼仪行为者心理时空的虚拟性，即由这四个方向共同构拟出一个人生礼仪的虚拟世界。但是，在这个虚拟的世界中，人生礼仪行为者的情感与心态却是真实的。尽管人生礼仪的虚拟性和戏剧的虚拟性两者表面上形式相像，但实质却全然有异：在剧场内，形式是虚拟的，感受也是虚拟的；

在人生礼仪中，形式是虚拟的，而感受是真实的。尤其是在与信仰、灵魂有关的人生礼仪中，当人们虚拟出一个"神圣"世界时，也将自己融入了这个神圣世界之中；当人生礼仪的扮演者将人生礼仪神圣化的同时，他们将人生礼仪也神圣化。人生礼仪表演者不仅在表演神话，而且从表演的情境中感受神圣。他们在表演着"理想世界"的同时，也将自己融入这个理想世界的"真实"感受之中。

第二，自律性。众所周知，传统人生礼仪的早期表现形式是"事神致福"，是古人崇拜生命的神秘与不可捉摸时的一种祭祀仪式，同时也是古人对鬼神表达感情的一种行为方式。那么，在这个阶段，古人的这种行为规范显然是他们"自觉"遵循的。也就是说，虽然他们有些盲目，但毕竟没有一种外在的社会力量在强制他们遵循这种规范，在这个意义上说，他们是自觉的。后来，人生礼仪的概念有了扩展，从对鬼神的敬重引申到对人的敬重，对生命的敬重，对自己家庭里的父、祖的孝顺，以及对责任的担当，进一步形成了一整套规范的仪式体系。其实在这个规范体系的形成之初，它也是人们内心情感的自然流露。所以当时的许多人都把人生礼仪说成是"天经地义"，这并不奇怪，意思是说它本来就应该是这样的，当然不必强制遵行。换句话说，人生礼仪所以被人们认同，成为普遍遵守的行为规范，并不像法律那样是由统治阶级制定出来然后强制人们遵行的。人生礼仪来自风俗习惯，本来就早已被人们自觉认同，一般来说是不会被拒绝的。① 孔子曾经说过："克己复礼为仁。一日克己复礼，天下归仁焉。为仁由己，而由人乎哉？"② 他这段话至少表达了这样两层意思：一是认为礼仪的本质是仁，是一种道德修养；一是认为做到"仁"全靠自己努力，而不能靠别人，这就是我们在这里要说的人生礼仪的自律性特征。孔子还说："仁远乎哉？我欲仁，斯仁至矣。"③ 是说"仁"并不难达到、关键在于内心有没有这种自觉要求。今天，我们可以这样来理解孔子当年所说的话，每个人都应该自觉地加强个体品德培育，只有重视道德品质修养并能自觉培育个

---

① 徐进：《礼治的精义及其影响》，《文史哲》1997 年第 1 期。
② 《论语·颜渊》。
③ 《论语·述而》。

体品德，才能够保证人生礼仪规范的贯彻实施。从这一点上说，人生礼仪和个体品德培育是一致的，它们互为表里，并且都具有自律性特征。人生礼仪明明是对人们行为的约束，然而由于自律的结果，许多人都不以为这是约束，而是乐意地、心甘情愿地去这么做，成为人们的自觉要求。

第三，多样性。传统人生礼仪的产生离不开人类的群体活动，是人类社会为了妥善处理人际关系，建立必要的生活秩序所做出的一种规范。人类生活的丰富多彩也就决定它必须具有多样性，人生礼仪必须是能最大限度地适应和满足人们的精神需求，由此而能够在群体内通行，得到群体成员的普遍认可并自觉遵守，体现了群体成员的共同意识的行为方式。人生礼仪的多样性可以从三个方面去理解：其一，由于地域和民族的不同，人生礼仪的表现形态在空间的分布上表现出多样性。《礼记·王制》云："广谷大川异制，民生其间者异俗。刚柔、轻重、迟速异齐，五味异和，器械异制，衣服异宜。修其教，不易其俗。齐其政，不易其宜。"这就是说，人生礼仪的总格局，当然是应该统一的，但是由于各地的气候、物产、民风的不同，在人生礼仪中的许多具体枝节方面，比如选择什么样的时间，用怎样的器物，穿怎样的衣服，用什么样的方式，如此等等，都得因地制宜，从当地的实际情况出发，而不必划一。于是，久而久之，人生礼仪就呈现出地域性和民族性的特征。其二，人生礼仪的种类是有很多的，古人所谓"经礼三百、曲礼三千"，正说明其名目之多。人生礼仪规范的复杂多样性，有以多为贵者，有以少为贵者，有以大为贵者，有以小为贵者，有以高为贵者，有以下为贵者，有以文为贵者，有以素为贵者，都会说出一番道理，于是就又有一番讲究，所以，孔子曰："礼不可不省也，礼不同，不丰，不杀。此之谓也，盖言称也。"[1] 也就是说，人生礼仪的规范是不可不细察的，礼仪仪式是不容混同的，各有一定之规，既不能随意增加，也不得随意减少。说到底，是为了使得每一次行为都能跟人生礼仪的规范相称，也就是人们所说的合礼、适宜、得体。这就表明，人生礼仪本身的内容体现了多样性特征。其三，由于社会生活的复杂多样和个人的不同成长阶

① 《礼记·礼器》。

段，使得每一个社会成员都要在其中扮演多重角色，在传统社会里，由于父子、夫妻、兄弟、长幼之间的角色转换，而所要遵行的人生礼仪规范是相当不同的。正是由于社会成员在社会生活中随时随地可能出现的角色转换而导致他必须随时随地相应地选择遵行不同的人生礼仪规范，这又造成了人生礼仪的多样性。

第四，传承性。传统人生礼仪是一种文化，这是不难理解的。一方面，我们说行为方式有时候也容易改变，但是支配行为方式的文化心理则往往是相对稳定的。这种文化心理，尤其是群体的文化心理，它是可以世代相传的。法国文学评论家丹纳说："你们不妨把一些大的民族，从他们出现到现在，逐一考察；它们必有某些本能才具，非革命、衰落、文明所能影响。这些本能与才具是在血里，和血统一同传下来的……在最初的祖先身上显露的心情与精神本质，在最后的子孙身上照样出现。""这便是原始的花岗石，寿命与民族一样长久，那是一个底层，让以后的时代把以后的岩层铺上去。"① 瑞士心理学家荣格则认为：产生于人类史前史的，尤其是表现于原始神话中的种种原始意象，是可以采取遗传的方式而不必经过社会文化教育熏陶的方式世代相传的。这种深深烙印在群体心灵深处，于不知不觉之中对人的心理发生着作用的心理现象，荣格称之为"集体无意识"。荣格在这里指的是人类早期经验的积淀。实际上千百年来反复作用于人脑的长期社会生活实践经验，也是会在潜移默化之中继续积淀到群体的集体无意识之中去的。也就是说，当外部生活环境的无数次类似的刺激反复作用于群体时，将会使群体的心理形成一种定式，包括观念定式、思维定式、价值判断定式，从而世代相传。比如说，对父母辈孝顺的情感、对子女辈慈爱的情感、对兄弟姊妹友爱的情感，似乎也就是与生俱来的一种文化传统，在中华民族中间世代传承着，它的历史之悠久，简直难以估量。

另一方面，还需指出的是社会文化教育熏陶对于传统人生礼仪的世代传承更是产生了决定性的作用。中国古代的各种学堂，素以伦理教育为主。孩子们一开始识字，就要教给他长幼尊卑的这一套道理，人生礼仪常识自然是必修课。儒家经典十三经中，讲述礼仪的精神实质与行为

① ［法］伊波特里·丹纳：《艺术哲学》，人民文学出版社1963年版，第353—356页。

规范的就占了三部，即《周礼》《仪礼》和《礼记》，统称"三礼"，这历来是读书人必读之书。至于在底层民众的家庭里，也一向注重对子女进行礼仪仪式教育。传统社会中的各种民间文艺，也都在"高台教化"，宣扬着礼仪仪式的精神。凡此种种，都有效地实现了人生礼仪在全社会的推行，同时也保证了人生礼仪在历史上的连续传衍。当然，人生礼仪作为一种规范，是要人去实践的，人们在实践中发现它的哪一部分不适合实际情况，有不妥之处，或是实在做不到，那就必须改一改，通常称之为变通。传承与变通总是相辅相成的。

3. 传统人生礼仪所遵循的原则

传统人生礼仪作为一种行为规范，这种行为规范的背后总是有一种指导思想支配着它。同时，传统人生礼仪作为塑造个体品德和约束个体行为的基本准则，必须遵循相应的原则加以实行和贯彻，才能使其发挥应有的功能。从理论和实践结合的角度看，传统人生礼仪主要遵循以下几条原则：

第一，尊重原则。现实生活中的任何人都需要自尊和来自他人的尊重。儒家学者对礼仪仪式最精彩、最得意的解释即是人与动物的区别。孔子说："今之孝者，是谓能养，至于犬马，皆能有养，不敬，何以别乎？"人与动物的区别就在于人懂得尊敬别人，所谓"恭敬之心，礼也"。而尊重正是人生礼仪的核心内容。人生礼仪中的繁文缛节很多，但首要的原则就是尊重。这个尊重包括对生命的尊重、自我的尊重和尊重他人。人生礼仪讲究的就是等级秩序，下级对上级、晚辈对长辈、主人对客人等，都要恭敬；但反过来，上级对下级要礼贤下士，长辈对晚辈要关怀爱护，客人对主人要客随主便，人生礼仪中的任何一方都要把对方放在一个更重要的位置。亚当·斯密认为："对那些普遍的行为准则的尊重，恰当的说，即所谓的义务感，是人类生活的一项最重要的原则，是大多数人借以指导其行为的惟一原则。"① 许多人举止得当，行为优雅，一生都避免受人重责。然而，他们或许从未感受到他人对其行为的合宜性所表达的赞许之情。他们的行为只是出于对他们所知道的既

---

① ［英］亚当·斯密：《道德情操论》，蒋自强译，中国社会科学出版社 2003 年版，第 174 页。

定的行为准则的尊重。

人生礼仪从本质上来说就是人际关系的润滑剂。在古代社会，物质资料的匮乏是处理人际关系首先需要面对的现实问题，为了使有限的物质资料能够满足人们日常生活及其社会生产的需要，人们必须有一个理性的消费心理和符合现实的消费方式，必须用精神性的东西来填充和弥补物质资料不足的缺陷，人生礼仪就是在这种背景下被人们普遍认可并自觉遵循的，因为认同和遵从人生礼仪规范的人们都能在社会交往中体验到人格的尊严。到了现代社会，物质资料的需要基本得到满足，而受尊重的高层次需要越来越为人们所重视，尊敬别人依旧是人生礼仪的重要原则。任何人都需要自尊和来自他人对自己的尊重。所谓自尊，一般包括对获得信心、能力、本领、成就、独立和自由的强烈愿望。来自他人对自己的尊重则包括威望、承认、接受、关心、地位、名誉和赏识。具有自尊的人总觉得生活美好，对前途充满信心；缺乏自尊的人则有失落感、自卑感，对前途迷茫，行动迟疑，心情沮丧，甚至会导致心理障碍。因此，可以说任何人都希望获得别人的尊重。而希望获得别人尊重的人则必须先学会尊重别人，这就是生活的辩证法。同时，我们所说的"尊敬"又必须是发自内心的，是真诚的，是表里合一的。在人际交往活动中，人们都希望得到他人的尊重，而且对尊重自己的人有一种天然的亲和感与认同感。人生礼仪的行为，就是人们在尊重生命、尊重他人、尊重社会的意识支配下，在人与人交往中表现出来的礼貌与礼节，是基于对他人和社会需要的自觉认识而表现出来的行为。只有遵循尊重的原则，人们才会使自己的行为宽容适度，才会自觉地与交往对象平等相处。事实上，每个人为了达到和谐交往的目的，就必须学会尊重自己、尊重他人，就必须将一定社会的人生礼仪规范及其道德原则付诸行动，使自己获得他人和社会的尊重。换一个角度看，当人们首先对别人表示尊敬时，就会获得对方的友好和尊重，从而在内心深处感受到人生礼仪的重要性。应该说，人格的尊严是人生礼仪的支柱，只有人生礼仪意识的觉醒，才能使人真正认识到自己与动物的区别，从而使人自觉地遵循人生礼仪以获得他人的尊重，才能把现存社会的道德规范和行为准则转化为能持久发挥作用的内在机制。

第二，有序原则。群体生活必须建立必要的秩序。在人类社会的生产和生活中，人与人之间要和谐友好地相处，就需要建立起正常的秩序，并用一种大家都认同的行为规范来约束每一个人，以保持这种正常秩序。而实现有序的一个行之有效的办法就是把人分别开来，让每个人明白自己的身份，并且各就其位，各司其职，各行其是，各尽其责。根据某个人们能够普遍认可和践行的标准，把人分成若干个等级，让每个人按照自己的身份去做事，去行动，去衣食住行，获得他的那一份物质财富，这是保持人类社会健康发展的起码条件。

应该说，人类社会起步阶段的主要矛盾是人与自然的矛盾，也就是人的不断增长的主观欲求与自然资源的客观有限性之间的矛盾。而这对矛盾如果处理不当就会变成人与人之间的矛盾。为了解决这些矛盾，使人们的群居生活有序，就得按照男女有别、长幼有序、尊卑上下等这样一些标准把人分别开来，然后才有可能让人们都各就其位、各行其是，以避免因争乱而带来的灾祸。由此可见，制定人生礼仪准则与行为规范的根本目的是有序，因此制定人生礼仪准则与行为规范的基本原则也必然是有序。荀子认为，人类之所以能够战胜世间万物而成为地球的主人，就是因为人类能够过群居生活；人类的群居生活为什么能维持，就是因为能够"分"；分的关键在于礼。"水火有气而无生，草木有生而无知，禽兽有知而无义；人有气有生有知亦且有义，故最为天下贵也。力不若牛，走不若马，而牛马为用，何也？曰：人能群，彼不能群也。人何以能群？曰：分。分何以能行？曰：义。故义以分则和，和则一，一则多力，多力则强，强则胜物。故宫室可得而居也。故序四时，裁万物，兼利天下，无它故焉，得之分义也。"[①] 我们可以这样来理解荀子的话，因为人类社会将人分成等级，有了人生礼仪规范，所以才得以保持了群体生活的有序，从而也就获得了战胜自然的巨大力量。这个说法虽然不太完善，与"劳动创造人类"的论断相比，显得有些片面，不过从社会学的角度看，它强调了人生礼仪在人类的集体生活中的重要性，指出人生礼仪的本质是为了维系社会的正常秩序，从而保证了人类社会的健康发展，这都还是可取的。荀子还进一步指出："礼起于何也？曰：人生而有欲，欲而不得，则不能无求，求而无度量分界，则不

---

① 《荀子·王制》。

能不争。争则乱，乱则穷。先王恶其乱也，故制礼仪以分之。以养人之欲，给人之求。使欲必不穷乎物，物必不屈于欲，两者相持而长，是礼之所起也。"① 荀子用这种说法来解释礼仪的起源，有一定的合理性。我们也可以据此来解释人生礼仪的起源。

　　进入阶级社会后，人类社会出现了富裕与贫穷之分，也有了君臣上下等级之别。统治阶级为了维护他们的统治利益，总会千方百计加强这种等级的区分。《礼记·礼运》云："何谓人义？父慈，子孝，兄良，弟悌，夫义，妇听，长惠，幼顺，君仁，臣忠，十者谓之人义。"这里所说的君、臣、父、子、兄、弟、夫、妇、长、幼，就是古代社会里人的不同社会地位，每个人都可以从中找到自己所相应的社会地位，这在古代又称之为"名分"。再进一步，就可以知道在这个名分之下，你应该怎样去做？所谓"仁、忠、慈、孝、良、悌、义、听、惠、顺"，就是指不同名分的人所应该遵循的行为规范。以上所说，还只不过是行为规范的总原则，至于到了不同的仪式之中，在不同的场合，则还规定有一整套更为细致严密的要求。在日常生活中，从衣服、居室、器用、排场等各个方面，也都有按不同等级所做出的严格限定，不得僭越。如果人人都遵循这样一种礼仪仪式准则与行为规范，整个社会生活也就可以做到井然有序了。

　　第三，适度原则。人生礼仪规范常常是整齐划一的，但践行人生礼仪的人则可以灵活掌握，在人生礼仪的隆重程度、仪式的繁简、规模的大小、礼物的多寡等方面，则又总是应该因时、因地、因人、因事而异的，这就是人生礼仪的适度性。同时，人生礼仪往往把人分成了许多等级，不同的等级有不同的待遇和不同的权力，但过分夸大这种等级及其由此而带来的不同待遇和权力，就会引起人与人之间的对立情绪，同样不利于社会的稳定。因此，要协调好各个方面的关系，必须注意人生礼仪的适度性，使人生礼仪的内容和形式既合理又实用，人生礼仪的选择必须符合事物的客观规律，必须切实可行，必须使与此有关的群体人员都能满意或是至少使大多数人基本上满意，应该有利于社会的进步。

---

　　① 《荀子·礼论》。

　　古人云："礼之用，和为贵。"① 我们也可以把"和"的原则引入人生礼仪，要求人生礼仪既要坚持规范，不让它走样；又要注重实用，不可过于偏执。应该在坚持规范的前提下注意协调，双方让步，相互补充，求得和谐。可见"和"是人生礼仪之精义。孔子还认为："礼乎礼！夫礼所以制中也。"② 程子对此做进一步解释："不偏之谓中，不易之谓庸。'中'者，天下之正道。'庸'者，天下之定理。"③ 这里所讲的就是适度的意思，一切都要适度，事物才能合乎本性，兴旺发达。也就是所谓不偏不倚，无过而又无不及，恰到好处，做到"允执其中"④。而做到"和""中"的最好办法就是"让"。让，也就是礼让。孔子说："能以礼让为国乎，何有？不能以礼让为国，如礼何？"⑤ 认为礼让是以大局为重，这是礼让的核心所在。礼让的目的是为了保持社会秩序的稳定，小则家庭之中，朋友之间，而大则影响到国家利益。从这一点出发，孔子又说："君子无所争。"⑥ 当然，这一切又有个限度。"让"，并不等于一味退让，超过了度，一样要奋力抗争的。古人不管是讲"和"，还是说"中"，抑或是谈"让"，对我们今人的提示作用在于：人生礼仪规范只有保持适度，才能够在社会生活中得以切实贯彻施用，我们将之称为适度原则。

　　第四，道德原则。人生礼仪和道德都是用来处理人与人的关系以及人与社会的关系的这样一种行为规范，人生礼仪偏重在行为方式的层面，而道德偏重在内心修养和价值观念的层面。说到底，人生礼仪与道德互为表里。人生礼仪是道德的"外化"。人生礼仪作为道德知识的外在形式，显示的是人们的道德水平，展现的是一个人的道德素质。人生礼仪本身是人们道德意识、道德信念、道德情感等精神内涵的外化，如果缺乏对人生礼仪的正确认识以及对人生礼仪精神内涵的深刻理解和把握，就不可能产生积极的道德情感与正确的道德判断能力。人生礼仪是

---

① 《论语·学而》。
② 《礼记·仲尼燕居》。
③ 朱熹集注：《四书》，上海古籍出版社 1995 年版，第 27 页。
④ 《论语·尧曰》。
⑤ 《论语·里仁》。
⑥ 《论语·八佾》。

道德的"细化"。人生礼仪作为一种基础性的行为规范，可以促进人们加强道德修养。人生礼仪是道德的"固化"。人生礼仪作为一种实践性的道德规范，可以使道德原则在一定的时期和一定的群体中实现并确定下来，实现道德原则的"固化"。人生礼仪实际上是把沉淀在人们内心世界的社会普遍的道德规范通过一种相对固定的形式逐步内化为个体的道德品质和道德实践的过程，人生礼仪"固化"了人们对自身、对人与人、对人与社会、对人与自然等关系的认识，在与他人的和谐相处中树立起内心的道德信念和修身准则。我们评论某人具有较好的道德修养，往往可以从他的行为上得到检验。某人的行为引起周围人的强烈不满，究其原因，往往又跟他的道德修养有关。制定和践行人生礼仪的目的就是为了使得社会生活有序、和谐，为了协调人际关系。如果破坏了这种有序、和谐，造成人际关系的不协调乃至破裂，就是违反了人生礼仪规范，也就是不道德。

第五，审美原则。任何人生礼仪规范都包含着审美的要求，反映着人类共同的审美情趣和欣赏习惯，无论任何国家、地区和种族的人生礼仪，都推崇外在形象和形式的美。这种对美的追求，源于人类的精神需求。虽然人生礼仪的制定和践行并非艺术活动，然而它却又包含着艺术的因素。我们知道，艺术说到底也是人与人之间交往的一种手段。在这一点上，它与人生礼仪有相似之处。当今社会，艺术已经成为一种独立的精神活动从人们的日常生活中独立了出来，而在早期人类社会中，艺术则与人类的物质生活和精神生活混杂不可分。原始人类尝试着制造各种石器工具，某种朦胧的审美心理活动便伴随着一起滋生了。原始人类在各种仪式上的唱歌跳舞，是有其实用的功能的，或是为了与神鬼的沟通，或是企图达到某种巫术目的，但这毕竟已经构成了艺术的雏形。至于图腾艺术的丰富内涵更是众所周知。这一切至少可以告诉我们，早期人类在各种仪式和人际交往关系的行为规范中，是包含着艺术的因素的，这里有着审美的原则，这种对人生礼仪行为规范的美的追求，伴随着人生礼仪传统的世代相传，也一直绵延至今。

人生礼仪对人的言谈、举止、仪态、仪表都有形象和形式上的规范，这一切综合地体现在一个人的气质、风度和魅力上。它们并非指人的某一个动作，而是人的全部生活姿态提供给人的综合印象，包括思想品德、性格情操等内在品质，但表现在言谈、举止、仪态仪表这些外在素质的东西更多。也就是说人的气质、风度和魅力是各自心理素质和修养的外在表现，只有心灵美好，才会行为美好，但人生礼仪的内涵要通过外在形象和形式的美表现出来。同时，人生礼仪文化能够唤醒和激发人们对美的追求，从审美的角度来感染人、吸引人，把道德教育与审美教育巧妙地结合，使人在潜移默化中陶冶性情，净化心灵，从而影响到他的思维方式、行为态度和行为方式，达到人格的完美。

二　对个体品德培育问题的认识

1. 个体品德释义

要准确理解个体品德的含义，首先必须交代一个我们非常熟悉的概念，即品德。只有对品德的认识是科学的、合理的，才能对个体品德做出一个人们较为信服的解释。

"品德"在现代汉语中是一个复合词，词义由"品"和"德"两个语素合义而成，亦称品格、品质、品性、德性，是道德在个体身上的体现，是指个体依据一定的社会道德准则和规范行动时，对社会、对他人、对周围事物所表现出来的稳定的心理特征或倾向，是个体道德境界的标志，与个性、个体心理、人格发展密切相关，与道德认知、道德情感、道德意志、道德信念、道德行为等因素密切相关。因此，品德又可以称之为品质道德，它是人类个体将道德内化后形成的自身的准则和规范。

品德在道德中究竟处于什么位置？我们知道，道德是一种特殊的社会价值形态，它是人们以善恶评价的方式进行社会调节的规范手段和人类自我完善的实践精神。但一般著述较多地主张道德是"规范的总和"，似乎并没有完整地反映"规范"和"品格"这两个维度。国际学术界一般把伦理学划分为"道德规范"和"道德品质"两大类。《论语·八佾》得出"礼仪产生在仁义之后"（礼后乎）的结论，彰显出品德与仪式，是内里与外表的关系，二者是相互补充、相辅相成的。规范伦理学从"行为"的最终标准这一角度切入，自近代以来就一直占据道德哲学的主导地位而成为一种主流。德性伦理学则从"行为者"出发，强烈主张具体的道德判断要从属于固定的规则，道德是生活的一种实践智慧，不是规则的汇编。这正如《礼记·学记》所言："大德不官，大道不器，大信不约，大时不齐。"

那么，我们应该如何认识品德呢？笔者赞同的观点是将品德从四个方面来理解。[①]

首先，品德是一种倾向、性情，它表征稳定的个性状态，是人们在后天获得并在实践中养成的，是人之为人的良好品质。用荀子的观点来解释，就是"化性起伪"，即通过改造人的先天本性而养成的后天的优良的道德品质。如果按照德性伦理学的观点，"德性是人类为了幸福、为了兴旺发达、生活美好所需要的特性品质"。作为一种品性，品德使人为了正当的理由做正当的事情而没有严重的内心不情愿的反抗，这是源于品性的好的行动的真实动因。

其次，品德是一种基于理性、基于某些理由而行动的性情、倾向，其背后是有理由的。德性作为要行动的一种倾向，以适当的方式（如诚实地、勇敢地等）、以正确的理由、做正确的事。这一行为方式的深层根基，正是生活积累的实践智慧。品德包括理智能力和价值认知，因此，品德拥有实践智慧与追求生活的意义。德性伦理学认为，品德源起于遵从人所在的社会和文化中的规则与楷模，要求你发展出一种性情，经由思考，来决定与履行只有你能够在自己的情形中实现的东西，因而是理性的、深思熟虑的而非偶然恰好如此的行为和性情。德性伦理学把个人的生活作为统一的整体，而不是一堆或多或少的无关联状态的前后相续的东西。个人的目标是以特定的方式生活，主动地观照自己及其他人生命中涉及的事情，而不是任其漂流地由一堆规则或外物来决定个人的生活。解决艰难的道德问题，要靠个人运用全部智慧去做出选择，你想成为什么样的人，不是由他人决定的，而是你自己根据情境从品质出发来决定的。伦理学非常重视道德实践，反对将道德原则仅仅作为知识向人们传授，它不认为一个小孩子遍读所有道德书籍、熟记所有的道德原则之后就可以成为一个道德权威，相反，道德修养需要实践智慧融入其中。如此拥有品德的人，就可以达到古人所说的"知者不惑，仁者

---

① 高国希：《论个人品德》，《探索与争鸣》2009 年第 11 期。

不忧，勇者不惧"的至高境界了。

再次，品德是一种能够展现有着特定情感的行动的性情、品质。作为一种品性状态，品德不只涉及做正确的行动，而且涉及感受正确的情感，是有德性的人理解和反映世界的一种视镜。亚里士多德认为，所有真正的德性，都必须要有选择，"德性是与快乐和痛苦相关的、产生最好活动的品质，恶是与此相反的品质"，但快乐是履行德性的一个副产品。发现是什么引起了一个人的快乐，就可以解释关于这个人的品格，"不享受履行高尚行为之人，根本不是一个好人"。这一点对于道德教育的意义，正如柏拉图所说，重要的是要从小培养起孩子们对该快乐的事物的快乐感情和对该痛苦的事物的痛苦感情。古希腊的教育分为德行教育和技能教育，古希腊的哲学则把"践行德性"和"快乐"结合起来，使德性实际地造福于有德之行动者。教育孩子享受好的行为，追求善的生活，这样他们就会更倾向于"很好地行动"，在"很好地行动"中，发展出良好的德性与高贵的性情。

最后，品德的发展和塑造，不只是个人的事情，也会影响到他人，所以也影响到社会的过程和关切，因而也是社会的事情，甚至也是政府的重要使命。任何政府形式所能具有的最重要的优点就是促进人民本身的美德和智慧，政治制度的首要问题就是要有助于培养社会成员的各种可想望的品质——道德的、智力的和积极的品质，因为政府的实际工作中一切可能的优点正是有赖于这些品质。中国传统政治思想非常重视对人的品德的培育，荀子将君主的职能确定为"生养人"和"藩饰人"，"生养人"指的是肉体生命的延续，而"藩饰人"指的就是实现精神对肉体的超越，后者的责任更为重大。可见，古今中外的思想家都十分重视品德的发展和塑造问题，并视之为政府的责任。我们今天把个人品德建设与社会公德、职业道德、家庭美德建设并列，正说明了除了个人的努力以外，品德建设也需要通过社会、政府及其他组织予以落实。

正是基于对品德的这种认识，作者认为：所谓个体品德，是指个人遵守社会道德规范在行动时所表现出来的稳定特点，是稳定的道德行为需要与为满足这种需要而掌握的稳定行为方式的统一体。个体品德既是社会道德原则和规范内化过程中建构起来的遵从性交往经验结构，也是个体作为主体对社会道德的认识、选择以及实践的结果，是个人在社会生活中的行为活动个性化的道德特质。如前所述，个体品德至少应该包含以下四层含义：

第一，个体品德是指具有一定社会身份并起一定社会作用的个人，为自我实现、自我完善而具备的，并适应一定利益关系的客观要求的道德素质和指导自身行为选择的内心道德准则的总和。基于理性而行动的性情、倾向，其背后是有理由的。品性作为要行动的一种倾向，以适当的方式、以正确的理由做正确的事。个体品德是倾向、性情、表征稳定的个性状态，它是后天获得、在实践中养成的，是人之为人的品质。作为一种品性，品德使人为了正当的理由做正当的事情而没有严重的内心不情愿的反抗，这是源于品性的好的行动的真实动因。

第二，个体品德是能够展现有着特定情感的行动的性情、品质。作为一种品性状态，个体品德不只涉及做正确的行动，而且涉及感受正确的情感，是有品性的人理解和反映世界的一种视镜。个体品德体现内心的一种意志倾向，体现人格的力量，其发展和塑造，不只是个人的事情，也会影响到他人，所以也影响到社会的过程和关切，因而也是社会的事情，甚至也是政府的重要使命。

第三，个体品德是个体对社会道德原则和规范的内化过程中逐步建立起来的对社会规范的自觉遵从态度。它依次经历顺从、同化、内化三个阶段：第一阶段是顺从阶段，顺从是指行为主体对别人或团体提出的某种行为的依据或必要性缺乏认识，甚至有抵触的认识和情绪时，出于安全的需要仍然遵照执行的一种遵从现象，它包括从众与服从，是道德规范接受的一种初级水平；第二阶段是同化阶段，同化是指思想与行为上对规范的趋同，同化的动机不是对权威或情境的直接或间接压力的屈从，而是对榜样的仰慕与趋同，是自觉地接受他人的观点、信念、态度与行为影响，使自己的态度和行为逐渐与他人或某个团体的态度与行为相接近的过程；第三阶段是内化阶段，内化是指个体随着对规范认识的概括化与系统化，以及对规范体验的逐步累积与深化，最终形成一种价值信念作为个体规范行为的驱动力，同化是对社会规范的最高接受水平，是主体真正从内心深处相信并接受他人的观点，彻底转变自己的态度，把外部的新思想、新观点、新行为归于自己的思想体系之中，成为自己态度与品德体系的一个组成部分，是稳定而自觉的规范行为产生的内因。①

第四，个体品德的构成包含了知、情、意、行四个主要方面。所谓"知"，是指品德知识的学习。通过道德规范的学习，形成一定的道德认识，是思想品德形成过程的基本发端，是道德情感、道德意志形成的依据，是一定社会道德原则规范转化为社会成员道德行为的基础和前提。离开了基础的道德认识，是不可能形成品德的。所谓"情"，即品德情感的培养。品德情感是人们按照一定社会的道德原则、规范去理解、评价周围人和事时产生的一种情绪体验，它对个体品德的形成、发展起催化、强化的作用，是加强道德认识、坚定道德信念、锤炼道德意志的催化剂，是道德行为的推动力。所谓"意"，即道德意志的坚守。道德意志是人们在践履道德原则、规范的过程中表现出的自觉克服一切困难和障碍的毅力。一定的道德意志是促使一定的品德行为反复出现并持之以恒的精神力量。只有在顽强的道德意志的作用下，道德行为才能体现出恒久性。所谓"行"，即品德行为的践履。品德行为是人们在一定的品德认识、品德情感和品德意志的支配下，在实践活动中履行一定的品德原则、规范的实际行动。只有从知，经过情、意，转化为行，并上升为品德习惯，品德认识、情感、意志才能得以巩固，才能形成真正的具有稳定倾向的道德品质。

2. 个体品德培育的重要性

如前所述，个体品德作为一定社会或阶级的道德原则和规范在个体思想和行为中的体现，是个体在一系列的道德行为中所表现出来的比较稳定的特征和倾向。个体品德通过社会环境的熏陶、思想道德教育和个体的自觉修养逐步养成，表现为个体对某种道德要求的强烈认同、对道德情感的充分表达、对社会道德规范的执着践履。个体品德作为社会道德在个体身上的具体体现，既反映了社会整体道德进步和发展的要求，也反映了个人提升内在素养的需要，从这一内涵来看，个体品德体现了群体道德与个体道德的统一。由此而言，个体品德培育在当前的道德建设中具有极其重要的地位。

首先，个体品德培育是道德建设尊重公民主体地位的体现。道德建

---

① 吴琦：《个体品德形成的心理机制》，《成都大学学报》（社科版）2007 年第 5 期。

设从本质上讲就是作为主体性活动的人的品德培育，它归根到底是一种主体性培育活动。在社会主义道德建设活动中，最广大的人民群众既是道德建设的主体，又是道德建设的主人。作为主体，社会主义道德建设，是依赖人并通过人的活动和人的品德培育实现的。作为主人，社会主义道德建设，是为了人并发展人的活动。道德建设的最终目的，就是提高人的道德认识，培育人的道德感情，锻炼人的道德意志，培养人的良好的道德行为习惯，最终提升人的道德境界，养成良好的道德品质。可见，把人放在第一位应该成为道德要求的基本准则，而这也应该成为人类一切其他行为的首要标准。

其次，个体品德培育是实现人的全面发展的主要途径。社会的发展，根本上来说，就是个体人的发展，也就是个体的体力、智力、心理、品德等各方面的发展，而个体人的全面发展是人类社会发展的终极旨归。个体品德不仅是完美人格的构成要素，而且是塑造完美人格的必要条件。现实生活中人格的高低与好坏之分，其根源就在于个体品德的优劣。一个人只有具备良好的品德，才能受到他人的尊重，实现做人的尊严和价值。个体品德培育不仅有助于提高个人素质，促进个人全面发展，而且还会为社会的发展与进步提供方向、作用和动机上的支持。

再次，个体品德培育可以为构建和谐社会凝聚力量。个体品德培育的目的与功效在于激发主体的创造力，它不仅能够提高个体的道德素质，还能够调动和发挥个体构建和谐社会的积极性、主动性和创造性。实践证明，一个社会是否和谐，很大程度上取决于全体社会成员的思想道德素质。无论是实现社会公平正义、维护社会安定团结，还是处理协调人与人、人与自然的关系，都离不开全社会文明程度和公民思想道德素质的提高。而在制约社会和谐的各种力量中，由道德价值观凝聚起来的精神上的和谐具有不可或缺的作用。人们只有有了共同的价值观念和道德追求，面对社会的诸多矛盾和利益冲突，才能妥善协调各方面的关系，保障社会安全，从而形成共识、凝聚力量、化解矛盾，正确促进社会稳定和发展。个体品德培育可以促进个体的道德优化，这不仅对于维护和实现社会的稳定与和谐发展，而且对于进一步提高社会的和谐程度，都具有重要的基础作用。与此同时，社会和谐的根本标志是人际关系的和谐，而重视和加强个体品德培育正是实现社会各阶层之间、社会成员之间平等友爱、和睦相处的和谐人际关系的关键所在。

最后，个体品德培育是促进国家文化软实力提高的重要手段。一个国家的实力包括物质和精神两个方面。评价一个国家不能只看它物质方面的硬实力，还要关注到这个国家的思想文化、道德观念、民族精神等意识形态领域中的精神方面的软实力。当今时代，文化越来越成为民族凝聚力和创造力的重要源泉，越来越成为综合国力竞争的重要因素。要提高文化软实力，就要形成全社会的价值认同和道德遵循，即形成人们对社会主义核心价值体系的认同。社会主义核心价值体系作为社会主义文化建设的核心部分，对人们的社会生活提供了根本的价值标准，有利于引领全社会成员在思想道德上的进步，从而促进全社会的思想道德建设。重视个体品德培育，以社会主义核心价值体系为根本，以增强诚信意识、责任意识为重点，以解决突出道德问题为突破口，全面提高公民的思想道德素质，这正是提高文化软实力的重要保障。我国正处于并将长期处于社会主义初级阶段，21 世纪的前 20 年又是战略机遇与矛盾凸显并存的关键时期，反映在意识形态领域中的价值取向、道德观念也是复杂多样的。

三　传统人生礼仪与个体品德培育之间的关系

1. 传统人生礼仪的内在特性

人生礼仪既不同于刚性的法律又区别于柔性的道德。它是内在品德的表征，是抽象人格的具体化，是法律之外规范和约束人的社会行为的外在的自律。这一特质决定它有助于个体品德培育，但是，其功能的发挥要求全社会建立起一套合理的机制。

第一，传统人生礼仪具有合理的内容。个体品德培育的根本目的就是要帮助人把握世界的意义和人生的意义。受教育者不仅是认知的主体，同时也是体验的主体、审美的主体、道德的主体。传统人生礼仪蕴含着浓厚的生命仪式，它是参与者以生命发展为目标，以情感为动力，从而获得生命智慧的过程。人们常说，教育起源于生命，达于精神，而人的完整的生命是教育的起点，人体生命的自然特性决定了教育"何为"的界限。传统人生礼仪以生命意识为本，尊重个体在仪式情境中的各种生命表达方式，使教育过程真正成为个体领悟生命真谛、追求生活意义、增长生命智慧的过程，这是值得我们认真借鉴的。同时，传统人生礼仪蕴含了一种重视社会整体利益的价值观念，体现了一种保持社会和谐有序的价值取向，它们在维系中华民族的凝聚力以及社会稳定方面发挥了重要的作用，继承这种价值观念和价值取向，使人生礼仪在融洽人际关系、维护社会秩序方面更好地发挥作用。传统人生礼仪中，有许多反映劳动人民生活实践的民间风俗，它是各族人民在长期的社会生活实践中形成和创造的，又在历史发展中延续下来，实践反复证明了它的生命力。传统人生礼仪中的整体协调思想、诚恳待人的观念、礼尚往来的规范、文雅庄重的行为，还有一些礼节习惯和礼貌语言，具有共通性、普遍性的内容，有助于个体品德培育。

第二，传统人生礼仪具有适宜的形式。传统人生礼仪的特点就是借助一定的语言、肢体动作以及相关的器物来巩固、强化个体内心的道德意识。道德品质是内容，人生礼仪是形式。因此，人生礼仪本身就是规范化的一整套程序，某种程度的"繁文缛节"是难免的，必要的程序不能随意简化，否则就很难产生理想的效果。个体品德的培育本身是一个非常复杂而漫长的过程，只注重道德说教与知识灌输，易于使教育对象产生抵触心理或精神麻木；间或教育对象的认知能力不能完全接受单一的道德说教与知识灌输。如果能够将个体品德培育的内容与灵活多样的形式结合起来，把个体品德培育的内容融入灵活多样的形式之中，使教育对象直观地体验和感知个体品德的意蕴，将会产生更为理想的效果。从这个角度看，传统人生礼仪不仅是个体品德培育的外在力量，而且是一种非常有效的手段。因此，传统人生礼仪的严谨正规、朴实庄重与程序的一丝不苟是必不可少的。忽视和淡化人生礼仪是错误的，随意地将人生礼仪功利化、世俗化、喜剧化、娱乐化的倾向不足取。

第三，传统人生礼仪具有明显的心理调适功能。传统人生礼仪是具有特定程序的典礼活动，它将某种道德精神或观念以一种外显的过程呈现出来，从而达成良好的教化效果；同时，传统人生礼仪是以道化俗的途径，作为一种个体品德培育方式，是经过长期的历史积淀凝聚而成的，对人的心灵起着深刻、持久的感染效应。不难看出，传统人生礼仪活动具有三种基本的心理调适功能：一是使道德精神神圣化。以某种特有的形式，营造特殊氛围，提升精神境界，产生超越现实之感。二是将道德观念外显化。使观念层面的内隐性的东西以活动形式操作化、凝固化，转化为习俗层面的文化形式加以延续，从而产生持久的、根深蒂固的影响力。三是使道德理念生活化。传统人生礼仪活动是多种艺术形式的融合与创造性运用，通过视听系统等多种感官刺激，产生多种意识水平下的综合效应。正是由于人生礼仪活动的艺术性，才有强烈的感染力与心理内化力。尽管人生礼仪的类型多种多样，人们对其认识也不尽一致，但是，只要人生礼仪能对个体的心理产生一定的震撼作用，而且保持了连续性与持久性，其社会教化功能与个体品德培育意义就有可能变为现实。

第四，传统人生礼仪是一种体验式价值教育。个体品德培育作为一种区别于知识积累与技能培训的特殊类型教育，是一种以社会规范为载体的价值教育。知识积累主要解决知识的拥有量问题，技能培训主要解决知识的具体运用问题，而个体品德培育主要应当解决的是信仰信念问题。个体品德培育与信仰信念的形成，主要不是依靠获得多少知识与学会多少技能，更主要的是依赖个体品德经验的积累基础上的品德体悟。个体品德培育从根本上说是一种知、情、意、行整合的体验。体验是心理活动的一种带有独特色调的知觉或意识，是心理的一种主观感受。体验的发生不是从认知加工系统获得的，而是从有机体同环境相适应过程中的生存和需要的满足与否的感受状态发展而来的。① 因而，体验的发生需要个体整个身心的投入，不仅仅是某个特定的心理要素，而是全部人格因素。体验需要创设一定的情境，引发个体作为主体参与进去。传统人生礼仪以文化为载体，密切结合现实生活，将个体品德培育融于个体生活与社会文化之中，能在很大程度上实现个体的品德体验，满足个体品德培育过程完整心理因素参与的需要，为品德内化创造最有利的条件。同时，传统人生礼仪在具体运用上选择了以情感体验为基础的仪式教育方法。应该说，体验是主体内在的历时性的知、情、意、行和亲历、体认与验证，它是一种活动，更是一个过程，是生理、心理、感性和理性、情感和思想、社会和历史等方面的复合交织的整体矛盾运动。

---

① 转引自朱小蔓《情感教育论纲》，南京出版社 1993 年版，第 84、126—127 页。

体验既是人的生存方式，也是人追求生命意义的方式。体验的出发点是情感，主体总是从自己的命运与遭遇，从内心的全部情感积累和先在的感受出发去体验和揭示生命的意蕴；而体验的最后归结点也是情感，体验的结果常常是一种新的更深刻地把握了生命活动的情感生成。在这方面，传统人生礼仪是比较成功的。另外，传统人生礼仪特别注重仪式参与者的心理转换，其最明显的标志就是在仪式活动中，关注仪式的参与者是否"动情"，因为只有达到心灵上的触动和震撼才能从更深层次上理解心理转换的内涵，只有真实的感受和体验才能促使情感的产生。事实上，传统人生礼仪活动的设计与安排，既符合参与者自身的文化特点，又具备了仪式的诸多特点，这样，既能够发挥传统人生礼仪应有的功能，同时也能唤起参与者的心灵共鸣，最终达到培育个体品德的目的。

2. 传统人生礼仪在个体品德培育中的功能

传统人生礼仪是中华文化的重要组成部分，具有深厚的道德教育力量，因而对古代个体品德培育起着非常重要的作用。在人类历史上，传统人生礼仪被赋予巨大的道德教化意义，它通过神圣的形式使得仪式的参与者获得深刻体验，在对仪式的体验中确定自己的人生位置，实现角色的转换，进行心理调适，建构自我的道德主体。具体而言，传统人生礼仪在古代社会的个体品德培育功能主要表现在以下四个方面：

第一，帮助仪式的参与者实现角色的转换，约束个体品德行为。

帮助仪式的参与者实现角色的转换是传统人生礼仪作用于个体品德的最为明显的表现。如前所述，人生礼仪是传统社会的个体生命一生中在不同年龄阶段所举行的仪式，是指围绕着人的生命历程中的关键时刻或时段而形成的仪式性礼仪活动，它贯穿于人生的全过程，几乎每个人都需要经历。在人的一生中，有很多仪式性活动都是为了标记着人的不同的生活阶段。成人礼仪较为典型地体现了这一点。在中国古代，幼年时期无论男女都不结发，多为垂发。到了一定阶段，女子要行"笄礼"，即用簪子把头发盘起来。笄礼是女性进入成年时期的标志，也就是说到了可以谈婚论嫁的年龄了。此后，如果女性已经订婚了，则要系缨。缨是一种五色丝绳，凡女子许嫁，便用它来束发，以示确定了婚配的人家。到了成婚之日，这条丝绳须由新郎亲手取下，标志女性已经成为人妇。因此，仪式活动中发型和发饰的改变均标记了女性一生中的几次身份的转变。在我国西南地区许多少数民族中，同样是年龄相仿的女青年，其婚否都有不同的标志。这个已婚的标志就是在婚礼仪式上留下的。正是从这个意义上讲，人生礼仪的首要功能是实现个体在社会中的角色转换。人生礼仪的每一个步骤都蕴含着特殊的意义。伴随仪式的举行，受礼者和观礼者逐渐理解礼仪仪式的寓意，从而实现了解、掌握道德规范的目的。成人礼仪标志着个体社会文化性的诞生，或者说，从一个"无性"的世界进入一个"有性"的世界，要求受礼者扬弃过去的"幼者"身份，告别自己的儿童时代，吸收成人的各种规范，正式进入到成年人的阶段。一个人的身份通过仪式性活动而得到社会的承认，从而可以享有另一个社会层次的人所享有的各种权利，承担另一个社会层次的人所必须承担的责任，同时，也要尽另一个社会层次的人所应尽的一切义务。

婚姻礼仪的角色转换观念也十分明显。对于婚姻礼仪的主要表演者——新郎与新娘而言，婚姻礼仪的诸种程序性仪式实际上是其亲身参与表演的过渡仪式，这些过渡仪式使得他们能顺利实现角色的转换，尤其是新娘的角色转换。在姑娘未出嫁前，她最重要的社会角色是父母的女儿、兄弟姐妹的姐姐或妹妹，也即是娘家的一分子，而在婚礼后则要承担起新的角色，即妻子与媳妇的角色。一般而言，经历过正常婚姻礼仪后的新人，角色的过渡与转换比较顺利，也能比较好地扮演好新的社会角色。新娘是否顺利地认可新角色，而且在新角色扮演中进入良好的角色互动，不仅表现在其外在行为上，而且深刻地反映在他们的主观情感上。可见，只要是按礼仪举行了婚姻仪式的新人，都能在仪式过后对于自己全新的社会角色有较好的认知，并在短期内与婆家人进行良好的角色互动，顺利地实现社会角色的转换。当然，我们这样讲，并不是绝对的。事实上，角色转换的顺利与否，还与仪式参与者的受教育程度、道德素养以及家庭和生活环境是分不开的。

总之，任何一个生活在某一种礼仪习俗和规范的仪式环境中的人，都自觉或不自觉地受到该礼仪仪式的约束。传统人生礼仪作为一种行为规范，它能够使人们直观地学习掌握社会的基本道德要求与行为规范，又能约束自己的言谈举止，在为人处世等方面都会对照人生礼仪规范来要求自己，按照人生礼仪礼节的具体要求，学会尊重他人，完善自己，提高道德自觉意识和自我约束能力。通过人生礼仪的实践来形成良好的行为习惯，逐步把社会的道德规范内化为自身的良好道德品质，成为内在修养良好，外在形象优雅的公民，实现公民的社会化。除此之外，作为社会知识的一部分，传统人生礼仪从人类最基本的行为入手，告诉人们怎样规范自己的言行举止，引导人们在约束和规范自身行为的同时，培养高尚的道德情操，进而形成正确的世界观、人生观和价值观，可以有效地加强道德的实践性和可操作性。

第二，协助仪式的参与者实现心理转换，塑造个体品德心理。

协助仪式的参与者实现心理转换是传统人生礼仪作用于个体品德的重要体现。传统人生礼仪在协助人们实现角色转换的同时实现心理转换，安抚人们在角色转换时期不安的心理状态。在传统社会，生产方式与生活方式都决定了人们的交际范围非常有限，人与人之间的信息沟通也极为不便，人与人之间的相互了解总是受到很多的限制，因此，当个体从一个社会集团过渡到另一个社会集团时，自然会产生焦虑感和不安感。人生礼仪可以协助人们在实现角色转换的同时达成心理转换，安抚人们在角色转换时产生的不安心理。例如：女子出嫁时要唱《哭嫁歌》，一方面是转移新娘对娘家的眷恋之情，另一方面则是父母对女儿出嫁后身份和角色变化的担忧。在"娘哭女"中，母亲会一再告诫女儿出嫁以后必须要牢记的一些事情，如"从今以后要独立，不可拗性惹是非"。"说话轻言又细语，切莫大喊放粗声；对待公婆要恭敬，对待小姑要细心；妯娌之间要和气。"另外，还要晚睡早起、烧菜煮饭、善待小姑小叔、遇事忍让等。其实，婚礼仪式的举行过程就是女性"脱胎换骨"的过程，她必须从一个无忧无虑的少女变为一个全职的媳妇：上有公婆必须侍奉孝敬，下有小姑小叔必须抚养，在照顾丈夫饮食起居的同时，还要学会适当处理妯娌、邻里之间的关系等。面对这样的身份转换，任何一个女性都要承受巨大的心理压力。结婚，对女性与其家庭来说就是一种生离死别。女性出嫁时，心理活动很复杂：这里面既有对父母的依恋，也有对未来的不确定性和对新身份的恐惧和担忧。《哭嫁歌》从某种意义上讲，是情绪宣泄的一种主要途径，人们在哭嫁声中放纵着对父母的依恋，重复着嫁为人妇后自己的责任。出嫁仪式及其《哭嫁歌》可以帮助妇女完成一种心理转换。通过丧葬礼仪，人们既寄托了对亲人的哀思，又注入了迎接新生活的勇气与憧憬。

如前所述，传统人生礼仪的一个重要原则就是自律，它要求每个人在自己的心中树起一种内在的道德信念和行为准则，并以此来约束自己，而无须外界的监督。传统人生礼仪之所以被人们认同，成为普遍遵守的行为规范，是因为传统人生礼仪是人们内心情感的自然流露，是一种文化事象。众所周知，文化对人具有教化和培养功能，但这一教化和培养不应是外在僵硬的说教和灌输，而应当通过使人的意识觉醒而产生自觉的追求来达到，有了自觉的追求，人们就会积极主动地在实践中学习和创造，从而不断地提高自己的素质。社会规范包括法律规范和非法律规范，它们虽然都是调整人们之间关系的行为规范，但法律是从外部强制性地约束人的行为，人生礼仪规范虽然不具有强制性，但它能唤起人内心的自我约束。人真正的责任感出自道德自律。人生礼仪规则、人生礼仪价值和人生礼仪审美一旦为社会所尊崇、所认同、所遵从，有关的规范、程式就会为人们所接受和照办，人们如果不这样做就会感到羞耻和窘迫。传统人生礼仪就是通过感化人的灵魂与提高人的修养来使人们摆脱自己的丑陋、欠缺和低级趣味，从而塑造健全完美的个体品德心理。同时，传统人生礼仪是一种直观的道德规范和行为准则，其实践特征非常明显，它侧重于从微观的角度，从具体的言谈举止、待人接物、衣着打扮、饮食起居等日常生活中的应对进退，来规范人的行为，通过榜样示范、模仿、强化等一系列方式，优化人的行为，塑造完美人格心理。个体往往是在学习这些人生礼仪的过程中逐步认识自身、认识家庭、认识社会，并逐步克服自身的缺点与不足，最终达到完善个体品德心理的目的。另外，传统人生礼仪作为一种专门针对人的，专门讲与人如何打交道的知识，其特殊性表现在主要是通过日常生活来实现的，需要你的观察、体验、参与，而且要反复地观察、体验、参与，才能使这种知识内化为自己内心深处的一种自然的诉求；而且学习人生礼仪只是从自己最亲近的人开始，这就使人生礼仪的学习一开始就带有强烈的人情色彩，这种人情色彩既是人生礼仪区别于其他知识的一个特殊性，也是它易于为人们所接受，从而塑造个体品德心理的根本原因所在。

第三，使仪式的参与者接受体验式教育，提升个体品德境界。

　　使仪式的参与者接受体验式教育，这是传统人生礼仪作用于个体品德培育的最直接、最有效的表现，也是一条最重要的途径。人生礼仪创造了一个超越日常互动的特殊时空，使传统的维持和创新得以发生。仪式的神圣性使得人生礼仪的价值引导超越了空洞的道德说教，为受礼者个体乃至所有参与者所接受。从道德发生的角度看，传统人生礼仪的价值引导，不管是显性的道德教诲还是隐性的道德熏染，都会对受教育者产生影响。参加人生礼仪的过程就是接受道德教育与塑造良好个体品德的过程。

　　在导言中我们也谈到，人生礼仪的起源虽然比较复杂，或者说是一种多元起源论，但是，没有人否认，人生礼仪的最初起源与人们对生命的神秘而对超验力量的祭祀有关。《礼记·标题疏》中说："礼事起于隧皇，礼名起于黄帝。"许慎在《说文解字》中说："礼，履也，所以事神致福也。"礼最初是原始社会祀神祈福的仪式，人们对此具有强烈的神秘感与敬畏感。人生礼仪的形成始于人类进入图腾文化时期。图腾文化认为，每一个部族集团的所有成员都起源于某种生物或无生命物（如日、月、风、石等），这些存在物就是该部族的图腾——保护者和象征。图腾代表永恒的生命，个体生命只是其图腾生命的一个阶段，肉体的诞生并不足以使一个人成为氏族的一员。只有经过成年礼，图腾灵魂才能完成对肉体的占有，个体才能正式成为部族一员，享有部族规定的一切权利和义务，并获得图腾的保护。也就是说，举行成人礼仪标志着一个人具备了部族社会所要求的主要特质。基于此，在儿童成熟之前就得教他养成必要的生活习惯和劳动技能，使之了解整个部族的风俗，履行各种仪式，熟记仪式上的诵颂祝咒和神话传说。可见，人生礼仪从一开始就与初民的信仰以及部族伦理道德浑然一体，对社会生活具有整合、规范的功能。原始的图腾文化解体后，图腾仪式式微，礼仪仪式的神圣性逐渐向世俗性转变，但是礼仪仪式所具有的神圣底蕴与人道关怀并未消亡，仍以较为固定的形式流传下来，形成天道、神道与人道相互结合的礼仪仪式文化整体建构。在我国，人生礼仪一方面连接着寻常百姓的人生追求和需要，另一方面连接着受儒家文化支配的传统价值观念，千百年来始终发挥着规范人生和统一教化的作用。据此，石中英教授就曾用"教育习俗"这一概念突出民间习俗中涉及教育事象的部分，认为其中蕴含着丰富的教育内涵。① 人生礼仪还以隐性方式影响参加礼仪仪式活动的所有人。诞生礼仪中的"洗三朝"仪式，成人礼仪中的加冠仪式，婚姻礼仪上的祝福仪式，乃至丧葬礼仪上的招魂还魂仪式及其所运用的语言等，其实已暗含一定的社会价值取向。这样的活动对于受礼者和观礼者而言都是一种价值观念的熏陶。礼仪仪式活动的开展，"巩固了群体的规范，给个人的行为提供了道德制裁，为共同体平衡所依赖的共同目的和价值观念提供了基础"②。此外，人生礼仪的参加者主要是与受礼者有血亲关系的人群，这让人生礼仪充满了伦理意义，并生动地展示了尊卑有序、家庭和睦、互助互爱等家庭伦理规范。仪式为参加礼仪活动的每一个人提供了一种具体的、情境化的道德教化的解释，使家庭伦理观念和社会道德规范渗透并深深植入他们的内心，从而成为道德教化、品德培育和推动社会发展的重要方式。

如前所述，任何礼仪规范都包含着审美的要求，反映着人类共同的审美情趣和欣赏习惯，无论任何国家、民族和地区的礼仪仪式，都推崇外在形象和形式的美。这种对美的追求，源于人类的精神需求。从原始社会，人们就开始了对美的追求。随着社会的发展，美越来越被人们重视，它是精神生活中必不可少的部分。传统人生礼仪对人的言谈、举止、仪态、仪表都有形象和形式上的规范，这一切综合地体现在一个人的气质、风度和魅力上。它们并非指人的某一个动作，而是人的全部生活姿态提供给人的综合印象，包括思想品德、性格情操等内在品质，但表现在言谈、举止、仪态仪表这些外在素质的东西更多。也就是说人的气质、风度和魅力是各自心理素质和修养的外在表现，只有心灵美好，才会行为美好，但人生礼仪的内涵要通过外在形象和形式的美表现出来。人生礼仪文化能够唤醒和激发人们对美的追求。追求美，会使人精神美好，心地纯洁，情感和信念端正。人生礼仪就是从审美的角度来感染人、吸引人，把品德培育与审美情趣的培养巧妙地结合，使人在潜移默化中陶冶性情，净化心灵，从而影响到人们的思维方式、行为态度和

---

① 石中英：《教育学的文化品格》，山西教育出版社 2005 年版，第 148 页。
② 王铭铭：《想像的异邦》，上海人民出版社 1998 年版，第 145 页。

行为方式，提升个体品德境界。

第四，使仪式的参与者实现主体的自我建构，展现个体品德的价值。

这里的主体的自我建构包括道德主体的自我建构与社会地位的重新建构两个方面。它是传统人生礼仪作用于个体品德的最持久的一种功能。应该说，传统人生礼仪的建构功能与标记功能和心理建设功能有关。传统人生礼仪中的很多活动是为了标记人生进入某一个新的阶段，标记的意义在于，它使受礼者开始产生一种自我概念的认同感，并由此激发起一种责任与使命感。美国心理学家杜拉森和米勒曾提出"角色自居—内化"理论，认为儿童的道德是通过学习模仿和认同成人的角色以内化社会道德而来的。社会学也指出，角色与自我认同是儿童社会化的主要方式之一。通过人生礼仪，个体将自己定位在一个新角色上。这时，他会自觉地意识到新旧角色意义的不同，从而调整自己的价值观念和自我形象，使自己的行动和观念更符合新角色的要求。由于受礼者在仪式上获得强烈的情感共鸣、意志的振荡和深刻的内心体验，因而在内心深处实现初步感悟，走出了内化的第一步。此时，个体开始用一种新的标签、新的角色来定位自己。

国内学者也认为："道德教育的核心任务是要赋予每一个个体以科学的价值观、道德原则和行为规范等等。"① 道德教育不能仅停留在外部道德力量的价值引导上，还需要促使作为道德教育主体的受教育者把社会道德规范内化为自身的价值准则和价值观，形成相应的个体道德人格。换言之，道德教育的过程应是道德主体自我建构的过程，是道德主体基于原有的道德水平，在外部价值导向的影响下，认同社会道德，按照其要求自觉约束、控制自己，最终达到社会普遍认可的道德规范的内化，养成既符合社会要求又为个体所认知认可并自觉遵循的道德准则，进而养成良好的个体品德。

中国传统的丧葬礼仪在很大程度上说，并不是为死者，而是为了生者。人们举行的一系列仪式性活动，以及通过丧葬仪式重新强化和整理家族或宗族之间的关系和秩序，并期待得到社会的认可。孔子认为，丧

---

① 檀传宝：《学校道德教育原理》，教育科学出版社2003年版，第32页。

服之礼的制定，上面模仿天时的运转，下面效法地文的变化，中而依据人类的情感，使人类借以维护群体的生活，使其和睦团结。"丧服，兄弟之子犹子也，盖引而进之也；叔嫂之无服也，盖推而远之也；姑姊妹之薄也，盖有受我而厚之者也。"① 服丧，其实是为了加重伯叔和侄儿之间的恩情，使他们的关系更加亲近；叔嫂之间无服，是为了别嫌而推得更加疏远；为已经出嫁的姑姑和姐妹等服丧，是因为有接受她们为妻而为她们加重丧服的人。由此看来，丧葬仪式从某种意义上来说更重要的是它的道德主体建构与社会地位重新确立的意义，死亡被看作是一种事件，是家庭或社会变化和更替发展的一个转折点，是巩固宗法制度、维护家庭以及家族的团结和睦，保证社会安定和平稳运行的一种手段和工具。

丧葬礼仪从另一方面来说，又对在死者死亡之后新的家庭关系，包括家庭中权利、责任和义务的转移和重新分配，长幼尊卑秩序的重新排定，以及财产的继承和分配都具有重要的意义。"三年之丧何也？曰：称情而立文，因以饰群，别亲疏贵贱之节，而不可损益也。故曰：无易之道也。"② 这就是说，三年的丧服是随着内心哀戚的程度而制定的礼文，借此来表明亲属的关系，区分出亲疏贵贱的界限，而不能任意增减。《仪礼·丧服》中也谈道："何以三年也？正体于上，又乃将所传重也。庶子不得为长子三年，不继祖也。"只有长子才能传祖先之重，继承祖先的事业和财产，庶子是没有资格的。对社会地位的重新建构作用跃然纸上。

一般来说，在丧礼中服重孝，也就是说服斩衰的人为遗产的主要继承人，因而也对家族的繁衍与发展负有重要的责任。他们必须："上治祖祢，尊尊也。下治子孙，亲亲也。旁治昆弟，合族以食，序以昭缪，别之以礼义，人道竭矣。"③ 这就是说，家庭财产和事业的继承人除了要接续祖先的香火，光耀门庭之外，向上必须整治好祭祀祖和父的关系，体现尊敬尊贵者的原则；向下整治好子孙们的远近亲疏关系，体现

---

① 《礼记·檀弓上》。
② 《礼记·三年问》。
③ 《礼记·大传》。

亲爱血缘亲属的原则；从旁整治好同族兄弟的亲疏关系，聚合族人举行食礼，按照昭穆关系排列族人的次序。依据约定俗成的仪式来区别上述各种关系，建构新的人伦关系，确立自我的价值地位和社会地位，其人文意义也就都在这里了。

　　总之，人作为群体生活的动物，在群体生活中必须建立并遵守一定的秩序，而传统人生礼仪就是人类为了有序生活而逐渐信守的一套行为规范。传统人生礼仪的有序性不仅维护和促进了各种社会关系的和谐，而且在此基础上展现了个体品德的价值。传统人生礼仪能够促进家庭和谐。家庭是社会的细胞，一个国家的长治久安、稳定和平，来自每一个家庭的和睦融洽。而传统人生礼仪在促进家庭的和睦幸福方面，具有至关重要的作用。古人在家庭礼仪仪式中特别强调长幼、尊卑的次序，因而，讲孝多于讲慈。在孔子看来，"生，事之以礼；死，葬之以礼，祭之以礼，可谓孝矣"①。父母对于子女生之养之抚之育之成之，十几年甚至几十年，无怨无悔，因此子女对父母就应该心存感恩之情，以自己身体力行地对父母的侍奉，来报答父母的养育之恩，另一方面，也会切身体验到父母养育子女的不易和艰辛。因此，子女对父母要时时处处以礼事之，不能有半分的失礼之处。同时也强调子女对于父母的"礼"的问题，即"父母在，不远游，游必有方"②。子女要出门远行，应该向父母禀告自己的去向，以免父母担心。这叫尽礼。子女对于父母尽礼，父母的心情和身体都会有稳定的保障，当然家庭的气氛就会和谐融洽。同时，传统人生礼仪能够促进人际关系和谐。人际关系是人类社会生活中重要的关系，传统人生礼仪在促进人际关系和谐方面的作用主要表现在它的规范和调节的功能上。一方面表现为对人的行为的规范，使人们的行为合乎某种传统的要求，并通过对人生礼仪的深刻理解和切实的实施，使人际关系趋于和谐。"礼之用，和为贵"③，讲的就是通过"礼"达到和谐的人际关系的状态。传统人生礼仪在人际关系中对每个个体的人起着规范作用，教导人们应该做什么，不应该做什么，如何去

① 《论语·为政》。
② 《论语·学而》。
③ 《论语·里仁》。

做；怎样做才是合乎规范的，才是道德所允许的。因为传统人生礼仪作为一种规范和程序，它是一种凝固下来的文化传统，它反映着自古以来人们对于一些事物的固定的看法和价值取向。另一方面表现为对人际关系的调节。人际关系中难免会出现一些不和谐，这些不和谐如果不能及时得到有效的解决，往往会愈演愈烈，甚至发展到不可调和的地步。而传统人生礼仪的作用就是通过一定的仪式性活动增进了解、化解矛盾，建立起健康良好的人际关系。另外，传统人生礼仪还能够促进社会和谐。古人所谓"礼，经国家、定社稷、序民人、利后嗣者也"①。就是说，礼在治理安定国家社稷、管理安抚人民百姓、有利于后世子孙方面，是有着重要作用的。孔子则将"政"与"德"、"刑"与"礼"对比，强调"政"和"刑"是通过国家暴力的形式规范和协调人们的行动，而"德"与"礼"则主要通过教化和引导来希望受教者或犯规者能够实现精神的提升和内心的自省，从而实现自身的和谐，并通过这种个体和谐逐步达到整个社会的和谐，所谓"道之以政，齐之以刑，民免而无耻；道之以德，齐之以礼，有耻且格"②。由于道德和人生礼仪能够使人们在较为宽松和融洽的关系中增进彼此的了解，因此对于生活中不道德的或不合乎道德规范的行为，人们往往也能够做到将之预防在未形成阶段，甚至能够将之遏止于萌芽状态。因此相对于"政"和"刑"来说，人生礼仪和道德无疑会更有利于每个人的全面发展，从这个意义上讲，人生礼仪其实是一种"准法律"，它的作用渗透到了社会生活和社会群体的各个层面，影响、规范甚至制约着人们的行为，进而营造社会的和谐氛围，在最大范围内和最大程度上展现了个体品德的价值。

四　人生礼仪视域中的个体品德培育机制

任何一种社会道德只有转化为个体道德才能称得上真正意义上的道德；只有转化为个体的思想、意识、情感、意志和实际行为过程之中，

---

① 《左传·隐公十一年》。
② 《论语·为政》。

并转化为个性化的实践精神和内在素质，才是活生生的有生命力的东西。人生礼仪只有作用于个体品德培育才能显示出其价值，个体品德培育必须借助于人生礼仪并通过人生礼仪具体地反映和表现出来，才能为人们所认可。应该承认，人生礼仪是社会普遍的价值观由一般性的要求到具体化的约束，社会普遍的道德观念由抽象的概念到人们的具体行为，社会普遍推崇的道德规范由文本向个体品德转化的一种桥梁和纽带。可以说，个体品德培育机制是传统人生礼仪本体性功能的延伸与践履。

1. 尊重：个体品德培育的价值目标

人生礼仪的首要功能当推尊重，这种尊重既包括自我尊重，也指尊重他人，现实生活中的任何人都需要自我尊重和来自他人的尊重。儒家学者对人生礼仪最精彩、最得意的解释即是人与动物的区别。孔子说："今之孝者，是谓能养，至于犬马，皆能有养，不敬，何以别乎？"人与动物的区别就在于人懂得尊重别人，所谓"恭敬之心，礼也"。而尊重也是个体品德培育的价值目标。人生礼仪中的繁文缛节很多，但对个体品德培育而言，最直接的价值引导则是尊重。这个尊重当然也包括自我尊重和尊重他人。孟子对礼的解释就是"自卑而尊人"，强调任何时候都把自己看得轻一些、淡一些，而把别人放在一个更重要的位置。人生礼仪讲究的就是等级秩序，下级对上级、晚辈对长辈、主人对客人等，都要恭敬；但反过来，上级对下级要礼贤下士，长辈对晚辈要关怀爱护，客人对主人要客随主便，人生礼仪中的任何一方都要把对方放在一个更重要的位置。当人们首先对别人表示尊敬时，就会获得对方的友好和尊重，从而在内心深处感受到个体品德的重要性。凡是认同、遵从人生礼仪规范的人都能在社会交往中体验到人格的尊严。应该说，人格的尊严是个体品德的支柱，只有个体品德意识的觉醒，才能使人真正认识到自己与动物的区别，从而使人自觉地遵循人生礼仪，养成良好的个体品德，以获得他人来自内心的尊重，也只有这样，才能把现存社会的道德规范和行为准则转化为能对个体品德培育发挥持久作用的内在机制。

在古代社会，物质资料的匮乏是处理人际关系首先需要面对的现实问题，为了使有限的物质资料能够满足人们日常生活及其社会生产的需要，人们必须有一个理性的消费心理和符合现实的消费方式，必须用精神性的东西来填充和弥补物质资料不足的缺陷，人生礼仪就是在这种背景下被人们普遍认可并自觉遵循的，因为认同和遵从人生礼仪规范的人们都能在社会交往中体验到人格的尊严。到了现代社会，物质资料的需要基本得到满足，而受尊重的高层次需要越来越为人们所重视，尊敬别人依旧是人生礼仪的重要原则。任何人都需要自尊和来自他人对自己的尊重。所谓自尊，一般包括对获得信心、能力、本领、成就、独立和自由的强烈愿望。来自他人对自己的尊重则包括威望、承认、接受、关心、地位、名誉和赏识。具有自尊的人总觉得生活美好，对前途充满信心；缺乏自尊的人则有失落感、自卑感，对前途迷茫，行动迟疑，心情沮丧，甚至会导致心理障碍。因此，可以说任何人都希望获得别人的尊重。而希望获得别人尊重的人则必须先学会尊重别人，这就是生活的辩证法。同时，我们所说的"尊敬"又必须是发自内心的，是真诚的，是表里如一的。在人际交往活动中，人们都希望得到他人的尊重，而且对尊重自己的人有一种天然的亲和感与认同感。人生礼仪的行为，就是人们在尊重他人、尊重社会的意识支配下，在人与人交往中表现出来的礼貌与礼节，是基于对他人和社会需要的自觉认识而表现出来的行为。只有遵循尊重的原则，人们才会使自己的行为宽容适度，才会自觉地与交往对象平等相处，潜移默化中养成一种良好的个体品德。亚当·斯密认为："对那些普遍的行为准则的尊重，恰当的说，即所谓的义务感，是人类生活的一项最重要的原则，是大多数人借以指导其行为的惟一原则。"[①] 许多人举止得当，行为优雅，一生都避免受人重责。然而，他们或许从未感受到他人对其行为的合宜性所表达的赞许之情。他们的行为只是出于对他们所知道的既定的行为准则的尊重以及由此而固化了的良好的个体品德。

　　2. 规范：个体品德培育的重要保障

　　人生礼仪是人们在长期的生活实践中所形成的为大众所认同和自觉遵循的风俗习惯。当许多人聚合在一起，究竟该做些什么事，怎样去做

----

① 〔英〕亚当·斯密：《道德情操论》，蒋自强译，中国社会科学出版社 2003 年版，第74 页。

这些事，自然也包括人与人之间怎样相处，怎样交流感情，怎样协同生产、生活，怎样分配食物和生活用品这样一些基本问题在内。即使是在一个有血缘关系的家庭里，父母与子女之间如何相处；夫妇之间、兄弟姐妹之间如何相处；放大到家族之间、邻里之间、朋友之间，进一步扩展到在同一个地域里共同生活的人群之间，都会有如何交往的问题。而这些有关人际交往的行为方式，同样是会在长期的生活实践中形成一系列习惯的。从这个意义上说，维系人类共同体的存在和发展是人生礼仪的首要功能。当群体认同了一定的人生礼仪准则和行为规范之后，人类社会的生产与生活就有可能逐渐纳入有序的轨道；人与人之间有了正常的交往和协作，也就有可能使得群体产生向心力和凝聚力，从而进一步保证社会的稳定和健康发展，人生礼仪的维系功能也就发挥了出来，这种维系有助于养成良好的个体品德。

孔子说："今大道既隐，天下为家，各亲其亲，各子其子，货力为己；大人世及以为礼，城郭沟池以为固，礼义以为纪，以正君臣，以笃父子，以睦兄弟，以和夫妇。"人生礼仪的起源之一是"男女有别"，是从家庭开始的。儒家说礼，一向强调先要"齐家"，凡此种种都表明，维系家庭的稳固是维系社会稳定的前提。人生礼仪的许多规范，都在教人怎样处理夫妻关系、父子关系、兄弟关系，说到底，正是以良好的个体品德为基石来支撑和维系家庭，不让家庭破裂。进入父权制时代后，为了巩固父权，人生礼仪就相应地做出了许多限制妇女权利地位的规定。这种规定后来愈演愈烈，终于成为压在妇女头上的三座大山，这是它的负面效应。但是，在人生礼仪制定的当初，主张"男女有别"，对家庭中妇女的行为做出许多规范，则是具有实在的功能的。说到底，就是要尽一切努力保证父权制家庭的稳固，使它不至于处在随时有可能破裂的状态。与此相一致的，"以笃父子，以睦兄弟"，用来规范父子间、兄弟间的行为，也是为了维系家庭的稳固，以最终达到"齐家"的目的。

家庭稳固了，接下来自然还有个社会稳定的问题。《礼记·大传》云："圣人南面而听天下……必自人道始矣。立权度量，考文章，改正朔，易服色，殊徽号，异器械，别衣服，此其所得与民变革者也。其不可得变革者则有矣：亲亲也，尊尊也，长长也，男女有别，此其不可得与民变革者也。"这就是说君主治理国家，首先是治人，要摆正人与人之间的各种关系。一系列人生礼仪的行为方式，比如徽号、服色、历法、官阶、仪式程序、礼器式样等等，都是形式，是可以随时改变的，并不重要；重要的是人生礼仪的精神实质，也就是亲亲、尊尊、长长、男女有别，这些基本原则是不可以改变的。亲亲是指爱与自己有血缘关系的人，这是仁的起点，在此基础上去爱所有人；尊尊是尊敬别人，以此强调上下有序；长长是长幼有序；再就是男女有别。同时，人生礼仪作为群体的行为规范，长期积淀在人们的心灵深处，已经成为人们认同自己所属集团的标识、血统的标识、民族的标识。总之，国家社会的稳定，关键还在于家庭的稳固。当然，除了家庭中的人际关系之外，扩大到社会上，又会增加不少内容，不过说到底还是人际关系，还是人道，也就是《大传》中所说的"亲亲、尊尊、长长、男女有别"的个体品德规范。

3. 认同：个体品德培育的感情基础

人生礼仪作用于个体品德培育，不仅仅表现在人类社会的日常生活交往之中，同时也体现于社会组织自身发展的需要上。人生礼仪的认同功能可以为群体生活中的每一位成员塑造良好的个体品德奠定感情基础。在一个组织的管理中，人心向背是至关重要的。凝聚人心，需要组织成员强烈的认同感，需要构筑良好的感情沟通渠道，还需要调节好各种利益关系，而适度合体的人生礼仪在其中可以起到重要的作用。首先，人生礼仪可以维系良好的健康的人际关系，使组织成员在其中可以感受到个体品德的重要作用。按照马斯洛的需要层次理论，人的需要可以依次分为生理的需要、安全的需要、尊重的需要、爱的需要、自我实现的需要五个层次。这些需要有物质层面的，但更多更高的是精神层面的。如果一个人在组织中人际关系紧张、混乱，组织成员之间相互敌视、互相戒备，人们就失去了安全感，也难以找到自己的位置，无法满足个人的归属，受尊重与实现自我价值更是无从谈起，这样的组织必然是人心涣散。相反，如果组织成员之间经常用人生礼仪来传递道德与善意，表示相互之间的尊重与谦让，共同营造文明友好的氛围，人们必然会产生安全感，找到自己的归属，获得组织及其组织成员的认同，也为自我价值的实现打下了良好的基础。其次，人生礼仪可以形成良好的沟通渠道，使组织成员在其中感悟平等、友好与敬意、爱心，进而养成良好的个体品德。沟通是社会组织管理职能得以实现的重要途径，而人生礼仪的各种形式又是沟通的重要形式，组织往往通过各种形式的人生礼仪来传递和扩散本组织的信息，体现和渲染本组织的理念，让人们在参与各种人生礼仪活动的过程中体会本组织文化的特殊内涵，自觉地选择沟通组织与社会、组织与组织以及组织成员之间关系的最佳方式。同时，人生礼仪作为一种规范和程序，作为一种相对固定的文化传统，对各种关系模式起着约束、调节和固定的作用，尤其是对个人在组织中的地位、作用以及各自的权利与义务，都受着各种礼规的约束。另外，人生礼仪可以塑造良好的组织形象，使组织的知名度和美誉度不断得到提高。良好的组织形象就是知名度与美誉度的有机结合，其中知名度指的是社会公众对一个组织知道和了解的程度，美誉度则指的是社会公众对一个组织信任和赞许的程度。对一个组织而言，每一个运作环节都与组织形象息息相关，人生礼仪则体现在组织活动的各个环节中，通过组织成员的仪表规范、言辞谈吐、举止行为中的礼貌、礼节表现出来，通过组织参与社会活动中的典礼、仪式体现出来。如果组织的每一个成员能够时时处处按照人生礼仪的要求去开展工作，以人生礼仪的准则来协调组织与社会、组织与组织、组织与成员之间的关系，注重自身形象的完善与完美，讲求自身的品德以及行为规范与礼节，展示自己的独特个体品德与内在修养，将对塑造组织形象起到极其重要的作用，从而为组织的生存、发展创造种种便利。

4. 程式：个体品德培育的现实载体

群体生活必须建立必要的程式。在人类社会的生产和生活中，人与人之间要和谐友好地相处，就需要建立起正常的秩序，并用一种大家都认同的规范来约束每一个人的行为，以保持这种正常的秩序。而实现有序的一个行之有效的办法就是把人分别开来，让每个人明白自己的身份，并且各就其位，各司其职，各尽其责。根据某个人们能够普遍认可和践行的标准，把人分成若干个等级，让每个人按照自己的身份去做事，去行动，去衣食住行，获得他的那一份物质财富，这是保持人类社会健康发展的起码条件。不难理解，帮助仪式的参与者实现角色的转换是人生礼仪作用于个体品德的最为明显的表现。人的一生中，有很多仪式性活动都是一种程式，它的主要功能就是为了标识人的不同生活阶段。成人人生礼仪较为典型地体现了这一点。在中国古代，幼年时期无论男女都不结发，多为垂发。到了一定阶段，女子要行"笄礼"，即用簪子把头发盘起来。笄礼是女性进入成年时期的标志，也就是说到了可以谈婚论嫁的年龄了。此后，如果女性已经订婚了，则要系缨。缨是一种五色丝绳，凡女子许嫁，便用它来束发，以示确定了婚配的人家。到了成婚之日，这条丝绳须由新郎亲手取下，标志着女性已经成为人妇，从此以后要按照人妇的品德标准来要求和约束自己。因此，仪式活动中发型和发饰的改变均标记了女性一生中的几次身份的转变。在我国西南地区许多少数民族中，同样是年龄相仿的女青年，其婚否都有不同的标志。这个已婚的标志就是在婚礼仪式上留下的。正是从这个意义上讲，人生礼仪的一个重要功能就是实现个体在社会中的角色转换。人生礼仪的每一个步骤都蕴含着特殊的意义。伴随仪式的举行，受礼者和观礼者逐渐理解人生礼仪的寓意，从而实现了解、掌握道德规范的目的。成人人生礼仪标志着个体社会文化性的诞生，或者说，从一个"无性"的世界进入一个"有性"的世界，要求受礼者扬弃过去的"幼者"身份，告别自己的儿童时代，吸收成人的各种规范，正式进入到成年人的阶段。一个人的身份通过仪式性活动而得到社会的承认，从而可以享有另一个社会层次的人所享有的各种权利，承担另一个社会层次的人所必须承担的责任，同时，也要尽另一个社会层次的人所应尽的一切义务。

另外，婚姻礼仪也是一种典型的程式性人生礼仪，因而对帮助参与者实现角色转换的作用亦非常明显。对于婚姻礼仪的主要表演者——新郎与新娘而言，婚姻礼仪的诸种程式性仪式实际上是其亲身参与表演的过渡仪式，这些过渡仪式使得他们能顺利实现角色的转换，尤其是新娘的角色转换。在姑娘未出嫁前，她最重要的社会角色是父母的女儿、兄弟姐妹的姐姐或妹妹，也即是娘家的一分子，而在婚礼后则要承担起新的角色，即妻子与媳妇的角色。一般而言，经历过正常婚姻礼仪后的新人，角色的过渡与转换比较顺利，也能比较好地扮演好新的社会角色。新娘是否顺利地认可新角色，而且在新角色扮演中进入良好的角色互动，不仅表现在其外在行为上，而且深刻地反映在她们的主观情感上。可见，只要是按礼仪举行了婚姻仪式的新人，都能在仪式过后对于自己全新的社会角色有较好的认知，并在短期内与婆家人进行良好的角色互

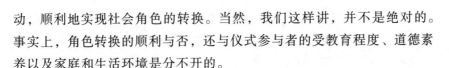

动，顺利地实现社会角色的转换。当然，我们这样讲，并不是绝对的。事实上，角色转换的顺利与否，还与仪式参与者的受教育程度、道德素养以及家庭和生活环境是分不开的。

5. 标识：个体品德培育的核心内容

人生礼仪的标识功能是众所周知的，而这种标识功能在个体品德培育中则体现为个体品德的自我建构。一般而言，个体品德的自我建构包括道德主体的自我建构与社会地位的重新建构两个方面。它是人生礼仪作用于个体品德的最持久的一种功能，也是个体品德培育的核心内容。应该说，人生礼仪的标识功能与心理建设功能有关。人生礼仪中的很多活动是为了标识人生进入某一个新的阶段，标识的意义在于，它使受礼者开始产生一种自我概念的认同感，并由此激发起一种责任与使命感。美国心理学家杜拉德和米勒曾提出"角色自居—内化"理论，认为儿童的道德是通过学习模仿和认同成人的角色以内化社会道德而来的。社会学也指出，角色与自我认同是儿童社会化的主要方式之一。通过人生礼仪活动，个体将自己定位在一个新角色上。这时，他会自觉地意识到新旧角色意义的不同，从而调整自己的价值观念和自我形象，使自己的行动和观念更符合新角色的要求。由于受礼者在仪式上获得强烈的情感共鸣、意志的振荡和深刻的内心体验，因而在内心深处实现初步感悟，走出了内化的第一步。此时，个体开始用一种新的标签、新的角色来定位自己。

国内学者也认为："道德教育的核心任务是要赋予每一个个体以科学的价值观、道德原则和行为规范等等。"[1] 道德教育不能仅停留在外部道德力量的价值引导上，还需要促使作为道德教育主体的受教育者把社会道德规范内化为自身的价值准则和价值观，形成相应的个体道德人格。换言之，道德教育的过程应是道德主体自我建构的过程，是道德主体基于原有的道德水平，在外部价值导向的影响下，认同社会道德，按照其要求自觉约束、控制自己，最终达到社会普遍认可的道德规范的内化，养成既符合社会要求又为个体所认知认可并自觉遵循的道德准则，进而养成良好的个体品德。

---

① 檀传宝：《学校道德教育原理》，教育科学出版社 2003 年版，第 32 页。

　　中国传统的丧葬人生礼仪在很大程度上说，并不是为死者，而是为了生者。人们举行的一系列仪式性活动，以及通过丧葬仪式重新强化和整理家族或宗族之间的关系和秩序，并期待得到社会的认可。孔子认为，丧服之礼的制定，上面模仿天时的运转，下面效法地文的变化，中而依据人类的情感，使人类借以维护群体的生活，使其和睦团结。"丧服，兄弟之子犹子也，盖引而进之也；叔嫂之无服也，盖推而远之也；姑姐妹之薄也，盖有受我而厚之者也。"① 服丧，其实是为了加重伯叔和侄儿之间的恩情，使他们的关系更加亲近；叔嫂之间无服，是为了别嫌而推得更加疏远；为已经出嫁的姑姑和姐妹等服丧，是因为有接受她们为妻而为她们加重丧服的人。由此看来，丧葬仪式从某种意义上来说更重要的是它的道德主体建构与社会地位重新确立的意义，死亡被看作是一种事件，是家庭或社会变化和更替发展的一个转折点，是巩固宗法制度、维护家庭以及家族的团结和睦，保证社会安定和平稳运行的一种手段和工具。

　　丧葬人生礼仪从另一方面来说，又对在逝者死亡之后新的家庭关系，包括家庭中权利、责任和义务的转移和重新分配，长幼尊卑秩序的重新排定，以及财产的继承和分配都具有重要的意义。"三年之丧何也？曰：称情而立文，因以饰群，别亲疏贵贱之节，而不可损益也。故曰：无易之道也。"② 这就是说，三年的丧服是随着内心哀戚的程度而制定的礼文，借此来表明亲属的关系区分出亲疏贵贱的界限，而不能任意增减。《仪礼·丧服》中也谈道："何以三年也？正体于上，又乃将所传重也。庶子不得为长子三年，不继祖也。"只有长子才能传祖先之重，继承祖先的事业和财产，庶子是没有资格的。显然，人生礼仪的标识功能在现实生活中延伸并转化为主体的自我品德建构，进而成为个体品德培育的核心内容。

　　6. 体验：个体品德培育的基本途径

　　人生礼仪是一种典型的体验式教育，而个体品德培育从根本上说是一种知、情、意、行整合的体验。体验是心理活动的一种带有独特色调

---

① 《礼记·檀弓上》。
② 《礼记·三年问》。

的知觉或意识，是心理的一种主观感受。体验的发生不是从认知加工系统获得的，而是从有机体同环境相适应过程中的生存和需要的满足与否的感受状态发展而来的。[①] 因而，体验的发生需要个体整个身心的投入，不仅仅是某个特定的心理要素，而是全部人格因素。体验需要创设一定的情境，引发个体作为主体参与进去。人生礼仪以文化为载体，密切结合现实生活，将个体品德培育融于个体生活与社会文化之中，能在很大程度上实现个体的品德体验，满足个体品德培育过程心理因素参与的需要，为品德内化创造最有利的条件。因而，人生礼仪是符合个体心理过程与文化形态的有效的个体品德培育方式。

可以说，使仪式的参与者接受体验式教育，这是人生礼仪作用于个体品德培育的最直接、最有效的表现，也是一条最重要的途径。人生礼仪创造了一个超越日常互动的特殊时空，使传统的维持和创新得以发生。仪式的神圣性使得人生礼仪的价值引导超越了空洞的道德说教，为受礼者个体乃至所有参与者所接受。从道德发生的角度看，人生礼仪的价值引导，不管是显性的道德教诲还是隐性的道德熏染，都会对受教育者产生影响。参加人生礼仪的过程就是体验并接受道德教育与塑造良好个体品德的过程。

人生礼仪的起源虽然比较复杂，或者说是一种多元起源论。但是，没有人否认，人生礼仪的最初起源与祭祀有关。《礼记·标题疏》中说："礼事起于燧皇，礼名起于黄帝。"许慎在《说文解字》中说："礼，履也，所以事神致福也。"礼最初是原始社会祀神祈福的仪式，人们对此具有强烈的神秘感与敬畏感。人生礼仪的形成始于人类进入图腾文化时期。图腾文化认为，每一个部族集团的所有成员都起源于某种生物或无生命物（如日、月、风、石等），这些存在物就是该部族的图腾——保护者和象征。图腾代表永恒的生命，个体生命只是其图腾生命的一个阶段，肉体的诞生并不足以使一个人成为氏族的一员。只有经过成人人生礼仪，图腾灵魂才能完成对肉体的占有，个体才能正式成为部族一员，享有部族规定的一切权利和义务，并获得图腾的保护。也就是说，举行成人人生礼仪标志着一个人具备了部族社会所要求的主要特

---

① 转引自朱小蔓《情感教育论纲》，南京出版社 1993 年版，第 84、126—127 页。

质。基于此，在儿童成熟之前就得教他养成必要的生活习惯和劳动技能，使之了解整个部族的风俗，履行各种仪式，熟记仪式上的诵颂祝咒和神话传说。可见，人生礼仪从一开始就与初民的信仰以及部族伦理道德浑然一体，对社会生活具有整合、规范的功能。原始的图腾文化解体后，图腾仪式式微，人生礼仪的神圣性逐渐向世俗性转变，但是人生礼仪所具有的神圣底蕴与人道关怀并未消亡，仍以较为固定的形式流传下来，形成天道、神道与人道相互结合的人生礼仪文化整体建构。在我国，人生礼仪一方面连接着寻常百姓的人生追求和需要，另一方面连接着受儒家文化支配的传统价值观念，千百年来始终发挥着体验道德、规范人生和统一教化的作用。据此，石中英教授就曾用"教育习俗"这一概念突出民间习俗中涉及教育事象的部分，认为其中蕴含着丰富的教育内涵。

人生礼仪还以隐性方式影响参加仪式性活动的所有人。诸如诞生人生礼仪中的"洗三朝"仪式，成人人生礼仪中加冠仪式，婚姻人生礼仪上的祝福仪式，乃至丧葬人生礼仪上的招魂还魂仪式及其所运用的语言等，其实已暗含一定的社会价值取向。这样的活动对于受礼者和观礼者而言都是一种价值观念的熏陶。人生礼仪活动的开展，"巩固了群体的规范，给个人的行为提供了道德制裁，为共同体平衡所依赖的共同目的和价值观念提供了基础"[1]。此外，人生礼仪的参加者主要是与受礼者有血亲关系的人群，这让人生礼仪充满了伦理意义，并生动地展示和体验了尊卑有序、家庭和睦、互助互爱等家庭伦理规范。仪式为参加人生礼仪活动的每一个人提供了一种具体的、情境化的道德教化的解释，使家庭伦理观念和社会道德规范渗透并深深植入他们的内心，从而成为道德教化、品德培育和推动社会发展的重要方式。

---

[1]　王铭铭：《想像的异邦》，上海人民出版社 1998 年版，第 14 页。

第二章 传统诞生礼仪与个体品德培育

人类自诞生之日起，便为了自身的生存极力繁育自己的种群，新生命的不断诞生使得人类能够世代繁衍，生生不息。人类要想生生不息，使每个家庭的姓氏能够继续延续，早生早育、多生多育就是人类所能做出的唯一选择。在这种状态下，新生命的诞生并顺利成长，便成为每个家庭的一件大事。为了迎接新生命的诞生，几千年来人们在生育繁衍方面创造了形形色色的人生礼仪规范和仪式，从男女结婚的开始甚至结婚之前，这一套民俗习惯就开始在男女的生活中发挥影响。一般来说，人类的诞生礼仪在促进母婴健康、保证种族繁衍方面发挥着积极的作用。

一 诞生礼仪释义

诞生礼仪标志着一个人出生的庆贺和祝福，作为人生开端的第一个人生礼仪，集中表现了人们对人口再生产的重视程度。经过了十个月之久长长的酝酿，婴儿的哭声终于终结了父母忐忑的猜想，骄傲地宣布着一个新生命的到来。沉浸在喜悦之中的大人们为了表达对新生命的爱意、对新生命的祝福，就以各种仪式来表达对婴儿降生人世的一种认可，也借此来为孩子祈福。这就是诞生礼仪。

诞生礼仪又被称为"摇篮边的礼仪"，世界许多民族的诞生礼仪都与宗教密切相关，但华夏民族的诞生礼仪更多地带有儒学和世俗的色彩。古代中国是一个宗法社会，人们特别重视传宗接代，由于新婚是孕育新生命的开始，所以民间在婚姻缔结之初就寄寓了求子的期待，古代男女婚配前要请算命先生看男女双方八字和属相，最重要的莫过于能否生子。在男女婚嫁的时候，就举行"求子"的仪式。如清代光绪年间

《惠州府志·婚嫁》中所记广东惠州地区"妇至门必于亲好中取福寿兼全者扶之",此"福寿兼全者",就是所谓的"多子多福之人"。这里的意思十分明确,"福寿兼全者扶之",就是希望"多子多福"。当新娘坐上花轿离开娘家时,轿前要有一人捧着烘炉火炭,上覆贴有红纸双喜字样的瓦片两个以寓日后子孙繁衍之意。此外如民间婚礼中的撒帐习俗本身也是一种祈子方式。各种各样的祈子习俗在古代中国民间的婚礼仪式上比比皆是,这可以说是民间生育习俗的第一个程序。

　　诞生礼仪是为初生的婴儿而办的。其基本功用是为婴儿祝吉禳灾,因此仪式中有许多为此目的而说的吉祥语和咒语。无论是拜天地时的祝福歌谣,还是赐名帖中的诗文,都寄寓着亲朋对新生命的期望和祝福。"中状元""禄位高升""享清福""儿孙满堂""后生英伟冠群英"以及"英才辈出赛前人"等都反映了传统的吉祥观念。索绪尔指出:"一个民族的风俗习惯常会在它的语言中有所反映,另一方面,在很大程度上,构成民族的也正是语言。"① 咒语体现了原始人对语言神秘力量的信仰,人们希望借此咒语破除不利于小孩早日行走的因素。葛希芝在研究民间宗教与仪式时发现,在中国传统的官方意识形态中,长期存在对交易和金钱意识的抵制;但在民间仪式中,"钱"的概念和象征得到很大的发展。"福禄寿喜财"的传统吉祥观念中的"财",即是这种象征的发展。

　　传统的诞生礼仪中体现了古人的生育和性别观念。古代中国人重视子嗣,而婚姻的主要目的也在传宗接代,因此许多地方的诞生礼仪中存在男女之别,男婴的诞生仪式较女婴更隆重,有的地方不为女婴举行任何庆贺仪式,甚至溺杀女婴。但也有不少地方诞生礼仪上重男轻女的思想不明显,因为即便是生女,也可通过招赘的形式来完成传宗接代的任务。无论是生男还是生女,只要是家中的长男或长女,家人都要为他们举办盛大的"汤饼会"。当然仪式形式还是有细微区别,这种区别主要来自传统的性别角色分工。拜天地仪式中圆筛里放的东西有男女之别,男孩子放的是书、笔,女孩则放剪刀、针线。传统社会中,读书是男子

———————

① [瑞士]费尔迪南·德·索绪尔:《普通语言学教程》,高名凯译,商务印书馆1985年版,第43页。

的专利，女子则无才便是德，因此对男女的期望不一样，男子主要期望他读书聪慧，女子则期望她勤劳能干，心灵手巧。诞生礼名称的不同也反映了这种观念，"弄璋"与"弄瓦"出自《诗经·小雅·斯干》中"载寝之床，载衣以裳，载弄之璋"和"载寝之地，载衣之裼，载弄之瓦"①。璋是一种美玉，在古代有身份的人才能佩带；瓦则是一种纺锤，为纺织之用。男子佩玉，女子用瓦，体现了不同的性别价值观念。

诞生礼仪蕴含了生物—文化—精神的三重生命结构。"洗三朝"源于婴儿作为人类生命个体对洁净、温暖的需要；取乳名体现了姓名作为社会符号的需要；本主庙敬香则体现了神灵崇拜的精神需求。洗三朝仪式主要由女性亲属参与组织，具备取乳名资格的只有亲族中的男性长者，这是存在着分别满足生物需要和文化需要的性别分工，传习文化和生儿育女成为男女不同的职责。到本主庙祭拜是宗亲中的长者，男女皆去，这时男女区隔消失，合二为一与本主和其他神灵沟通，期望在他们的保佑中求得心灵的安宁和慰藉。这种三重的生命结构在每一次仪式的举行中得到复演和加强，仪式参与者也在其中实践和熟悉这一结构。费孝通认为，中国乡土社会结构的特点是差序格局，而权力的特点是长老统治，② 中国农村较好地保留着乡土社会的这些特质，这些特质不断地在诞生礼仪中一一履践。差序格局的要义在于以血缘的远近论亲疏，宗亲重于姻亲。诞生礼的各种仪式中都体现了姻亲与宗亲之别。长老统治与权威在诞生礼仪中表现得更明显，仪式的中心人物，有发言权的人物必是亲族中的长老。而且小孩取名时要避长辈的名讳，以示对长辈的尊重。

诞生礼仪来源于人类趋吉纳祥的心理，在这种心理驱动下，形成了一系列的吉祥语、咒语和巫术，它们各有自己的象征意义和符号。诞生仪式过程中，群体间的沟通和互动，建构和展演了当地人的生命结构和社会结构。正如格尔兹所言，虽然任何仪式，无论它多么明显是自发的或是习惯的，都要涉及生活准则及世界观的融合，它主要是某种更周密的，通常也是更公开的仪式，一方面是有情绪和动机，另一方面是形而

①　乌丙安：《中国民俗学》，辽宁大学出版社1985年版，第214页。
②　费孝通：《乡土中国　生育制度》，北京大学出版社1998年版，第24、64页。

上的概念，缠绕在一起。它们形成了一个民族的精神意识。①

如前所述，婴儿的诞生，意味着新生命的开始，对于所在家庭和家族来说，则又标志着血缘得以延续，于是就需要有相应的人生礼仪仪式。然而婴儿诞生的过程很短暂，一般也不会惊动太多的人，似乎给人生礼仪仪式的安排带来困难。不过由于诞生礼的重要，所以人们还是想出了许多办法来表示对它的关注，那就是把这个过程向前和向后分别延伸，使这个过程的时间跨度相对地延长，并在这个相对延长的过程里安排了一系列与之相关的人生礼仪仪式，习惯上都称之为诞生礼。汉民族传统的诞生礼仪具有连续性，它由几种人生礼仪仪式组成，婴儿诞生，有诞生礼；三日后，有三朝礼；出生一月，为满月礼；出生百天，行百日礼；一周岁时，行周岁礼。这样，对一个新生命的迎接过程，才算完成了。

二　传统诞生礼仪的主要仪式

中国传统的诞生礼仪可以分为诞生前的人生礼仪仪式和诞生后的人生礼仪仪式两大类型。其中，诞生前的人生礼仪仪式主要包括求子仪式、妊娠保育仪式、催生仪式和报喜仪式。而诞生后的人生礼仪仪式主要包括洗三朝仪式、命名仪式、坐月子仪式、满月仪式、百日仪式与生日（抓周）仪式。当然，在漫长的中国历史发展过程中，不同民族、不同地方的诞生礼仪不尽相同。在此，本书仅从最普遍意义上对诞生礼仪中的主要仪式分别做一简单介绍。

1. 求子仪式

已婚女子企盼早日怀孕与生子的心情可以说是天然的，世界上的许多民族都有它们自己风格各异的求子仪式。儒家历来提倡孝道，所谓"不孝有三，无后为大"，则又把已婚女子不孕的问题上升到伦理道德的高度去认识，斥之为"不孝"，而不孝也就是"大逆不道"，按照传统礼制的规定，"无子"又是"七出"条件中的一条，丈夫根据这一条

---

① ［美］克利福德·格尔茨：《文化的解释》，韩莉译，译林出版社 1999 年版，第138 页。

就可以离弃妻子。在这样一种文化背景之下，已婚而又长期不孕的妇女必然承担着难以忍受的心理压力。求子也就势必成为已婚女子共同关心的一个重大问题，同时，传宗接代的传统意识也使得求子成为每个家庭乃至所在家族的人们共同关注的问题。

由于原始人类不了解生育的科学道理，于是就产生了性崇拜和性器官崇拜。葫芦、石榴、瓜、鱼这些动植物，或是某个凹陷的、中空的山沟、山洞、器物，都会被当作女阴的象征；而石柱、铁锚、门钉、山峰一类尖硬物体又会被当作男根的象征。各地几乎都有过向此类性器象征物祭拜求子的古俗。在今天一些兄弟民族的日常生活中还可以看到此类古俗的残存，比如摩梭人崇拜干木女神，白族供奉女性生殖器石刻"阿央白"等，都是例证。前面提到的《礼记·月令》则记载了先秦时期朝廷举行的求子仪式，所祭高禖神就是古代的生育之神。这种古俗直至 20 世纪 50 年代还在中原一些地方残存着。

古代社会人们求子的方式，较多的地方崇拜观音，相信观音送子，这是佛教信仰中国化之后的产物。山东一带则崇拜碧霞元君，又称泰山奶奶、子孙娘娘；广东一带崇拜金花夫人；东北地区崇拜张仙，俗称张仙送子；闽浙一带则又崇拜陈靖姑……这都是民众心目中的生育神。人们希望通过祈神，达到怀孕的目的。在此类求子仪式中，往往还夹杂着巫术行为，比如到所祭拜神灵的神案上去拿一个泥娃娃，称为"偷子"；有的地方则用一根红绳去套在泥娃娃脖子上，称为"拴娃娃"；还有的则在泥娃娃的生殖器上抚摸一番，或是将其刮下、掐下一些泥巴带回家冲水服用；淮阳一带则在人祖女娲的盛大庙会上购买泥泥狗，人们认为这样做就可以达到求子的目的。

另外，还有一种方式就是由旁人给其象征性地"送子"。比如"麒麟送子"，就是其中之一。或是年画，或是剪纸、泥偶，或是枕头上的绣花、床架上的雕花，只要是麒麟，人们就以为是生子的吉兆，便拿去送给已婚未孕女子。据说，此俗源于孔子降生时"麟吐玉书"的传说，后世常称孩子为"麒麟儿"，为了图吉利，就产生了此类礼俗。有的地方则抬着纸扎麒麟串家走户上门演唱，也备受欢迎。有的地方则还有偷瓜送子礼俗，一般在中秋节，去地里偷瓜，塞在已婚未孕女子的被窝里，让其伴睡一夜，次日将瓜煮熟吃下去，据说可以受孕。还有的地方送鸡蛋，也以为可以求子。凡此种种，既表达出求子的迫切心情，又暴露了底层民众的愚昧无知；有的妇女明知此举无效，只是为了心理慰藉，或是为了减轻周围人对她的压力，也不得不硬着头皮去做一番。

在各种求子仪式中，四川凉山州彝族的求子仪式无疑是颇具特色的。在汉族的民间习俗中，主宰生育的具体神灵很多，如王母娘娘、送子观音、碧霞元君、金花夫人、送子张仙等，都是妇女们顶礼膜拜的生育神。而凉山彝族则无此类神灵，他们认为主宰生育的是妇女自己的生育魂，一个妇女若没有了生育魂，就无法怀孕生子。生育魂不仅决定着一个妇女在夫家地位的尊卑，甚至还决定着一个家族的兴衰，彝人是将人口繁衍的壮大与否完全归结于妇女的生育魂，从而产生了与妇女生育魂相关的一系列求子仪式。彝人求子仪式的核心人物是妇女，这应该说是母权制风俗在求子仪式中的传承。大凡要举行求子仪式的，都必须先查明不孕、无子、小孩夭折的原因，这得先从妇女入手，进行调查占卜。举行仪式的时间也由妇女的年龄决定，仪式过程中仍以妇女为中心，有些仪式更是特为妇女举行的求子仪式。当然，在长期的观察和实践中，彝人也逐渐认识到，怀孕生子离不开丈夫的参与，因而求子仪式，丈夫必须参加配合，不过在大多数仪式中，丈夫只起辅助作用。同时，在彝人的求子仪式中，凡与母亲及母亲家族有联系的仪式，所需的物品只能到母亲家族中去寻找，这时候的娘家会积极配合，不仅给她纺织工具、白布黑布等，还要特意给她粮食种子。在彝人的求子仪式中，还有不少反映妇女婚姻生活的经文，这些经文都具有较高的文学欣赏价值和史料研究参考价值。如《妈妈的女儿》是人们熟悉的长篇叙事诗，它叙述了妈妈的女儿从出生、成长到出嫁及嫁到婆家后的痛苦生活，表现出彝族妇女对极不合理的买卖婚姻制度的反抗精神。《石女峰》和《杉林石女峰》则讲述了一位情窦初开的少女，为投奔意中人半夜从家中逃跑，却因未到达目的地时便天亮而不幸变成一尊石女的故事，反映了彝族妇女反对包办婚姻，向往恋爱自由、婚姻自主的婚姻观和追求幸福生活的坚定信念。

彝人的求子仪式表现出明显的生殖崇拜观念，这种崇拜既有对生殖器官的崇拜，也有对石的崇拜，还有对树和桥的崇拜。在彝人看来，生殖器官是繁衍后代的工具，因而受到人们的膜拜；同时，彝族有"滇池之内，白石是我母；日安深谷，青松是我父"的谚语，认为石具有极强的生殖力；树作为阳具的替代物，在求子仪式中起着重要作用，而那些被选用的桃树、柳树、松树、杉树等，都具有易成活、生长迅速的特性。它们或枝茂叶盛，或葱茏苍翠，或多果多籽，这一切恰恰又是渴望壮大自身力量，但生产力又处于极度低下的原始先民们所崇拜的；彝人还有架桥求子和架桥保命的习俗，桥与婚姻和生殖紧密相连，因而也是崇拜的对象。另外，彝人的求子仪式除少数是已有了婚后多年无子女、子女常夭折、单传、只生女不生男等后果才举行的外，大部分则是由毕摩事先推算预测出或者发生意外事故，但还未形成后果之前就提前举行的预防性仪式。

2. 妊娠保育仪式

妇女怀孕，俗称"有喜"。亲友得知喜讯，往往会送些礼物祝贺。主人家为了答谢并表示庆贺，也会根据经济条件，择日设宴，遍邀亲友的。家人对孕妇一般都较为关心，传统家庭婆媳关系往往比较紧张，不过一旦媳妇怀孕，做婆婆的看在未来的孙儿面上，也不得不多加照拂而不敢有所怠慢了。一般都从两方面予以照顾，一是减轻家务劳动，二是改善饮食，比如特地给孕妇吃鲫鱼汤、鸡蛋、白煮蹄膀、小米粥、酒酿一类的滋补食物。

怀孕期间，历来有许多禁忌。一是认为孕妇不洁，不能参加有关的祭祀仪式，甚至要求孕妇搬出去住，等等；二是出于保护孕妇所怀的一代，要求孕妇忌食、禁视。忌食的名目极多，其中也有一部分出于保健目的，但较多的则是信仰心理在起作用。还有的说忌吃狗肉，否则孩子爱咬人；忌吃驴肉，否则孩子"驴性"，不听话；忌吃螃蟹，否则会难产；忌吃葡萄，否则会生葡萄胎。同时，要求孕妇的一些"禁视"，也属于禁忌之列，比如孕妇不可看产妇分娩，不可看挖沟一类的劳作，不可看蛇，不可看丑陋的人，不可看傀儡戏等，其中倒也包含着某些合理的成分，与"胎教"有一定的联系。北齐颜之推《颜氏家训·教子》云："古者圣王有胎教之法：怀子三月，出居别宫，目不斜视，耳不妄听，音声滋味，以礼节之。"要求孕妇谨守礼教，给胎儿以良好的影响。传统诞生礼仪要求怀孕三个月以后夫妻不准同房，儒家以性交为淫，所以要用"礼"来节制夫妻生活；其实从保护孕妇健康和胎儿发育的角度考虑，这也是有科学依据的。上海市郊区，直至近现代还有"送分床铺"的礼俗，娘家要在女儿怀孕三个月时送一张单人床到女婿家，让他们夫妻分床铺而睡觉，这种做法不但很有些人情味，而且也符合现代胎教和孕期保健的科学要求。

3. 催生仪式

距离孕妇分娩大约有一个月时间的时候，娘家要送礼物促其顺利分娩，民间称其为"催生礼"。宋吴自牧《梦粱录》卷二十"育子"云："杭城人家育子，如孕妇入月，期将届，外舅姑家以银盆或彩盆，盛粟秆一束，上以锦或纸盖之，上簇花朵、通草、贴套、五男二女意思，及眠羊卧鹿，并以彩画鸭蛋一百二十枚、膳食、羊、生枣、栗果及孩儿绣棚彩衣，送至婿家，名'催生礼'。"这是宋代杭州的礼俗。到了近代，又有一些变化，还要吹着笙把礼送去，"吹笙"，取其谐音"催生"。农村送"催生礼"，一般多送一些婴儿出生后需用的衣服鞋帽和尿布之类的东西，再加上给孕妇滋补身体而需要吃的鸡蛋、红糖、桂圆、核桃等食品。有的地方，还有在临产前祭拜床公床母以祈求神灵保佑的仪式。显然，催生仪式反映的是人们对新生命诞生的一种焦虑意识和强烈的期盼心理。

孕妇分娩，有的地方要把家中所有的房门以及箱柜盘盒通通打开，用以象征孕妇产门大开。还有的地方要在门上悬挂弓箭，用来辟邪。洗婴儿的水不可乱泼，要倒入厕所。有的地方还要把胞衣用竹篮盛着挂到野外树上，让鸟儿来吃，认为这样的小孩能够得到上天的佑助，容易养大。不过有关胞衣的处置方式，各个地方的做法并不一致，有的地方则要偷偷地将其埋掉。尽管方法不同，但都能体现人们对曾经孕育新生命的一切所给予的关注与重视。

4. 报喜仪式

孩子一旦顺利降生，家人在第一时间就得向家族长者以及亲戚朋友报告喜讯，于是便有了报喜仪式。在古代社会，家中若添了男孩，就要在门的左面挂上一张木弓弧，以象征男子的阳刚之气；若生了女孩，则在门的右面挂一幅佩巾或手帕，象征女子的阴柔之德。新生命诞生后，婴儿的父亲还要到祖宗神灵面前上香祭告，然后便是到外婆家报喜，俗称"送喜果"。报喜时，新生儿的父亲要携带荔枝、龙眼、花生及染成红色的鸡蛋——红蛋之数是生男为单，生女为双等，并通知第三天洗儿。外婆家接受报喜礼物后，立即着手准备喜蛋、衣裙等礼物用以回送，所送蛋数按所受之数加倍。接到外婆家送来的喜蛋，要按男单女双之数分送给家族成员以及亲朋好友，家族成员以及亲朋好友自然也免不了以火腿、桂圆等物品回报。此所谓中国传统伦理道德规范中的"礼尚往来""来而不往非礼也"观念。

在我国的许多地方还有女婿向岳父家报喜的礼俗，又称为"报生"。往往是拎一只鸡去，并不开口说话，岳父家人一看鸡就有数了，生儿子拎公鸡，生女儿拎母鸡。或者送一种染红了的熟鸡蛋，俗称红蛋、喜蛋，送蛋的数目也有讲究，男双女单，但有的地方恰恰相反，是男单女双。这种喜蛋，往往还要向亲邻广为赠送，目的也是为了报喜。

在福建漳州，婴儿一出生，爷爷就去摘回一只石榴，切开，供在祖宗牌位前。在浙江余杭一带，每生下一个孩子，就要在院头地角为他种一棵枇杷树，又称同龄树。这种树务必精心培育，象征着孩子的茁壮成长。在浙江丽水，还有为新生儿造"落地林"的风俗，等到将来儿女长大，就要用这片树林的木材为其制作婚嫁的家具。浙江绍兴一带的风俗更为独特，有一种称之为"女儿酒"的风俗，女儿一诞生，父亲就要为她酿制一种黄酒，酒坛外壁往往塑有各种花卉、人物图案，埋入地下，待到女儿出嫁时用来招待宾客。这种酒又称之为"花雕酒"。

5. "洗三朝"仪式

在中国古代，民间习俗认为，孩子出生三天以后，家人方可以去抱。如果是男孩，还要举行射"天地四方"之礼，预示男孩将以上事天地，下御四方为己任。孩子出生满三个月以后，便选择一个吉利的日子，为孩子举行剪发人生礼仪。同时由父亲或家族中的长者为孩子命名，即为乳名。后世新生儿出生前后的礼俗大多脱胎于先秦的人生礼仪。不过也有许多增删变化。"洗三朝"的含义是表示新生儿完全脱离了胎儿期，从此正式踏上了人生的旅途。民间习俗还有在洗三朝时要外婆送喜蛋、十全果、挂面、香饼，并用香汤给婴儿洗三朝和念诵喜歌的做法。

我国各地基本都有洗三朝的习俗，大致做法也差不多，给婴儿洗澡，办筵席宴请邻里、亲友，吃喜面、喝喜酒，只是名称或有不同。如山东青岛地区叫"过三日",安徽徽州、江苏无锡等地叫"做三朝",湖南长沙除"洗三朝"外,还有"拜三朝""游三朝"的叫法。

前面已经谈到,"洗三朝"仪式是诞生礼仪中最正式、最隆重的一种仪式。这一天,亲友一同前来道贺。不仅要对婴儿脐带和囟门做人生礼仪性的处理,还要开奶与开荤,即将肉、糕、酒、鱼、糖等,用手指蘸少许涂在婴儿唇上,让婴儿尝一口别人的乳汁;而最具代表性的就是用艾蒿、槐枝等加水制成香汤,再投入钱、花生、栗子、枣、桂圆等,请福寿双全的老太太给婴儿洗浴。所有这些仪式,都体现了人们对新生命的厚爱与期望。

6. 命名仪式

命名的习俗在中华民族历史的长河里,已经历了几千年的演化。但实际上无论古今,对于命名的时间都没有十分严格的规定。人之所以要命名,据东汉著名学者许慎的《说文解字》说:"名,自命也,从口从夕。夕者,冥也。冥不相见,故以口自命。"姓名本是代表人的一种符号,是一种称谓符号,姓名与本人本无必然联系,但由于它是人的代号,人与姓名也就有了联系。因此,孩子名字的好坏,关系重大。民间普遍认为,名字与人的命运有很大关系。

按照中国人的习惯,人的名字有小名和官名两大类。小名或称乳名,多是由祖父母或父母等长辈提前起好,在这天向亲友宣布,入学时请老师或识字解文的人再起官名。安徽徽州一般也是在"洗三朝"时给孩子取名,也有的不拘时日,一般宜早不宜迟。湖南浏阳地区也有三朝送号的习俗,邻里亲友将取定的男婴字、派、号名用大楷书于红纸上,额以"恭惟某某夫妇喜得文郎志庆"或"恭惟某某老大人喜得文孙志庆"之类的贺词,在鞭炮声中贴于厅屋正梁两端墙上。因屋场、族人等情况不同,有同时送几个号的。清代以前,生女婴不道号。民国以后,也有给女婴送号的,但只送一个名字,一般是"闺字某某"。在江苏无锡,给孩子取名字还要排八字,视八字中五行(金、木、水、火、土)缺哪一行而定。一般取所缺一行的偏旁命名,如缺金就以金或以金作偏旁的字为名字;缺木则以木作偏旁的"林""根"等字为名字。广东客家旧时的习俗,给孩子命名时,有的要请客,有的还要写在红纸上贴到祠堂里去向祖宗报告又多了一位男丁。生女的则不必报。命名仪式多在庆满月或庆周岁之日同时进行，请家族中的长者或当地有名望的人来取名，称为赐名，以表示对命名者的敬重。江西饶平地区是在婴儿出生七天后，由家长或族长或其他上辈人为新生儿命名，将初拟名字用红纸张贴于宗族祠宇内。福建泉州古俗，在婴儿诞生后三个月，即由父母为其命名，多以父亲的意见为主，也有的请爷爷或村中长者和族中有威望者为之命名。

西北地区回族的命名仪式极有特色，婴儿诞生的当天或三天之内要取名，而且必须请一位阿訇给婴儿举行命名仪式，即起经名。命名仪式首先由家庭主人把孩子抱到门槛里。阿訇站在门口或门槛外，先对着小孩的右耳低念"班克"，即在清真寺宣礼塔上召唤教民上寺礼拜的宣礼词。再对着小孩的左耳念"杀麦体"，即教民会聚到清真寺后准备礼拜的招呼词。而后，是男孩便在左耳里慢慢吹一口气或轻轻咬一下，是女孩则在右耳朵里吹一口气。据说，念宣礼词、吹气的意思是，把一个刚出生的小孩儿，由清真寺之外呼唤到清真寺之内，一生下来就要成为一个当然的穆斯林。当阿訇举行这种仪式后，便从回教众多的先贤中选出一个美名，告诉家里人，以示吉庆、俊美。男孩一般命名为"尔撒""努哈""尤素夫""曼苏尔""大吾代""穆萨""尔里""晒尔东""叶尔姑"等，女孩儿一般起名为"阿依舍""奴姑燕""海撒""索匪燕""法图麦""赛里买""祖布代"等。回族除以伊斯兰教经典上的圣贤人的名字命名外，还有以下命名法：有的以婴儿的生日命名。如婴儿出生在斋月，就命名为"来买丹"，出生在古尔邦节（宁夏有的地方称为尔德节），命名为"尔德"，出生在星期五这天的就命名为"主麻"，出生在星期四，命名为"杜什儿"等。有的以次序或排行命名。如二姐儿、三姐儿、四姐儿、老娃子等。有的以动物命名。如牛娃子、牛虎子、羊羊、黑猫儿等。还有的根据祖父母的年龄，以数字命名。如八十儿、七十儿、六十儿、五十儿等。有的先起一个经名，四五岁后再起一个大名，回族叫官名或学名。还有的在经名前冠以汉姓，使汉姓与经名相结合。如马穆萨、王尤拜、黑牧杜尔、周合里肥等，也有终身用经名的。回族的经名，有不少都是简化了的，如阿布冬拉希，简称阿布冬。穆罕默德简称穆罕子，且习惯在名字后面加一个"子"，如主麻子、尤舍子、尤拜子、麦燕子等。

在举行命名仪式这天，有条件的要宰羊，一般的也要炸油香、馓子、花花等，请阿訇，送左邻右舍、亲戚朋友，以示庆贺。命名仪式结束后，要用红枣、白糖、红糖、冰糖水等甜东西给小孩儿开口。

7. 坐月子仪式

产妇生下孩子后，便开始了为期一月的、民间称谓的"坐月子"。在我国的北方，民间传统做法是：三日之内不准下床，一月以内不许出房门，也不准上街，而只准在室内吃、住。坐月子期内主要是要照顾好产妇与婴儿的身体，怕闹出月子病来。这样，就有许多禁忌，如饮食要有节制，尤其是不能食太饱，太饱了会伤脾胃，弄成终生不愈的症状。北方大多给产妇吃小米粥、鸡蛋、面条，大米与其他食物都很少食用。禁止产妇多说话，说多了怕弄成舌疾；禁止产妇干活，怕干多了弄成劳疾；禁止产妇用冷水洗手，怕弄坏关节。同时，禁止生人进入产妇房中，生人进房怕"踩生"，弄成婴儿的疾病。产妇房中，连自己家里人一般也不许进入。只许产妇的母亲、婆婆、丈夫等照料产妇的人入内，连产妇的父亲、公公，都得到产妇足月之后才好见面。民间对产妇坐月子的习俗很多，目的是为了婴儿及其母亲的健康与平安。

在我国的南方，民间也有"坐月子"的习俗。如安徽含山地区旧俗，产妇生育后一般休养一个月，其间，家人准备老母鸡、猪肉等营养食品以使产妇身体得以恢复。江苏无锡地区规定从三朝至满月期间产妇坐月子，亲友向产妇送鸡、鱼、肉、蛋和胡桃、芝麻、雪片糕等；给孩子送衣服、鞋帽等，叫作"送庚"，送庚时间不能超过满月。福建泉州地区习俗在婴儿出生后的一个月是产妇的调养期，俗称"做月里"，要在房内卧床静养，多吃富有营养的食品以恢复体力，并保证婴儿奶水充足。是月产妇房间，外人一般都不能进入。四川自贡旧俗是妇女生产后，房门加锁，防别人把奶带走，产妇满月前，一般不容许外出。

8. 满月仪式

小孩出生后长至满月，就该举行出生以来最为隆重的一次人生礼仪活动——满月仪式。满月仪式为中国古老的文化传统之一，有些地方称"弥月礼"。自古以来，满月仪式均隆重浩大，亲朋四方云集往贺，主家大摆筵席待客，谓"弥月之喜"，但其具体的礼俗，各地不尽相同。

在山西，当小孩生下足一个月的时候，往往要举家庆贺。过满月就是这种庆贺的方式。这是在庆祝"家有后人""添丁之喜""足月之喜"。山西境内、从南到北过满月的做法比较普遍。一般情况，是由亲朋好友给孩子带上礼品，到家里做客，吃一顿"满月宴"，然后离去。给孩子所带礼品，有小儿衣物、食品，或是小银锁和留点零花钱，但饭是一定要吃的。山东青岛习俗是婴儿"过满月"时给婴儿理发，俗称"铰头"。铰头要在上午进行，请家族中的未婚姑娘在婴儿头上自下而上铰三圈，铰下的胎毛用一张面箩接住，再用红布包好，缝在婴儿的枕头里。铰头时必须有舅舅在场，如舅舅不在，则在小孩身旁放一个蒜臼，谐音"舅"，代替舅舅参加。下午，由舅舅搬回去住，叫"搬满月"。安徽徽州的习俗也是在婴儿满月时剃胎发。剃毕，取熟鸡蛋去壳，在婴儿头顶上滚动数下，据说是为解除胎气。家中要请"满月酒"，产妇抱婴儿出房拜见宾客，有些产妇要回娘家调养，也于满月启程。江苏无锡满月时除第一次为孩子剃头外，还要做满月、办面筵，亲朋好友免不了要赏给孩子压岁钱。四川自贡地区则是婴儿满一个月时举办"满月酒"，家长用醪糟蛋招待亲友，并赠送染红的鸡蛋做回报，俗称"吃红蛋"。

广东惠州为孩子举行满月仪式，最普遍的叫法是"做出月酒"，这是一种至今都在惠州民间甚为流行的礼俗。"做酒"，自然是为宴客，惠州做出月酒也是请亲朋为主的。主家一般事前便开始筹划准备酒席、准备礼品，外婆须备上小孩的"出生帽"、衣服、铺盖等送至女儿家。主家亦要准备祭拜祖公的祭物。在惠州的风俗中月内的婴孩是不"见众"的，原因是月中有诸多禁忌。月后，禁忌减少，因而也就可以见众了。满月礼中，"见众"也应算是一项重要的人生礼仪仪式。福建泉州旧时习俗，婴孩满月时，认贫困多子女的亲朋邻里甚至是生活窘迫但身体健康品行端正的"乞丐"为干爹干娘，希望孩子能够分享他们的福根，使婴孩顺利成长。这大概是人们认为婴孩有如花草，娇贵者难养、贫贱者易活的传统心理使然。

9. 百日仪式

婴儿出生后满百天时，是一个比较重要的日子，民间习俗一般会在此日举行仪式以表示庆祝。如四川自贡地区，在婴儿满一百天时，由福寿双全的老人以酒肉抹婴儿口，称为"开荤"。江苏无锡也有在婴儿满百天时办面筵宴请亲友的做法。山东青岛地区的习俗是，婴儿出生一百天（也有九十九天）的称"百岁"，亲戚朋友前往庆贺，礼物多为小孩子的衣物。莱西等地送的贺礼中还要有一对用白面做的小老虎。在胶州，这天上午要在一棵柳树下举行婴儿穿新衣仪式，柳树旁放一个量粮食的斗，斗前放一个盛新衣的筛子，由姑姑或姨姨给婴儿穿上新衣后，将婴儿抱到斗上摇几摇，随后由姑姑或姨姨抱着绕全村走一圈。过百岁还要给婴儿戴"百家锁"（也叫"长命锁"）、穿"百家衣"。百家锁是由亲朋好友多家凑钱请银匠打成，上有"长命百岁"或"长命富贵"字样，以祝长寿，百家衣是从各家讨来的碎花布缝成，讨的人家越多越好，布的颜色也是多种为上。花布中唯有紫色较难淘换，因为"紫"谐音"子"，人们不愿把子送人，所以只有到孤寡老人处较容易讨到。这一天还要喝喜酒、吃喜面，亲朋好友欢聚一堂，祝贺孩子长命百岁。湖南有地区将百天称为"百禄"，是祝婴儿长寿的仪式，贺礼必须以百计数，鸡蛋、烧饼、礼馍、挂面均可，体现"百禄""百福"之意。祈福祝福之用心良苦，可见一斑。

10. 生日及抓周仪式

在汉代以前我国还没有过生日的习惯，只有在孩子诞生时以羊酒相贺。如《汉书·高祖纪》载：汉高祖刘邦和卢绾同日生，里中持羊酒贺两家。到了魏晋南北朝时，江南地区开始出现了做生日的风俗，但只限于双亲健在时才可以做，是出于孝亲观念，后来，即使双亲亡故，做生日的习俗依然如故。到了唐代，更把生日庆贺与祝寿古礼结合起来，并为后世所传承。我国习俗在给婴儿庆周岁生日时，民间常有"抓周"仪式，又称"抓阄"。这一习俗早在南北朝时就已经流行民间，据《颜氏家训》记载：最初只是在孩子满周岁时，为其沐浴、打扮，换上新衣裳。然后在孩子面前放置弓箭、纸笔、饮食、珍宝、玩具等，女孩子面前还加上刀尺针线。看孩子抓取什么东西，预言他将来的贪廉愚知和兴趣爱好。当时称之为"试儿"或"抓周"。一般来说，我国民间的"抓周"习俗是父母为周岁的婴孩沐浴后，给穿上外婆家送来的新衣服鞋袜，抱到厅堂八仙桌上去"抓周"。这时，八仙桌上早已摆满了书、笔、算盘、秤、尺、剪刀、玩具等，令婴孩双脚踏在"度晬龟"上，任其自由抓取桌上的东西，以他所抓着的东西，来预测他未来的一生和前途。如婴孩抓取书、笔，预示将来喜爱读书；抓取算盘、秤，则预示日后善于经商。这种抓周的习俗在我国流传很广，影响很大，大多在较富有家庭流行，贫穷家庭则较为淡薄。

西北地区回族的抓周仪式也叫岁礼，回族俗称抓岁。这是回族当中较为普遍的一种人生礼仪仪式，尤其有的回族生的第一胎，或有些没有生育能力领别人孩子的，则更重视这种仪礼。回族小孩的抓周，仪式比较简单。当小孩一周岁时，孩子的父母、爷爷、奶奶等都怀着喜悦的心情，在周岁的头天晚上或当天早晨忙忙碌碌、说说笑笑地准备岁糕。回族对岁糕很讲究，选用优粉、红枣、香豆子粉、胡麻油等原料。岁糕必须做成圆的，厚约三四寸，直径一尺左右，用蒸笼蒸。讲究厚道大方。花样要新颖美观，一般由六个至八个三角形组成。每个三角形上的图案必须是用面制作的牡丹、梅花、荷花等花草，忌讳用猫、狗、兔、羊等动物一类的图案。每朵花的中心放一个大红枣。岁糕做得既白又软，吃起来又香又甜。切糕人要选请长辈或年老的人。有条件的回族还要宰鸡、羊，做凉粉，烩五香菜。由于回族分布在全国各地，做岁糕的习俗也不完全一样。有的地方的回族在抓周那天，只需吃岁糕，不吃米饭、面条等其他主食。

在抓周这天，还要邀请亲戚朋友和左邻右舍的人到家吃岁糕。来宾一般要给孩子带上玩具等小礼品，表示庆贺。举行抓周仪式时，主人要放一个大红桌子，桌子上喜欢摆上钢笔、毛笔、笔记本、《古兰经》和用纸制作的小飞机、小轮船、刀、剑及其他玩具等，而后，由母亲或父亲把小孩抱到桌子前，让小孩任意抓。来宾和全家老小围着孩子一起观看，希望孩子能抓到一个比较理想的东西。

据回族群众讲，如果孩子抓到了笔和本子，就意味着将来是一个能写会画、才华出众的文人、学者；如果抱上了《古兰经》，就认为是个精通阿文、百问百答的阿訇，是一个真正的穆斯林；若拿起剑刀，说这孩子将来一定是个耍刀舞剑、好武尚勇的武士；如果既抓了笔又拿了剑，就认为这孩子会成为一个文武双全的大将；要抓到不起眼的小玩具等，则认为是个吃喝玩乐、贪图安逸、成不了才的"榆木疙瘩"；如果孩子什么也不抓，便说他（她）是个浑浑噩噩、一事无成的白痴、庸人等。当孩子抓到钢笔、本子、《古兰经》一类的东西时，孩子的父母欢天喜地，心旷神怡，高高举起孩子庆贺逗笑，围观者拍手叫好！

抓周仪式结束后，主人便端出岁糕、滚烫的烩菜，和来宾一起会餐一顿，祝贺孩子年复一年，吉庆平安，健康成长。有条件的回族家庭，以后每年在孩子的生日，都蒸一个岁糕，在自己家庭范围内庆贺、纪念，不请客人。这种习俗直到女孩长到 9 岁，男孩长到 12 岁为止。即使是在今天，这种习俗依然还能够看得到。足见传统的诞生礼仪对人们生活方式以及价值取向的影响之大。

三　传统诞生礼仪的伦理特征

诞生礼仪作为一种文化事象，它能够被人们所接纳和遵循，并广泛地应用于人类社会生产与生活的历史长河中，长期的历史积淀与实践检验，使它具有一些相对稳定的伦理特征。大致说来，中国古代诞生礼仪具有四个明显的伦理特征。

1. 虚拟性

诞生礼仪是非实用的、超常态的表现性行为，而与这种表现性特征相应的，则是诞生礼仪的表演性特征。不难发现，大多数诞生礼仪都带有表演成分，而几乎所有的诞生礼仪都毫无例外地伴随着一系列的表演项目。诞生礼仪的一系列行为组合，就是一系列的表演组合。当我们说诞生礼仪的主要行为方式是一种表演的时候，其中便隐喻着诞生礼仪的"虚拟性"特征，因为表演本身就是一种虚拟行为。无论表演的内容是神话传说还是风俗习惯，无论表演手法是求真还是幻化，归根到底，表演的本质是虚拟性的。诞生礼仪的虚拟性特征，除了诞生礼仪行为方式的虚拟性外，也体现在诞生礼仪场景的虚拟性。比如：求子仪式中神像就是对神的虚拟，所使用的物品则是对某种需求的虚拟。诞生礼仪的表演，就是在这种虚拟场景中的虚拟表演。大凡与信仰、灵魂有关的诞生礼仪表演，它本身并不是对现实世界的模拟，而是对神秘世界的虚拟，是将无形的神秘世界拟化为有形的神秘世界的过程。正如小小的戏剧舞台代表着广阔的社会时空一样，诞生礼仪中由表演和场景拟化而来的小小的神秘世界同样代表着无限的神秘时空；正如舞台上的社会时空是演员虚拟和观众想象中的心理时空一样，诞生礼仪场景中的神秘时空同样是诞生礼仪参与者虚拟和想象中的心理时空。可见，"虚拟"是中国古代诞生礼仪的主要特征，诞生礼仪所表现的主要是虚拟的世界。这个虚拟的世界，有四个指向：一是诞生礼仪行为方式的虚拟性，二是诞生礼仪表演手法的虚拟性，三是诞生礼仪场景布置的虚拟性，四是诞生礼仪行为者心理时空的虚拟性，由这四个方向共同构拟出一个诞生礼仪的虚拟世界。但是，在这个虚拟的世界中，诞生礼仪行为者的情感与心态却是真实的。尽管诞生礼仪的虚拟性和戏剧的虚拟性两者表面上形式相像，但实质却全然有异：在剧场内，形式是虚拟的，感受也是虚拟的；在诞生礼仪中，形式是虚拟的，而感受是真实的。尤其是在与信仰、灵魂有关的诞生礼仪中，当人们虚拟出一个"神圣"世界时，也将自己融入了这个神圣世界之中。诞生礼仪表演者不仅在表演神话传说或风俗习惯，而且从表演的情境中感受神圣与醇正。他们在表演着"理想世界"的同时，也将自己融入这个理想世界的"真实"感受之中，由此而达到了伦理教化"润物细无声"的效果。

2. 自律性

众所周知，传统诞生礼仪的早期表现形式是"事神致福"，是古人崇拜生命的神秘与不可捉摸时的一种祭祀仪式，同时也是古人对鬼神表达感情的一种行为方式。那么，在这个阶段，古人的这种行为规范显然是他们"自觉"遵循的。也就是说，虽然他们有些盲目，但毕竟没有一种外在的社会力量在强制他们遵循这种规范，在这个意义上说，他们是自觉的。后来，诞生礼仪的概念有了扩展，从对鬼神的敬重引申到对生命的敬重，对自己家庭里的父、祖的孝顺，以及对责任的担当，进一步形成了一整套仪式规范。其实在这个规范体系的形成之初，它也是人们内心情感的自然流露。所以当时的许多人都把诞生礼仪说成是"天经地义"，这并不奇怪，意思是说它本来就应该是这样的，当然不必强制遵行。换句话说，诞生礼仪之所以被人们认同，成为普遍遵守的行为规范，并不像法律那样是由统治阶级制定出来然后强制人们遵行的。诞生礼仪来自风俗习惯，本来就早已被人们自觉认同，一般来说是不会被拒绝的。孔子曾经说过："克己复礼为仁。一日克己复礼，天下归仁焉。为仁由己，而由人乎哉？"他这段话至少表达了两层意思：一是认为人生礼仪的本质是仁，是一种道德修养；一是认为做到"仁"全靠自己努力，而不能靠别人，这就是我们在这里要说的诞生礼仪的自律性特征。孔子还说："仁远乎哉？我欲仁，斯仁至矣。"是说"仁"并不难达到，关键在于内心有没有这种自觉要求。今天，我们可以这样来理解孔子当年所说的话，每个人都应该自觉地加强道德修养，只有重视道德修养并能自觉培育道德品质，才能够保证诞生礼仪规范的贯彻实施。从这一点上说，诞生礼仪和伦理教化是一致的，它们互为表里，并且都具有自律性特征。诞生礼仪明明是对人们行为的约束，然而由于自律的结果，许多人都不以为这是约束，而是乐意地、心甘情愿地去这么做，成为人们的自觉要求。

3. 多样性

诞生礼仪的产生离不开人类的群体活动，是人类社会为了妥善处理人际关系，建立必要的生活秩序所做出的一种规范。人类生活的丰富多彩也就决定它必须具有多样性，诞生礼仪必须是能最大限度地适应和满足人们的精神需求，由此而能够在群体内通行，得到群体成员的普遍认可并自觉遵守，体现了群体成员的共同意识的行为方式。诞生礼仪的多样性可以从三个方面去理解：其一，由于地域和民族的不同，诞生礼仪的表现形态在空间的分布上表现出多样性。《礼记·王制》云："广谷大川异制，民生其间者异俗。刚柔、轻重、迟速异齐，五味异和，器械异制，衣服异宜。修其教，不易其俗。齐其政，不易其宜。"这就是说，诞生礼仪的总格局，当然是应该统一的，但是由于各地的气候、物产、民风的不同，在诞生礼仪中的许多具体细节方面，比如选择什么样的时间，用怎样的器物，穿怎样的衣服，用什么样的方式，如此等等，都得因地制宜，从当地的实际情况出发，而不必划一。于是，久而久之，诞生礼仪就呈现出地域性和民族性的特征。其二，诞生礼仪的种类是有很多的，古人所谓"经礼三百、曲礼三千"，正说明其名目之多。诞生礼仪的复杂多样性，有以多为贵者，有以少为贵者，有以大为贵者，有以小为贵者，有以高为贵者，有以下为贵者，有以文为贵者，有以素为贵者，都会说出一番道理，于是就又有一番讲究，所以，孔子曰："礼不可不省也，礼不同，不丰，不杀。此之谓也，盖言称也。"也就是说，诞生礼仪是不可不细察的，仪式规范是不容混同的，各有一定之规，既不能随意增加，也不得随意减少。说到底，是为了使得每一次行为都能跟诞生礼仪的规范相称，也就是人们所说的合礼、适宜、得体。这就表明，诞生礼仪本身的内容体现了多样性特征。其三，由于社会生活的复杂多样和个人的不同成长阶段，使得每一个社会成员都要在其中扮演多重角色，在传统社会里，由于父子、夫妻、兄弟、长幼之间的角色转换，而所要遵行的诞生礼仪规范是大不相同的。正是由于社会成员在社会生活中随时随地可能出现的角色转换而导致他必须随时随地相应地选择遵行不同的诞生礼仪规范，这又造成了诞生礼仪的多样性。

4. 传承性

诞生礼仪是一种文化，这是不难理解的。一方面，我们说行为方式有时候也容易改变，但是支配行为方式的文化心理则往往是相对稳定的。这种文化心理，尤其是群体的文化心理，它是可以世代相传。法国文学评论家丹纳说："你们不妨把一些大的民族，从它们出现到现在，逐一考察；它们必有某些本能才具，非革命、衰落、文明所能影响。这些本能与才具是在血里，和血统一同传下来的……在最初的祖先身上显露的心情与精神本质，在最后的子孙身上照样出现。""这便是原始的花岗石，寿命与民族一样长久，那是一个底层，让以后的时代把以后的岩层铺上去。"① 瑞士心理学家荣格则认为：产生于人类史前史的，尤其是表现于原始神话中的种种原始意象，是可以采取遗传的方式而不必经过社会文化教育熏陶的方式世代相传的。这种深深烙印在群体心灵深处，于不知不觉之中对人的心理发生着作用的心理现象，荣格称之为"集体无意识"。荣格在这里指的是人类早期经验的积淀。实际上两千多年来反复作用于人脑的长期社会生活实践经验，也会在潜移默化之中继续积淀到群体的集体无意识之中去的。也就是说，当外部生活环境的无数次类似的刺激反复作用于群体时，将会使群体的心理形成一种定式，包括观念定式、思维定式、价值判断定式，从而世代相传。比如说，对父母辈孝顺的情感、对子女辈慈爱的情感、对兄弟姊妹友爱的情感，似乎就是与生俱来的一种文化传统，在中华民族世代传承着，它的历史之悠久，简直难以估量。

另一方面，社会文化教育熏陶对于传统诞生礼仪的世代传承更是产

① ［法］伊波特里·丹纳：《艺术哲学》，人民文学出版社1963年版，第353—356页。

生了决定性的作用。中国古代的各种学堂，素以伦理教化为主。孩子们一开始识字，就要教给他长幼尊卑的这一套伦理纲常规范，诞生礼仪常识自然是必修课之一。儒家经典十三经中，讲述人生礼仪的精神实质与行为规范的就占了三部，即《周礼》《仪礼》和《礼记》，统称"三礼"，这历来是读书人必读之书。至于在底层社会民众的家庭里，也一向注重对子女进行人生礼仪教育。传统社会中的各种民间文艺，也都在"高抬教化"，宣扬着人生礼仪精神。凡此种种，都有效地实现了诞生礼仪在全社会的推行，同时也保证了诞生礼仪在历史上的连续传衍。当然，诞生礼仪作为一种规范，是要人去实践的，人们在实践中发现它的哪一部分不适合实际情况，有不妥之处，或是实在做不到，那就必须改一改，通常称之为变通。传承与变通总是相辅相成的。

四　传统诞生礼仪的个体品德培育功能

诞生礼仪是人类历史上特有的一种文化现象，作为人生成长和发展阶段的起始性仪式，诞生礼仪在人类族群之中不同程度地存在着，其社会文化意义随着历史社会情境的变化而变化，在部落社会，它是补充部落成员的必要集体性仪式；在开化的社会，它主要是对生命个体进行生命关怀。可以说，传统诞生礼仪积淀着一个民族的古风遗俗，教育每一个人要珍爱生命，热爱生活，从而开启了个体品德之门。具体而言，传统诞生礼仪在个体品德培育过程中的作用主要表现在以下四个方面：

1. 让仪式的亲历者接受生命教育，重视并实现生命的价值

重视生命，实现生命的价值是个体品德的一项重要内容，而诞生礼仪的两个阶段彰显了人们对新生命的关注与祝福，这样的一系列仪式性活动，对参与者而言，可以直观地感受到生命的珍贵，感受到人们对新生命所寄予的期望，从而反观自己的生命意识，更加重视通过自我的努力和奋斗，实现自己的人生价值，让生命的意义绽放光彩。人的生命可以分为这样三种形态。第一种是生物性生命。即人首先是作为自然生理性的肉体生命而存在的，这一点是和自然界的广大生物一样必须具有的基本属性。第二种是精神性生命。人之所以为人就在于人有高于动物的意识活动，有超越生物性生命的精神世界。人不但要思考如何活下来，

还要思考如何更好地生活。第三种是价值性生命。每个人在一生中都要思考诸如"为何活着"的问题，这就是人对于生命意义发自内心的追问，是人对价值生命的一种诉求。人的价值性生命为人的生存夯实了根基，加足了动力。生命教育亦有广义与狭义两种：狭义的生命教育指的是对生命本身的关注，包括个人与他人的生命，进而扩展到一切自然生命。广义的生命教育是一种全人的教育，它不仅包括对生命的关注，而且包括对生存能力的培养和生命价值的提升。

诞生礼仪中的生命教育，其基本目标是塑造生命个体先天所应该具有的优良品格，实现途径是诞生前的妊娠保育和诞生后的一系列"祈福"仪式，如"洗三朝"仪式、坐月子、满月仪式和生日及抓周仪式等。从诞生前的人生礼仪仪式来看，古人在妇女怀孕期间为有利于胎儿在母体内的生长发育而对母亲的精神、饮食、生活起居等方面所采取的有力措施，是为了使母子身心都得到健康发展。妊娠保育的方法大致包括调情致、忌房事、节饮食、适劳逸、慎寒温、戒生冷等。这种类似于今天我们所讲的母教式胎教，也符合现代的科学优生要求。注重情致养生，乐观豁达，始终保持一颗愉悦的平常心。良好的情绪是最佳之妊娠保育。生活环境舒适，起居有常，不妄劳作，睡眠充足。持之以恒地进行适度的运动锻炼，动静结合。膳食结构平衡合理，不偏食、不挑食，保证孕妇及胎儿生长发育的需求。衣食住行讲究卫生，预防疾病，避免外感风寒，也就是现代医学中所谓的病毒感染。戒除烟酒等不良嗜好，慎用各种可能对胎儿不利的药物补品。不接触猫、狗等宠物。强调环境因素的作用，孕期居住环境的整洁、周围人的儒雅、文明及孕妇自身的教养是落实妊娠保育之根本。从诞生后的人生礼仪仪式来看，"洗三朝"反映了人们对新生命的重视和保护；坐月子反映了人们对孕育生命的母亲所给予的关怀与照顾，也反映了人们对继续孕育新生命的期待；满月仪式表明人们对新生命与世人第一次见面的关注；而生日抓周仪式则更是反映了人们对新生命所寄托的理想。

2. 让仪式的亲历者接受孝文化的熏陶，树立以孝为本的人生价值观念

以孝为本，构建和谐的家庭环境是个体品德培育的一项重要内容。诞生礼仪的每一项仪式都倾注了父母或长者对孩子及其下一代人的关爱

与祈福。诞生礼仪中的"孝"观念，主要表现在"求子"仪式和报喜仪式上。在古代中国社会，"尽孝"首先要通过求子动机来体现。由孔子提出，又为孟子加以发展的以孝为本的生儿育女动机是我国社会几千年来最具驱动力的生育动机。虽然，"仁"是孔子思想体系的核心，而仁的根本则是"孝"，"孝"又是驱动人们求子生育，特别是驱动人们生育男孩的动机力量。这是因为在孔子学说中，"孝"首先意味着生育传嗣，延续香火。为人子者要做到孝，就必须生育儿子以延续宗嗣。对此《孟子·离娄上》中说："不孝有三，无后为大，舜不告而娶，为无后也；君子以为犹告也。"不孝三事，赵岐的注释是"阿意曲从，陷亲不义，一也；家贫亲老，不为禄仕，二也；不娶无子，绝先祖祀，三也"。在孟子看来，绝育无后是比不顾情意，不讲道义，不能光宗耀祖更为不孝的事。可见生育传嗣在儒家思想中是被视为了尽"孝"道的最高体现，"孝"也就成了人们最强的求子动机。其次，在儒家思想中，"孝"还从赡养尤其是敬重父母上起着求子动机作用。孔子说："今之孝者，是谓能养。至于犬马，皆能有养，不敬何以别乎?"孔子认为，孝不能仅仅局限于养亲，因为犬马都能有所养，重要的是敬重双亲。怎样才算是孝敬呢? 一是儿子在父母面前要经常有愉悦的容色。二是不违父母旨意。三是父母染疾不适时为之医治去忧。因此，在传统诞生礼仪中，一旦确认"有喜"，即怀孕，首先需要告知男女双方的父母，让他们早一点分享这种喜悦，这也是子女对父母尽孝道的一种表现形式。应该说，儒家学说通过对孝道的规范，不仅制定了儿子对父母的行为准则，也把父母的生养、病医、死葬和精神愉悦都托付给了儿子。这样，对孝的期望与追求，必然成了推动人们从自身的"老有所养，老有所医、老有所敬"诸方面而去谋求生育儿子的强大动机力量。

在中华民族的发展史上，孝的观念始终渗透在各种诞生礼仪之中，孝的观念又是决定人们重视诞生礼仪的基本动机，这一动机对维系家庭的存在和宗族的发展、促进人口增加与社会进步，对创建古代中国特有的家庭道德准则、培养中华民族传统的亲子情感都起到了积极作用。

3. 让仪式的亲历者接受国家意识教育，培育具有整体特征的价值

观念

　　国家意识与具有整体特征的价值观念的确立是个体品德培育的又一个重要内容。诞生礼仪中的国家意识与具有整体特征的价值观念，在诞生前的求子仪式、报喜仪式上都有所反映，在诞生后的命名礼、百日礼和生日抓周上也能看得到。国家意识与具有整体特征的价值观念通过一系列的诞生礼仪来体现。在我国古代的思想家、政治家中，以富国强兵为求子目的者不绝于史。墨翟是我国历史上第一个明确提出以富国为求子目的的思想家，他的政治理想就是国家之富，人民之众，刑政之治。他认为生育众多的人口是使一个国家富强最为迫切的事，相对于土地的广袤而言，人口明显不足，并将大量进行生育看成是富国的基础。《管子》更是从富国和强兵两方面表述了生育的目的，认为地大国富，人众兵强，为霸王之本，并将民之众寡视为国之强弱的首要标准。儒家提倡忠君，忠君和爱国是一致的，加之古代中国"家国一理"的思维方式，总是把修身、齐家与治国联系在一起。因此，日常生活中为父母尽孝道与政治生活中的忠于君主自然就是一对难以分开的观念，由此而显示出中国古代人们所具有的整体价值观。"不孝有三，无后为大"的观念，则又把已婚女子不孕的问题上升到伦理道德的高度去认识，斥之为"不孝"，对内不能尽孝，对外也难以忠君爱国。在这样一种文化背景之下，已婚而又长期不孕的妇女不仅要面对来自家庭和家族的压力，同时，必然承担着难以忍受的巨大社会压力，求子势必成为包括已婚女子在内的人们共同关心的一个重大问题。报喜仪式则是已婚男女开始尽社会责任和为国家做贡献的一种表达方式。至于命名礼、百日礼和生日抓周，这些都带有浓厚的社会气息和国家意识，也是孩子最终走向社会，成为国家成员的一种"预演"，国家成员必须有规范的称呼，必须为人们所认可，人们也在用最真诚的方式为其祝福，期盼他们早日走向社会，成为对国家有用的人。

　　显然，古代思想家、政治家为了富国强兵，生育目的主要指向增加人口数量，一般民众则把家庭人口的增加，尤其是男性人口的增加当作家庭幸福的必备条件，甚至是首要条件，在今天看来并不可取。但是，古人已经注意到了人口增加与国家富强以及家庭富裕之间的关系，也注意到了人口再生产与物质资料生产以及物质生活生产之间存在着一定的关系，并把个体生命与家庭、家族直至国家利益联系在一起，虽然这是君主专制文化的产物，而不是民众政治觉悟的自觉体现，但还是颇有现实意义的。

4. 使仪式的亲历者接受社会性别角色教育，认同社会文化

人的一生之中，人生礼仪与习俗对人的规范约束如影随形，人们在约定俗成中共同遵守习俗惯制，在反复经常的耳濡目染中潜移默化。在特定的氛围里，对于不同的性别有不同的规范与约束，表现出了强烈的性别认同感。传统的诞生礼仪也体现了不同的性别期望、性别意识的培养和性别角色的塑造。

诞生礼仪是从祈子开始的，古代中国的各民族中都有丰富的祈子习俗。祈子习俗中不同程度地体现了重男轻女的思想。而孩子性别意识的培养是从呱呱坠地那一刻开始的，从报喜以及随后的一系列庆贺仪式中可以体现出来。婴儿出生后性别格外受到关注，报喜既是向外界宣告婴儿性别的方式，同时又寄予了特定的性别角色塑造意识。所寄予的不同期望，实际上是传统社会里逐步形成的风俗习惯对男女社会角色、承担的社会责任等的认同。这种传统的行为模式为人们接受和认可，并在民俗中形成了对男女的角色分工的刻板印象，人们根据这种刻板印象来塑造幼儿的性别角色。从小孩出生开始就已经以民俗实物象征了男女性别的社会分工期待。一些俗信和民俗行为渗透着强烈的男性本体的意识形态。命名是幼儿社会化的过程，即通过公开的形式赋予婴儿一个社会化的符号——名字。各个民族的命名礼都体现了这种性别角色的控制和不同的性别期望，在名字中寄托了对子女未来不同的人生价值取向和社会角色定位。多希望男孩长大后勇敢、勤劳、富有、尊贵，多希望女孩美丽、贤淑、善于持家。从不同民族的命名礼中可以看到一些共性，即对男孩女孩不同的性别角色期待。男孩希望更为张扬、社会化的角色定位，女孩则期望内敛、私有化的角色定位，体现了社会对男女不同的审视标准。满月礼最能直观地体现出男女性别差异。如满族人家里生的若是男孩则在索线上绑一个小弓箭，是女孩则绑一个布条。弓箭象征男孩长大以后成为一名好射手；布条象征女孩长大后会纺线、织布，管理家务。这种以现实的物品来象征对男孩女孩不同的期望和要求在各民族传统诞生礼仪中都有所反映。尽管诞生礼仪中婴儿本人只能处于被长辈安

排的被动地位，但仪式过程把幼儿当作可与成人交流思想感情的主角加以教育，从中可以看出传统文化对个体品德培育的基本需求。

各个民族的诞生礼仪中可以看到明显的性别差异，性别差异是由社会文化的影响形成的。其中权利文化是体现人对社会和他人统治的文化。母权时代是女性在整个社会群体中居于主导地位，随着母权时代的结束，一个全新的以男人为主宰的权力文化产生了——父权文化时期的到来。由于生产力的发展，男人逐渐取代了女人在社会生活资料生产上的优势地位。母权制逐渐旁落，男人拥有了绝对统治权力以后，便处于至高无上的地位，并按照自己的需求来制定社会准则。为了体现强大的权力力量，男人限定了女人活动的界限，以家庭为主要活动场所，女性沦为生育工具。女性没有政治权利，没有话语权，被动接受男权文化的安排。女人在面对强大的权力时显得无能为力，只有被动接受，这是权力力量对于性别差异影响的体现。制度文化是在权力文化的基础上逐渐形成的，当权力文化逐步发展后，要求有一套制度体系来强化其权力地位，规范人们的行为和维持统治秩序。制度包括统治者制定的制度和乡规民约形式的民间制度两部分，但这两部分都是父权的代言人。由于男人作为一个群体来讲处于权利优势地位，因而就将这种不平等的男女地位以制度化的形式加以巩固，强化了男女社会角色地位。习俗文化也就是习俗化过程，从母权的旁落到封建制度文化的确立，女人一直处于被动从属的地位，但是这种性别差异是社会以及权利文化强加的。但习俗化的过程却是由被动接受到主动维护的转变。任何民族母权的旁落都不是女性的主观意愿，女性接受这种男女定位是由不情愿到主动维护的，这是习俗规范的力量。在整个习俗化的过程中接受了这些标准并主动以这些标准要求自己。习俗化过程也就是一种对社会文化认同的过程。并且不断有新的内容加进个体的实际生活中，使传统观念在人们心中根深蒂固。女性在接受维护传统习俗时，不能自省，面对强大的传统力量更是无力扭转局势，这就是习俗对个体品德约束力的体现。习俗化的过程逐渐对两性的社会角色定位形成了刻板印象，不但成年人自己予以遵守，还要求子女都以此来行事，诞生礼仪实际上就是一种社会性别角色的早期教育。

第三章 传统成人礼仪与个体品德培育

成人礼仪是人类历史上特有的一种文化事象，也是一种古老的青年教育的方式。早在原始社会，氏族和部落就已经创立了特色各异的成人仪式，后来，这一习俗一直在民间流传，或以宗教的形式进行，或以世俗家庭的形式进行，也有地方行政性社会组织出面组织的。可以说，成人礼仪积淀着一个民族的古风遗俗，具有丰富的个体品德意蕴。

一 成人礼仪释义

成人礼仪指的是为承认年轻人具有进入社会的能力和资格而举行的人生仪礼，成人礼仪又名成丁人生礼仪仪式。它是一个人由个体走向社会的一道必不可少的程序。一个人，当他经历了漫长的家庭熏陶、生活体验和知识教育与文化渗透的过程后，逐渐走向成熟，脱离了亲人尤其是父母的养育和监护，承当起了所在家庭、群体和社会所赋予的权利和义务。在这个时候，人们要举行一系列的礼节性仪式，来纪念当事人由不成熟走向成熟的过渡，这种人生礼仪仪式就是我们所说的成人礼仪。应该说，成人礼仪也是一种世界性的文化事象，世界上许多原始民族中都保存着此类仪式。年轻人到了一定年龄，必须经过严格、严肃、严谨的考验仪式，如获通过，他就获得所在群体及其社会的承认，认为他可以融入群体，进入社会，从此具有了成年人的能力和资格，宣告孩童时代的结束，成年时代的开始。成人礼仪是人生礼仪仪式中最具有通过意义的一种人生礼仪仪式。

1. 中国古代的成人观

"成人"一词在现实生活中被人们多处使用，并对它做了各种不同的界说。在儒家教育理念中其含义界定为：人文化成，即通过教育完善人的个体，关注个体发展，重视个体的精神人格，培养美好品德，立足于社会，使人成为真正的人和完全的人。因为人只有在后天教育学习中才能获得文化，才能获得禀赋的发展，才能成为社会化的人。

我国古代非常重视成人礼仪，注重发挥其在人们世界观、人生观、价值观形成中的教化功能。孔子和早期儒家学者常常提到"成人"这一概念。孔子强调"仁"。在他看来，有仁德是做人的前提，是"成人"的基本要求。懵懵懂懂的孩子是自然人，不是具有社会义务和责任意识的"成人"。人要"成人"，就应当"仁"。所以孔子说："仁者，人也。亲亲为大。"同时孔子认为："君子不可以不修身；思修身，不可以不事亲；思事亲，不可以不知人。"也就是说，人之为人在于有"仁"心，脱离纯粹的自然状态，懂得"修身""亲亲""事亲"。

在孔子和早期儒家学者看来，"成人"首先是"有知识的人"，即对社会有基本认知。但"成人"与"成人之行"又有所不同。一个人有了知识，具备了"成人"的基本素质，然后再接受仁义礼乐教化，才能具备"成人"的德行。孔子认为，具备"知""不欲""勇""艺"等素质，也就是说聪明有智、清心寡欲、勇敢无畏、多才多艺，还不可谓之"成人"。只有遇见财利想起道义，见到危难勇于担当，长期困顿却不忘平生之志，这样的人方可谓之"成人"。

孔子和早期儒家学者特别强调礼乐对于"成人"的教化作用，认为仅仅具有某种技能或某方面的素质，并不等于解决了"做人"的问题；没有礼的约束、乐的熏陶，人们不仅不能"成人"，还可能丧失一些原本可贵的品质。

孔子和早期儒家学者对"成人"的认识，有着深刻的文化背景。最晚自西周开始，我国就有了比较完备的成人礼仪：男子行冠礼，女子行笄礼。一般说来，士人二十而冠，天子、诸侯、大夫的冠礼则相对较早。女子一般十五许嫁，许嫁则笄；如尚未许嫁，则二十而笄。西周时期，人们一般在8岁入小学，开始学习洒扫、应对、进退之"节"，及礼、乐、射、御、书、数之"文"。这些都是基本的知识与技能。到15岁时，贵族子弟、民之俊秀都要入大学，由老师教之以穷理、正心、修己、治人之"道"。一个人经过十几年的学习，才能由少年而成青年，由不谙世事的孩子变成能够承担社会义务的成年人。

男子行"冠礼",标志着"成人"阶段的开始。"冠礼"的意义在于"弃尔幼志,顺尔成德",即抛弃孩子气,形成和巩固"成人"的德行。行"冠礼"之后,人们开始享有"成年人"的权利,并对婚姻、家庭和社会尽自己的义务和责任。因此,"冠礼"是对人们"成年"的认可,是人们正式步入"成年人"行列的标志。

礼有"礼仪"与"礼义"的双重含义,有形式与内容的区分。成为"成人",不仅要能够行"礼仪",还要自觉以"礼义"约束自身。《礼记·冠义》指出:"凡人之所以为人者,礼义也。礼义之始,在于正容体,齐颜色,顺辞令。"也就是说,人之为人在于懂得礼义,人在成人之后应当穿着得体、行为得当、言辞和顺,不应再像顽皮的孩童一样什么都不管不顾。又说:"成人之者,将责成人礼焉也。责成人礼焉者,将责为人子、为人弟、为人臣、为人少者之礼行焉。"我国古代社会的基本伦理关系是父子、兄弟、君臣、夫妇、朋友,一个长大成年的人,应当懂得"人义",即做人的基本要求。何谓人义?《礼记·礼运》说:"父慈子孝,兄良弟悌,夫义妇听,长惠幼顺,君仁臣忠。十者,谓之人义。"人年满二十,行过"冠礼"之后,便应认同这些人伦、实践这些"人义"。

我国古代士人行过"冠礼"后要依次拜见国君、大夫,受拜见的人往往会有一番教导,这对于刚刚成年的人非常有益。比如,《国语·晋语六》就记载了这样一番意味深长的话:"戒之,此谓成人。成人在始与善,始与善,善进善,不善蔑由至矣;始与不善,不善进不善,善亦蔑由至矣。如草木之产也,各以其物。人之有冠,犹宫室之有墙屋也,粪除而已,又何加焉?"也就是说,刚刚成年的人要谨慎戒惧,一开始就要学习美善之道,进而吸收、增长更多的才德和学识,摒弃不善的东西;如果开始时接触的是邪恶,则会滑向善的反面。善生善,恶生恶,就像草木繁殖,都是一类一类地滋生。人们行过"冠礼"后,就应树立正确的人生方向,形成是非判断能力。

在儒学看来,成人礼仪之所以要庄重盛大,是因为在其中贯穿着对成人的礼的精神要求。当举行成人礼仪之后,能够以礼义的规定来规范自己的一言一行,才可以称之为成人。这一以礼义为成人标准的规定,是儒学的通识。而古代对礼的重视，正是因为礼义是成人必不可少的内在要求，这就是春秋时期子大叔说的："礼，上下之纪，天地之经纬也，民之所以生也，是以先王尚之。故人之能自曲直以赴礼者，谓之成人。大，不亦宜乎？"①

综上所述，中国古代成人观较为完整地体现了以"仁、义、礼、智"为主要内容的传统价值观。其中"仁"是"成人"的基本理念，意思是把实然的人提升为应然的人，由此强调每个人都应在躬行仁道的道德实践中实现自身价值、成就理想人格。"义"是"成人"的正确路径，而衡量"义"的尺度，应该是平等、公正、和谐。它主要体现在平等待人，不以强凌弱；出于公心，不专谋私利；尊重他人，和睦相处。"礼"是"成人"的制度保障，"礼"指的是具体的、可操作的制度条文。"智"就是"成人"的理性自觉，"智"的具体内涵就是敬业、诚信、友善：敬业是一种明智的工作态度，诚信是一种明智的交往原则，友善是一种明智的待人方式。

2. 传统成人礼仪的类型

一般说来，成人礼仪的重要特征是年龄和性别。年龄标志着一个人的生理成熟程度，而通过成人礼仪，则使之达到社会成熟的层次。成人礼仪又总是分性别举行的，仪式过程中往往还插入性教育的内容。成人礼仪的完成，总是要给通过者以社会公认的一种新的标志，比如服饰、发式的变化，或是文身、凿齿这一类身体的变形，以及新的命名等。在我国的兄弟民族中，有着不同的表现形式，比如云南永宁纳西族的穿裤子仪式和穿裙子仪式、海南岛黎族的绣面、哈尼族叶车人的安角、畲族的传师学师做聚头，都有着鲜明的民族特色。而在中原的汉族，古代主要实行冠礼和笄礼，沿袭至后世，有些甚至与婚姻人生礼仪合在一起，各地又有许多变异，呈现出明显的地域性特征。

成人礼仪因地域不同、民族文化的差异和风俗习惯使然，每一个历史阶段的成人礼仪及其内容都不尽相同。这些内容和形式的侧重点各不相同的成人礼仪，综合起来可以归纳为四种类型：

第一，标志型或称为装饰型成人礼仪。这种成人礼仪是截至目前我

---

① 《左传·昭公二十四年》，《四库全书》本，上海古籍出版社 1987 年版。

们所看到的成人礼仪中最古老的一种类型，但是，数量相对较少，形式比较简单。其主要形式包括染齿、黥面、文身、更换服饰与头饰等。在一些原始民族中，因为族外婚的需要，人们常常以文在身体上的独特图形或花纹作为标志，以区别本氏族成员和外氏族或部落的成员。如我国摩梭人的换裙换裤礼、藏族的戴巴珠礼、瑶族的换帽礼、土族的戴天头礼、柯尔克孜族的戴耳环礼、独龙族的黥面礼等，都是借助其独特的外部特征为标志。可见，标志型的成人礼仪既有服饰标志型，也有人体标志型，或借助于其他的装饰为标志。彝族姑娘换裙时，母亲对女儿的叮嘱，是关于标志型成人礼仪内涵的深刻揭示。清人何如璋《使东杂咏》第十一首诗说："编贝描螺足白霜，风流也称小蛮腰。剃眉涅齿源何事，道是今朝新嫁娘。"此诗反映了当时日本长崎妇女有染齿的婚俗，也反映了染齿与成年之间的关系。标志型仪式从外形上讲是一种变形，无论文身、染齿、割礼、戴帽、换裙换裤或是将头发盘起、变换头饰等，都是改变外形的一种标志而已。标志本身作为一种文化或民族认同的符号，该符号不仅是男女、种族与部落的区分标志，也是婚姻关系和性关系的区分标志。

后来，这类成人礼仪逐渐发展成为标记型成人礼仪。由于某种形式的"标记"在青年男女中产生一种美感，而逐渐成为成年男女必要的一种装饰。但这种装饰，在不同时代、不同民族中有不同的内容和表现形式，如耳饰、盘头、拔毛、点痣、染齿等。在我国一些地区，至今还有女孩出嫁前要请人用棉线绞去脸上汗毛的习俗，以示成年，这就是所谓的"开脸"。开脸之后，人会显得更加洁净、俊秀和富有朝气。

第二，教导型或称为度戒型成人礼仪。成人礼仪本身意味着旧生命的结束与新生命的开启，意味着生命个体将由单一的家庭生活进入群体生活和社会生活，实现从自认意义上的生物人向政治意义上的社会人的转变，是个人获得社会身份的标志与象征。从一般意义上说，成人是以生理发育进入青春期为前提的，但成人礼仪真正追求的还是成为一个社会人的丰富的文化内涵。美国学者露丝·本尼迪克特认为，人们所认识到的青春期是个社会问题，为这一时期而举行的各种仪式便是通过各种不同的形式来表明孩子将进入成年人的阶段；所谓的进入成人阶段，其标志并不是生物学意义上的发情期，而是文化制约的青春期。在个体生

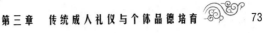

理发育进入青春期时，为其举行特定的成人仪式，其用意不仅是对个体生理发育期需要的一种简单认同，更是对社会文化意义上的角色转化的一种实现。所以，人们往往借助成人礼仪的方式来实现文化的传承与个体品德的培养与塑造，成人礼仪的实施在长期的社会实践中被古人认为是最好的教育方式。我们不难理解，直至今日，人们并没有忘记这种仪式，尽管内容和形式发生了很大变化，人们借此追求的文化价值依旧得以表露，对个体品德的培养与塑造观念仍然存在。

另外，我国的瑶族人在男子 16 岁至 22 岁期间为其举行"度戒"仪式，仪式分"大度""小度"或"度天戒""度地戒"等，由戒师主持，一般大度有七个戒师，小度有五个戒师。度戒期间，受戒人必须在戒师家吃住，不得出门，不得见天，不得与戒师之外的任何人讲话。晚上，戒师向其传授本民族的宗教人生礼仪与其他内容。度戒时，戒师让其背诵十戒并发誓，诸如：不偷盗抢劫、不杀人放火、不陷害好人、不做官欺人、不奸女拐妇、不虐待妇女等。宣誓完毕后，戒师将火掷于水碗之中，意即如果违背誓言，命运就会犹如入水的火一样，自取灭亡。瑶族人通过度戒仪式对成年者进行社会公德教育，使个体自成人之日起便懂得社会规则与基本的行为规范并努力遵循。

基诺族的长老们借助成人礼仪带领大家唱乐诗，唱本民族传统的社会生活的习惯与法规，唱生产过程和古老的生产经验。他们通过歌唱告诉"成人者"本民族的文化传统、人们的爱情和家庭生活；他们通过歌唱教年轻人如何谈恋爱，如何忠于自己的爱情，如何遵循与爱情有关的道德和习惯法。歌声既是教导的方式也是教导的内容，在和谐优美的歌声中，令人愉悦的环境里，即将成年的青年人接受了教育，并实现了民族文化的传承与人性的塑造。在成人仪式上对青年人的教育，其内容并不只限于爱情、婚姻和家庭的主题，还有怎样做人、怎样生存和怎样适应环境的主题，以及天文、历法、劳动技能、宗教仪式等各个方面，几乎无所不包，只是各自有所侧重而已。比如，对女孩就需要有与男孩完全不同的教育内容，目的主要是教导少女如何过婚后的生活、生育和抚养孩子、操持家务。这种类型的仪式一般在少女进入性成熟期和结婚前举行。其形式种类繁多，例如：隔离、破身、文身、洗浴等。其中"隔离"的形式尤为普遍，这是由氏族中有经验的妇女对少女进行单独开导的一种形式，在许多民族中通常是在女孩来第一次月经时举行这类成人礼仪。

第三，考验型或称为体悟型成人礼仪。通过仪式考验个体，通过仪式让参与者体悟人生的意义和价值，是世界上许多民族成人礼仪的必经之途。这种成人礼仪在男子中比较多见。在原始部落中，经受各种考验几乎是一个男子从童年进入成年期时必须迈过的门槛。其目的很明确，就是要通过各种形式的考验和磨难，让所有达到一定年龄的男子，能够真正成为本氏族或本部落的主人和战士。此类成人礼仪，是各种成人礼仪中最复杂、最残酷的一种类型。其形式主要有：刺额头、割包皮、凿齿、拔牙、剁指、烧身、禁食、禁睡、禁饮、拔指甲、恐吓、毒虫螫咬等。在现代的一些原始部落中，考验型成人礼仪通常是几种形式混杂在一起进行的，有时则是分几个阶段。而行礼的具体形式，不同的民族又有不同的特点。如瑶族男子举行度戒仪式时，要接受诸如上刀山、踩火砖、跳云台、捞活锅和睡刺床等近十种危险的考验。其中，"上刀山"是赤着脚爬上插满利刃的梯子，"踩火砖"是赤脚踩踏烧得发烫的砖头，"捞活锅"是徒手在滚烫的油锅中捞物。"跳云台"是将四根四米多长的木柱摆成正方形，一边扎以横木做梯，柱顶上用方桌等物搭一座平台，受戒者在师公的带领下登上云台，等师公念完戒词，受戒者发誓不杀人放火、不偷盗抢掠、不奸女拐妇、不虐待父母、不虐待妇女、不陷害好人、不做官欺人等。宣誓完毕，戒师将火扔进一个装了水的碗里，火立即熄灭。这是暗示受戒者如有不轨，其命运便如此火，必将自取灭亡。然后，受戒者团身抱膝，从台上勇敢地翻至云台下那张铺有稻草的藤网。跳台者刚落下，下边的人就拉起藤网一齐用力旋转。此时，四周欢呼声响起，赞扬孩子的勇敢无畏，祝贺又一个瑶山汉子走入了社会。在瑶家，只有经过度戒的男孩，才有成年人的权利，才有资格恋爱、结婚，才能博得公众的信任和尊重。因此，每当男孩长到十五六岁，都要根据习俗举行这种带有民间宗教色彩的仪式。基诺族人在个体成人时，出其不意地对他发动突然袭击，试图使个体产生恐惧感。在克服恐惧感的过程中，旧的幼小生命宣告死亡了，取而代之的是一个全新的走向成熟的自我。中国台湾卑南族的少年在 12 岁或 13 岁的时候开始进入"少年会所"，在"少年会所"期间，禁止与女性讲话，禁止饮水，禁止吃肉，一天只能吃一餐，晚上去不为人知的地方练习跑步、歌舞，动作不对或者精神状态不好都将受到鞭打重罚，时间共计七天，在此期间还要为老人捕鱼，供其食用，并接受老人的训示。侗族人一生中要分别在 5 岁、10 岁、15 岁时各滚一次烂泥巴田。他们认为，人是从母亲那里学到了善良，从父亲那里学到了勤劳，从祖父那里学到了耐性，一生中滚三次泥巴田也是与这种观念相适应的：5 岁的人开始离开母亲的怀抱，于是由母亲带到田边，交给田坎那边的父亲，从此，孩子就要跟随父亲学习劳动；10 岁时由父亲带到田边，由祖父在田坎那边接着，然后跟随祖父学习；15 岁的时候由祖父带到田边，田坎那头已没有人接应，这表示 15 岁的个体已经长大成人了，从此要独立面对人生，走自己的人生道路。在国外，还流行过其他的考验方式，如：割礼、猎头、烟熏、敲打牙齿、用钩子刺进人的背部把人吊在空中、烈火考验等，其目的一方面是考验新成年者的勇敢、耐性、男子汉气概、忍受痛苦乃至保守秘密的能力，另一方面是让新成年者与社会集体的本质、图腾、信仰、神话祖先或自己的祖先之间建立某种联系，并实现双方间的互动。考验同时意味着体验，考验的目的就是为了让特定年龄阶段的人体悟生活的艰辛和人生的价值与意义。

第四，象征型或称为简易型成人礼仪。这种成人礼仪比任何类型的成人礼仪都出现得晚，基本上都是在进入阶级社会以后才开始出现的。在现代的许多民族中，以前那种内容落后、程序复杂的成人礼显然已无法适应现代生活节奏的要求，因而被仅具有象征意义的舞会和酒宴等形式取代。在规模不等的舞会和酒宴上，来宾热情地向即将成年的青年男女祝贺一番，就算完成了"成人礼"仪式。有些民族，其古老的带有体肤受折磨性质的所谓考验型成人礼仪，也逐步被一些新的简单易行的做法取代，例如，黥面仪式变成了"点痣"仪式，文身仪式变成了"穿裙"仪式或"穿裤"仪式，凿齿、拔牙仪式变成了简单的"染齿"仪式，油脂涂身仪式则变成了"洗浴"仪式，等等，不一而足。另外，还有一些民族，则将传统的成人礼仪变成了各种名目的象征性节日，在各种节日到来时，为特定年龄阶段的人举行集体成人仪式。比如，近些年来，我国很多地方在每年的五四青年节，为在校的学生举行风格各异的成人仪式，这是比较典型的象征型或简易型成人礼仪。

总之，成人礼仪是人生的一个重要阶段，是生理和心理成熟的标志，宣告与年幼无知的过去的告别，走向成熟的成人阶段，成为正式公民，能承担起社会责任、享有公民权利。尽管中外成人礼仪形式多样，但有许多共同的主题意义。从宗教意义上讲，它是死亡和再生的象征，标志着旧生命的消亡和新生命的诞生；从社会学的角度讲，它是对一个人的能力和意志的考验，如果没有接受和经历成人仪式就无法得到认同。从现实意义上讲，成人礼对一个人的成长发展、人生道路的选择、国家的物质文明和精神文明建设以及和谐社会的构建等都具有重要的现实指导意义。

二　传统成人礼仪的冠礼与笄礼

世界各国的成人礼仪五花八门，形式多样。而中国传统的成人礼仪——冠笄之礼，不仅起源较早，而且体系较为完善，由此而成为汉民族重要的人文遗产，并对汉民族及其他民族的成员生命过程的影响是十分久远的。传统社会的长者之所以要为跨入成年的青年男女举行这一仪式，旨在提示行冠礼者：从此将由家庭中毫无责任的"孺子"转变为正式跨入社会的成年人，只有能履践孝、悌、忠、信的德行，才能成为孝顺的儿子、称职的弟弟、忠心的部臣、合格的晚辈，并进而成为各种较为理想的社会角色。唯其如此，才可以称得上是人，也才有资格去治理别人。笄礼的古义，是女子订婚以后出嫁之前所行的礼。笄礼也是对人生责任、社会角色的提醒。女子需要独立、自强，不过女子的自强不需要以男人强大的方式来湮灭自己的柔美。在女孩子成长的过程中教她如何正确认识美丽和自强的关系，是一种很有影响力并易于被人们接受的人生礼仪。下面主要对冠礼和笄礼做一列举性说明。

1. 男子冠礼

冠礼的主体部分，是由正宾依次将缁布冠、皮弁、爵弁三种冠加于将冠者之首。缁布冠实际上是一块黑布，相传太古时代以白布为冠，若逢祭祀，就把它染成黑色，所以称为缁布冠，这是最初的冠。冠礼先加缁布冠，是为了教育青年人不忘先辈创业的艰辛。西周时期的贵族生活中已经不戴缁布冠，所以冠礼之后就搁置不用。其次是加皮弁，弁也是一种帽子，皮弁的形制类似于后世的瓜皮帽，用白色的鹿皮缝制而成，与朝服配套穿戴，地位要比缁布冠尊贵一些。最后加爵弁，"爵"通"雀"，爵弁所用质料与雀头的颜色（赤而微红）相似，故名。爵弁是协助国君祭祀等庄重场合所戴的一种帽子，地位最尊。三次加冠，将地位最卑的缁布冠放在最前，地位稍尊的皮弁在其次，而将爵弁放在最后，每加愈尊，是隐喻冠者的德行能与日俱增，所以《冠义》上说："三加弥尊，加有成也。"

加冠之前，三种冠分放在三个竹器中，由三位有司捧着，从西阶的第二个台阶依次往下站立。加冠者在堂上有专门的席位，其位置因身份的不同而不同。嫡长子的席位设在阼阶之上，庶子（嫡长子的同母弟和异母兄弟）的席位在堂北偏东的地方。堂的面向都朝南，堂前有东、西二阶，东阶供主人上下堂专用，所以称为主阶，也叫阼阶；西阶供来宾上下堂，所以称为宾阶。《仪礼·士冠礼》说："嫡子冠于阼，以著代也。""著"就是彰显的意思，"代"就是替代，阼阶之上是主人之位，让嫡长子在此加冠，意在突出他将来有资格取代父亲在家中的地位，这就是中国古代的长子为父理念的体现。加冠之前，先由赞者为将冠者梳头，再用帛将头发包好，做好一切准备。为了表示洁净，正宾都要先到西阶下洗手，然后上堂到将冠者的席前坐下，亲手将将冠者头上包发的帛扶正，然后起身，从西阶走下一级台阶，从有司手中接过缁布冠，走到将冠者席前，先端正其容仪，然后致祝辞说："月份和时日都很吉祥，现在开始为你加冠。抛弃你的童稚之心，慎养你的成人之德。愿你长寿吉祥，广增洪福。""令月吉日，始加元服。弃尔幼志，顺尔成德，寿考惟祺，介尔景福。"祝辞完毕，有司要亲手为他戴上缁布冠。接着由助手为冠者系好冠缨。冠者进房，脱去彩衣，换上与缁布冠配套的玄端服出房，面朝南，向来宾展示。

再加和三加之礼的礼节与仪式与此基本相同，只是第二次加冠时，正宾要从西阶走下两级台阶；第三次加冠时要走下三级台阶，因为捧持皮弁和爵弁的有司站在不同的位置。此外，每次加冠的祝辞略有变化，但意思相同，无非是勉励加冠者抛弃幼小嬉戏惰慢之心，而树立进德修业之志。如：三加曰："以岁之正，以月之令，咸加尔服。兄弟俱在，以成厥德。黄耇无疆，受天之庆。"意思大致是：第三次加冠时，宾致祝辞说："在这美好的岁月，三种冠依次都给你加上。兄弟们都来参加你的冠礼，以成就你的成人之德。祝你长寿无疆，享受天赐的福庆。"这是前辈对冠者的一种衷心祝愿，也是成人教育的重要内容。祝辞之后，冠者都要应答。每次加冠之后，冠者都要进房换上相应的服装，然后出房，向来宾展示。始加缁布冠，表示有治人的特权；再加皮弁，表示从此要服兵役；三加玄冠，表示今后有权参加祭祀。

冠礼的重要内容之一，是进行容体、颜色、辞令的教育，内中有很深的含义。《冠义》说："礼义之始，在于正容体，齐颜色，顺辞令。容体正、颜色齐、辞令顺而后礼义备，以正君臣，亲父子，和长幼。君臣正、父子亲、长幼和而后礼义立。"人之所以区别于禽兽，是因为人懂得人生礼仪，而人生礼仪是以容貌端正、神色庄敬、辞令恭顺为基础的。要责以成人之礼，首先要从容体、颜色、辞令的教育开始，唯其如此，赞者、正宾才不厌其烦地为之梳理头发、扶正帛巾，并且让他展示体貌。《冠义》说"冠者，礼之始也"，正是这个意思。刘向在《说苑》中说，冠礼的意义在于"内心修德，外被礼文"，是"既以修德，又以正容"，又引孔子的话说："正其衣冠，尊其瞻视，俨然人望而畏之，斯不亦威而不猛乎？"可谓深得其旨。

三加之礼完成后，还要举行醴冠者的仪式。冠者的席位在堂上的室门之西，正宾向冠者敬醴酒，并致祝辞："甘美的醴酒醇厚，上好的脯醢芳香。请下拜受觯，祭献脯醢和醴酒，以奠定你的福祥。承受那上天的美福，长寿之年犹不忘怀。"冠者按照规定的礼节饮酒，然后起身离席，为冠礼圆满完成而拜谢正宾，正宾答拜还礼。冠礼完毕，冠者要拜见有关的尊长。先从西阶下堂，折而东行，出庭院的东墙，面朝北，拜见在这里等候的母亲，并献上干肉，以表敬意。母亲拜受后准备离去，冠者拜送，母亲又拜。这一过程中，作为儿子的冠者只对母亲拜一次，而母亲却拜了两次，这是上古时代妇人对成年男子的拜法，称为"侠拜"，这一礼节如今在我国已经失传，但在韩国依然保留着。冠者又去见站在堂下的亲戚。亲戚向冠者行再拜之礼，冠者答拜还礼。然后出庙门、进寝门，去见姑姑和姐姐，仪节与见母亲一样。冠者拜见母亲、兄弟等，是表示在家中从此以成人之礼相见，所以《冠义》说："见于母，母拜之；见于兄弟，兄弟拜之；成人而与为礼也。"冠者回家脱去爵弁服，换上玄冠、玄端和雀色的蔽膝，手执一只雉，前往拜见国君。见面时，要将雉放在地上，不能亲手交给国君，因为亲手授受是尊者与尊者之间的礼节。礼毕，再执雉分别去拜见卿大夫和乡先生。所谓"乡先生"，是指退休还乡的卿大夫。这是冠者首次以成人的身份拜见国君、乡大夫、乡先生，所以《冠义》说："玄冠、玄端，奠挚于君，遂以挚见于乡大夫、乡先生，以成人见也。"冠者拜会尊长完毕，主人用醴酒酬谢正宾，用的是一献之礼。所谓"一献之礼"，包括献、酢、酬，即主人先向宾敬酒（献），宾用酒回敬主人（酢），主人先自饮，然后斟酒再敬正宾（酬）。为了表示对正宾的感谢，主人以五匹帛和两张鹿皮相赠。冠礼至此结束，正宾告辞，主人送到门外，再拜，并派人将盛有牲肉的礼俎送到正宾的家中。

在加冠礼进行的同时，还有一项主要的仪式就是为冠者取字，即在姓名之外取表字，为了表示对父亲所起之名的敬重，在古代的社会交往中，只有长辈对晚辈或者尊者对卑者可以直呼其名，平辈之间、晚辈对长辈则要以字相称，以示尊敬，否则就是失礼。也就是说，"字"是成人交际时使用的，所以《冠义》说："已冠而字之，成人之道也。"正宾为冠者取字有严格的仪式。正宾从西阶下堂，站在正对西序之处，面朝东。主人从东阶下堂，站在正对东序之处，面朝东。冠者站在西阶下的东侧，面朝南。正宾为冠者取表字，并致祝辞："人生礼仪已经齐备，在此良月吉日，宣布你的表字。你的表字无比美好，宜为英俊的男士所有。适宜就有福佑，愿你永远保有。你的表字就叫'伯某甫'。"周代的表字，首字表示排行，用伯、仲、叔、季表示，视情况而定；末字"甫"，或做"父"，是对男子的尊称；中间的"字"，一般与名的字义有联系。

冠礼作为成人的标志，它有着丰富的社会内涵。加冠授字仪式一结束，就表明冠者已经长大成人。他不仅可以成家立业，生儿育女，而且要承担一定的社会义务。从社会生活的角度看，它是成人的标志。受冠礼以后，冠者即可以以成人身份参与社会交往，并有了自己独立的言行举止。从此，人们对他也要以礼相敬。同时，受冠礼以后，冠者的社会地位也就被确定了，一举一动都应合乎人生礼仪规范。对于个人的成长来说，它意味着个体独立的开始。从此以后，冠者将有资格做官，参加祭祀，同时也必须履行一定的社会义务，如服役、侍奉父母等。从加冠的祝辞中，我们也可以看到对冠者人格和品德的种种期望。如"弃尔幼志，顺尔成德""敬尔威仪，淑慎尔德""眉寿万年，永受胡福"等祝辞，希望冠者以成人之道要求自己，并从"仪""德""寿"三个方面提出了具体的期望和祝福，也希望冠者以立兄弟之表率。总之，无论对冠者的个人修养，还是对其应尽的义务，都提出了新的要求。从家庭的角度来看，冠礼也是一个人具不具备成人的条件、能否择偶成婚的标志，也是早期人类进行自身种的繁衍的关键。

2. 女子笄礼

中国古代男子有冠礼，女子则有笄礼。《礼记·曲礼》说："女子许嫁，笄而字。"可见女子是在许嫁之后举行笄礼、取表字。笄礼的年龄小于冠礼，《礼记·杂记》说："女子十有五年许嫁，笄而字。"如此，则许嫁的年龄是 15 岁。如果女子迟迟没有许嫁，则可以变通处理，《礼记·内则》郑玄注说："其未许嫁，二十则笄。"笄礼的仪节，文献没有记载，学者大多认为应当与冠礼相似。

到了宋代，一些学者为了推行儒家文化，构拟了士庶女子的笄礼，司马光的《书仪》以及《朱子家礼》都有专门的仪式。《书仪》中有"女子许嫁，笄"之说。主妇女宾执其礼。笄礼行之于中堂，执事者用家内的妇女婢妾充任。先有家中执事者将笄礼所要用的首饰置于桌子上，笄子盛于盘中，上面蒙以手帕或丝巾，由执事者执之。主人于中门内迎宾。正宾先致祝辞，然后为之加笄，执事者为之施首饰，宾揖笄者，适房，改服背子。既笄，所拜见者仅限于父及诸母、诸姑、兄姊。其余仪节都与男子冠礼相同。《朱子家礼》的笄礼与《书仪》大体相同。女子许嫁，即可举行笄礼。如果年已十五，即使没有许嫁，也可以举行笄礼。笄礼由母亲担任主人。笄礼前三日戒宾，前一日宿宾，宾选择亲姻妇女中贤而有礼者担任。陈设，在中堂布席。厥明，陈服，如冠礼。序立，主妇如主人之位。宾至，主妇迎入，升堂。宾为将笄者加冠笄，适房，服背子。为笄者取字。笄者见尊长，最后礼宾，仪节与冠礼相同。

公主的笄礼，文献语焉不详，《政和五礼新仪》的《冠礼》没有提及，而《宋史》有之，皇帝亲临于内殿，估计是仿照庶子冠礼制作的，不过，主持人用女性，负责加笄者是女宾。宋代的公主笄礼较为典型，

《宋史礼志》记载详细：笄礼在宫中殿庭举行，皇帝亲临。笄礼始加冠笄，再加冠朵，三加九翚四凤冠。祝辞和取字之辞也都套用男子冠礼。取字后，公主拜见君父，聆听训词："事亲以孝，接下以慈。和柔正顺，恭俭谦仪。不溢不骄，毋诐毋欺。古训是式，尔其守之。"公主再拜，向父皇保证道："儿虽不敏，敢不祗承!"之后，公主去见母后。最后，公主回到座位上就座，接受皇后、妃嫔和参加典礼的掌冠、赞冠官等的祝贺。

女子行笄礼，古代多称"上头"。至明代，笄礼即废而不用，但其影响却并未消逝。在民间，笄礼逐渐消泯或与婚礼合并，使婚礼有了成年人生礼仪的含义，女子出阁时理妆被称为"上头"，且"修眉""开脸"都是婚典前的理妆，都标示了成人这一意思。而大婚之礼本身就宣告了当事者的成人。作为婚礼的一部分，"上头"迟则在嫁娶之日，早则在婚前一两日进行，多是请年轻有全福之妇人为其梳成年发髻，梳妆上头。至今，许多农村女子婚嫁时，将头发挽束成髻，用簪子固定，与婚前发式明显不同。这也算保留了些许笄礼遗风。受汉族古"冠笄礼"的影响，朝鲜族男子行"三加礼"，同冠礼，女子成年礼同样也称为"笄礼"，盘发插簪。在汉族女子已不专门举行成年礼的今天，一些少数民族却保留着形式不同的女子成年礼，如藏族的"上头"，瑶族的"包头帕""牛达"礼，彝族的"换裙礼"，纳西、普米族的"穿裙子礼"，等等。

女子的笄礼，与其许嫁与否有很大关系。但年逾二十以后，则无论许嫁与否，可以另当别论，也非固定的年龄。而且女子在15岁以后许嫁而笄，也是合乎生育之理的。

如今，汉族原始的笄礼已不复存在，但汉语言中仍有"待字""不字""字人"的词语留存，这虽然是女子年龄的别称，"待字"即待嫁之意；"不字"即未有许嫁之意；"字人"即许配有人之意，但取义仍在笄礼的"取表字"，可以看作是未成年与成年的同义语。

3."裤裙礼"和"换裙礼"

除了汉民族外，中国许多民族的成人礼有异曲同工之处。其中"裤裙礼"是中国永宁地区纳西、普米族的成年礼。当地的男女13岁前都穿一种麻布衫，男女无别。他们并不算社会正式成员，不能参加社交活动。满 13 岁举行成年礼后才算成年。男的行穿裤子礼，女的行换裙子礼。男孩由舅舅脱下麻布长衫，换上麻布短褂和长裤，系上腰带；女孩由母亲脱下麻布长衫，换上麻布短衣和百褶长裙，戴包头，腰间系上有图案的腰带。礼毕，亲友们向他们赠送礼物，表示祝贺，从此，他们就算成年人，有了正式参加劳动和社交活动的权利。

与"裤裙礼"近似的还有彝族姑娘成年的"换裙礼"。仪式在15—19 岁之间的单岁吉日举行。内容主要是脱去姑娘的童裙，换上成年的百褶裙，还要梳头，带黑色哈帕和各种颜色的珠子。换了裙就意味着姑娘已进入成年，可以参加男女社交活动，谈情说爱及过性生活等。

无论是中国古代汉民族的"冠礼""笄礼"，还是纳西族、普米族的"裤裙礼"、彝族的"换裙礼"，尽管这些仪式的内容各异，但一般而言，它们的意义是相同的，即实现人生阶段从少年向成人过渡。少年通过这些特定的仪式转变为得到群体承认的成人社会的一员，享有并承担成人的权利和义务。

三　传统成人礼仪的价值意蕴

如果说成人礼仪只是青年有意识社会化政治化的开始的现时性问题的话，那么，成人礼仪作为人类历史文化与主流文化传承的载体涉及的则是历时性问题，是文化的传承问题，甚至是民族意识、国家意识和群体意识的传承问题。作为一种社会符号，成人礼仪内蕴了丰富的历史文化，并传承和延续着历史文化；成人礼仪还能体现出特定的政治价值，在一定意义上，成人礼仪就是政治价值的外显，是国家认同的重要方式，它反映了特定社会条件下人们的国家意识和公共性原则。

1. 成人礼仪之要义在于传承历史文化

就成人礼仪自身而言，它是由传统所规定的一套行为方式，这里的"传统"可以理解为一种"社会记忆"，它是一种历史积淀，也是一种历史文化。因此，成人礼仪的发展就是历史文化的传承。这种文化的传承通过成人礼仪自身的内容、形式、方法及价值等得以体现。成人礼仪是参加者的个人性"实践知识"的过程，也是集体性"实践知识的累积和传承过程"。换句话说，成人礼仪是一种集体无意识，这种集体无意识之中却内蕴着丰富的文化意义，它"反映了社会要求保持自身道德传统、文化传统以及精神气质等方面的愿望"。就我国成人礼仪而言，它从原始社会时期的凿牙一直发展到今天的以走成人门、进行成人宣誓等为内容的成人礼仪，经历了漫长的历史发展过程，承载了我国传统优秀文化，如遵守礼仪、孝敬父母、奉献社会等。从这个意义上讲，成人礼仪本质上就是这些中华民族优秀道德文化的传承载体，借助成人礼仪传承历史文化是我们重视成人礼仪的重要缘由。

2. 成人礼仪旨在弘扬社会主流文化

成人礼仪是特定社会经济、政治和文化的产物，它必然带有该社会的印迹，特别是带有该社会统治阶级意志的印迹。从原始社会末期起，成人礼仪逐渐成为在社会中占统治地位人群和阶级维护社会等级和自身利益的重要工具。以我国古代的成人礼仪"冠礼"为例，它是对青年进行隆重严肃的纲常伦理教育的重要方式和手段，其目的是贯彻"成人之道"，即认同和确立君臣、父子、长幼关系，强调成人维持宗法伦理秩序、承担社会义务的责任。可见，我国古代社会的纲常伦理通过成人礼仪"冠礼"以及服饰的更换得到了很好的表达和承载，对身处其中的青年产生了重要影响，同时对社会政治认同范围的扩大、对社会政治的稳定都具有重要作用。因此，笔者认为成人礼仪自产生之日起就内蕴了一种政治色彩，这是成人礼仪意识形态性最初、最本真的表达。随着社会的发展，成人礼仪开始具有意识形态色彩，成为了社会主流政治文化、主流道德文化的载体，为青年提供着社会主流价值观的引导。成人礼仪是人创造的一个符号、一种文化。它是人生命阶段的重要过渡，是青年社会化的重要途径，更是社会主流文化的传承载体。成人礼仪是自然、社会、文化共同作用的结果，也是人本质的一种理性诉说，借助成人礼仪弘扬社会主流文化是当代人的一种职责。

3. 成人礼仪的基本功能是确认公民身份与国家认同

如果说长大成人的孩子进入社会，是人在其天命秉性上自由生存于天地之间而彼此相会，并发生关系，那么，他们在进入社会时，也就同时进入了由这个社会而产生并在政治上架构和服务于社会的国家。尽管社会本身不是国家，但国家却是从社会中建构出来的政治设置或政府体系及其统治者。在儒家传统的政治天命观下，社会必然产生政府的政治天命逻辑，在于人民天生具有各种欲望，从而，协调处理人民之间的矛盾、冲突和纷争，就需要公共的政府来主持协调，以避免混乱。人民自有其天命天道之下的自在意义。我们像大地中生长的花草一样坚实地自主生活于天地之间。人民基于天性自我活着或做各种事，是先在于政府而正当的。不是人民为政府而存在，而是政府为协调人民间关系而安民保民惠民这样一种政治需要而存在。此荀子所谓"天之生民非为君，天之生君以为民"①。上天为了保佑而不是残害下民，才设置了政府，从而赋予政府"奉天承运"以安民保民惠民的政治天命。相反，背离这一政治天命，就会使政府失去存在的意义和合法性。人民有权推翻政府（孟子"革命"说），从而改朝换代，易命履新。

上天选择什么样的人来统治国家，是通过人民在其"天道性理"上"格物致知"而对政府的政治和政策之于人民的不同影响所做的反应中来选择的。此所谓"天视自我民视，天听自我民听"②。在古代，人们没有发现一人一票的普遍选举制度对人民以和平的方式表达其赞成或反对国家统治者的政治意愿而决定天命所归的意义，从而国家权力经常被一些政治野心家集团靠武力征伐和暴力打败对手的方式来攫取。人民被迫只是在支持哪一方势力的选择中表达着不充分的甚至扭曲的民意；在现代，选举制度使儒家政治天命观中天之视听来自民之视听之义获得最好的体现和彰显。在政治上，从国家及其政府所受的政治天命乃是服务于人民之事务而言，人民是国家的主人。此即今日所谓"民主"。从国家及其政府通过行政以履行安民保民惠民的责任而言，政府需要构造行政权威，并在"君为臣纲"的特定行政关系原则下有效运行权力。国家及其政府的产生，意味着我们不仅是彼此自在生活于天下社会之中的"同胞"，而且也是被国家的公共政治和法律体系确定其权利和义务的公民。我们在国家享有被保障的权利，也对他人和国家负有必须履行的义务。人民对国家的政治忠诚，与国家对人民的政治保障是相互对称的道德和法律关系。所以，一个刚刚成年的公民，无论是在政

① 《荀子·大略篇第二十七》。
② 《尚书·泰誓》。

治和法律意义上，还是在道德上都有必要在其成人礼仪中明确自己与国家的关系。而这一关系通过以公民身份向国家象征性标识致礼的方式获得表现。参与成人仪式，意味着他将是这个国家有权主张政治价值的公民，有权要求在这个国家受到公正和平等的对待，并在其政治生活中享有被保障的权利，承担自己对国家的法定义务。让年满十八周岁的成年公民在其成人礼仪上，自己发表对国家及其国家与自己关系的政治见解，是一个十分有新意的礼仪环节。这标志和检验着一个人的政治成熟。国家是政治国家，而人则是政治公民。

尽管古代成人礼仪并没有国家认同的任何标志，但在 21 世纪的今天，特别是国家与人民之间也已形成政治关系而非行政关系的时代，政治意识与公民人格的培养和表现是现代社会人成熟的重要标志。在儒学思想史上，国家本就是人的道德在外部世界获得实现的一个不可或缺的范围和层面。"修身齐家"，必进至"治国平天下"，才能实现道德在整个秩序中的普适性。尽管国家观念本身经历了一个历史的演变，亦即从三代国家作为被分封的族系生活地域的诸侯政治实体，到秦汉以降作为以华夏文化和民族为中心区域和边界，以建立人间天国为最高理想，并具有统一法律和治理空间的中华帝国，再到现代中华民族国家的政治共同体。但是，国家及其国家与人的关系始终是儒家政治传统的一个极为重要的方面。尤其是在天下秩序中面临巨大外部威胁而至国家和天下有存亡之危的时代，便会空前地突出个人与国家的关系及其对天下的影响。明清时代，人们强调"知保天下，然后知保其国。保国者，其君其臣，肉食者谋之；保天下者，匹夫之贱与有责焉耳矣"①。国家之作为安定天下的政治形式亦非只是其君其臣的"肉食者谋之"之事，国家乃是国民政治之事，国家亦是组织人民而实现天下理想的政治，政治意识与公民观念是从国家公共系统中的个体关系中产生出来，并成为一个人政治上成熟与否的基本标尺。

总之，为传统成人礼仪注入政治意识和公民人格，注重通过这一形式使青少年理解国家的含义，这是对传统成人礼仪的最好继承，是借用传统成人礼仪的形式，同时赋予其时代内涵的最好创新。通过严肃认真

① 顾炎武：《日知录·卷第十三》。

的成人仪式培育年轻人的政治意识与公民人格，使之更加意识到自己对国家、对社会、对家庭的责任和义务，体悟个体成长发展道路上国家的极端重要性，自觉地将个人的前途命运与国家的兴旺发达结合在一起，以现代公民的身份认同国家。

四　传统成人礼仪的个体品德培育功能

成人礼仪作为一种世界性的文化事象，也作为一种古老而有效的青年教育的方式，早在原始社会就已经创立，尽管特色各异，但这一习俗却一直在民间流传至今，或以宗教的方式进行，或在家庭内部进行，或以家族为单位举行，还有由行政性地方组织出面举行的。不管依托于何种方式，举行什么样的形式，成人礼仪都是一个民族文化的承载体，是一个民族价值观念的直观体现，也是一个民族古风遗俗的积淀，因而，成人礼仪强化了个体品德培育。笔者认为，传统成人礼仪在个体品德培育过程中的作用主要表现在以下五个方面：

1. 使仪式的参与者确立正确的角色观念

正确的并不断转换的角色观念是个体品德的一大要素，确立正确的并不断转换的角色观念是个体品德培育的一项主要内容。众所周知，人首先是自然意义上的人，因而更多表现出其动物性的一面，但这个时候的人还不是真正意义上的人，只有完成了由自然"本色"向社会"角色"的转换，人的本性转变成了人的本质，才算是真正意义上的人。同时，人的社会角色也是非常复杂的，因此，每个人一生都面临着角色的不断转换问题，甚至在日常生活中，每个人的角色是多样化的，各种角色需要不断地转换。不难理解，成人礼仪是人类十分看重的一个问题，成人教育自古就有。为了使青少年意识到成人的必然性，古代先辈们根据人生礼仪的精神创立了隆重的成人仪式，告知他们成人的不可避免性并要求他们做好成人的准备。传统成人仪式活动一般根据部落成员的生理周期来体现个体的生命周期，标志着个体成人权利实现的可能与成人义务的履行。如果成员未进行成人仪式，永远都不会被视作成人。因此，从本质说成人仪式具有一种标志生命周期的过渡功能。比如在中国古代，未成年男子称"童子"，男子到 20 岁要行"冠礼"，也称

"元服"，就是戴上冠帽，表示已经成人；女子 15 岁要行"笄礼"
（"笄"即女子束发用的簪子），就是女子可以盘发插笄，表示成年。
据《礼记·冠义》记载："古者冠礼筮日筮宾，所以敬冠事。"《礼
记·乐记》曰："婚姻冠笄，所以别男女也。"郑玄注："男二十冠，
女许嫁而笄，成人之礼。"女子是否行笄礼，在 15 岁前，是以是否许
嫁人家为标准的。通过了成人礼仪的人，便有了与以前不同的权利和
义务。在权利方面，他们成了社会承认的成年人，可以参加群体内一
切成年人的活动，进行正常的社交活动和婚姻生活。在义务方面，他
们要对所属的家庭、群体承担其责任，要从事繁重的生产劳动，尽成
年人应尽的一切义务。

　　我们知道，在传统社会里，由自然经济所决定的家庭生产及其生活
方式，使人们之间的交往受到很大的限制，个人与社会的接触更是一件
非常庄重的事情，由此而决定了成人礼仪及其仪式过程在人的一生中具
有重要的意义，是人生的一个具有标志性的重要转折点，在这一过程中
将要实现自我角色的重要转换，是一个人确立自我的独立意识、逐步
走向社会、充分发展自我的关键时期。人只有经历了这个社会化的人
生转变，才算真正达到了成人的标准。这个阶段的完成，才可以说是
真正意义上的人生起始，即进入了成人社会的人生阶段。由于成人在
人生发展中的决定意义，人们历来非常重视成人礼仪，举行种种仪式
活动，以引起人们特别是成人社会对青少年成人之事的关注。从这个
意义上说，成人礼仪是一种人之为人的"成人"教育，是对即将成
人的未成年人所实施的角色教育活动，成人仪式中所具有的合理的教
育成分与庄重的仪式过程，能唤起青少年成人的角色意识，让他们做
好成人的思想准备，有助于青少年健康地步入成人社会，对青少年正
在形成的世界观、人生观、价值观有重要影响，对培育良好的个体品
德也产生了积极的影响。

　　2. 使仪式的参与者树立正确的生活观念

　　正确的生活观念是个体品德的重要构成要素。在生产力很不发达的
传统社会，传统成人仪式活动起到重要的生活教育功能，提醒和帮助仪
式的参与者树立正确的生活观念，健全个体品德。无论从成人礼仪的主
持主体、仪式内容，还是仪式过程来看，其生活教育的意味和个体品德

培育的理念都很浓厚。在这一过程中，一方面，个体可以通过经历成人仪式来体悟、学习和掌握成人生活知识、技能以及应该具备的品质；另一方面，这些能力和品质也可以通过成人仪式活动得以检验，只有参加或举行过成人仪式的个体才会被社会视为具有成人生活的能力。从主持主体看，传统成人仪式的主持主体一般为家庭、家族或乡里社会等生活组织中的亲人或具有较高道德修养与威望的人。如我国古代的冠礼和笄礼大都是由其父母操办，然后接受长辈的说教和祝福；在川滇地区，摩梭女孩的成人仪式为穿裙子仪式，由母亲主持，摩梭男孩的成人仪式为穿裤子仪式，由舅舅主持。在这些仪式过程中，参加者的一举一动牵动着在场的亲人，同时也感染着即将步入成年的其他人。这些仪式不仅标志着新一代走向成熟，还饱含着前辈对后辈的亲切关怀与殷切期望。从仪式内容看，传统成人仪式同时还规定参加者必须经受各种考验和严格的训练，从而把即将成年的男子培养成为勇敢的战士、熟练的猎人、标准的氏族公社成员；对少女而言，则主要为未来生育和教养孩子、操持家务、从事成年妇女的劳动做一些准备。我国古代女子在及笄及出嫁前要受到严格的家庭人生礼仪即交往仪式的训练，要求女子要以贤惠、孝顺、柔韧为生活标准，在家庭中要学习侍奉父母之道、明白孝敬公婆之理、知晓处理与丈夫及其家庭其他成员的基本规范，在儒家经典《礼记》中，对于女子在青年时期的家庭人生礼仪规范规定得相当清楚和严格。对男子而言，举行冠礼的首要条件就是要在成人之前懂得家族宗法祖训以及各种常规人生礼仪的规矩。据《邓氏家仪》中的记载："吾家子弟，年十六许行冠礼。皆要通背四书五经正文，讲说大义，否则直至二十一岁必父母无期已上丧，始可行之。"由此可见，举行冠礼是对即将成年的人进行家庭伦理教育和品德培育的一种主要方式。

3. 使仪式的参与者树立责任意识与道德社会化

责任意识也是个体品德的重要构成要素。应该说，成人首先意味着责任，一种对家庭、社会和国家的责任。成人不仅是一个生命个体成熟的标志，更意味着一个人将在这个世界上承担起一份厚重的责任。成人仪式的精髓，在于使青年开始懂得"成人之义"，所谓"弃尔幼志，顺尔成德"，提示他今后将要担负起对长辈、师长、朋友，乃至社会、国家与民族的责任，提示他已正式跨入社会，获得全新的人生角色。在成人仪式中，成人作为引领者必须通过教诲性仪式传授给受礼者必备的人生礼仪知识、交往技艺、生活信条和道德规则，以确定他们的社会角色，赋予他们完全的社会责任。传统成人仪式为个体创设生活实践的氛围与条件，实现个体的角色转换，对个体品德的培育起到了主要的启迪作用。无论是中国古代的冠礼，还是笄礼，也无论是当代我国各民族中留存的成人礼仪习俗，整个仪式过程中都包括换装、祈祷、宴饮及一系列象征性活动。这些外在的形式变化及仪式中庄严的行为，强调的正是参加者的角色转换。这种强调既是对本人，也是对周围的来宾，伴随着身份改变的是人际间行为规范的认可，标志着社会对其成员角色转换完成的认可，即他们从此可以承担相应的社会责任。自古至今，在不同的社会中，成人仪式之所以能够生生不息薪火相传，就在于它独具的抽象符号化功能。通过符号化的仪式，个体才能获致为社会所接纳的一种身份。例如，我国古代则可以凭借冠式和发式来判别个体是否成年；凉山彝族少女成人时要举行换裙仪式，中国台湾高山族泰雅人男女青年成年时要"刺青"。仪式前后的外在变化使姑娘婀娜多姿，男子英俊阳刚，共同充满青春活力，以此成为青春的标记，婚嫁的前提，起到角色转换的作用。正是在这一转换过程中，个体成人身份得以辨识，个体也就有享受与其他成年人一样的权利的资格，也必须承担作为成年人共同的基本责任和义务。

青年人道德社会化过程既是使青年接受社会道德原则、规范，获得社会所必需的道德品质的过程，更是青年形成个体品德，塑造个体道德人格的过程。青年道德社会化过程既是青年被动接受社会道德原则规范的过程，也是青年自主建构个人道德品质的过程。青年道德社会化过程需要一定的载体，成人仪式就是其中之一。成人仪式通过影响青年的道德认知、道德情感、道德能力以及道德人格来促进青年的道德社会化。首先，成人仪式能帮助青年在一定程度上提高道德认知，特别是对青年处理个体同自我、家庭及社会的关系提供引导。成人仪式能将特定社会的道德原则与规范内蕴于其过程当中，或直白明了或潜移默化，影响着青年的道德认知。青年通过将成人仪式传达给自己的各种认知同已经接受过的各种道德原则和规范相融合，继而通过自我教育系统内化为青年不同程度的道德认知，这是青年道德社会化的重要基础。其次，成人仪式能培养、升华青年的道德情感。成人仪式能培养、升华青年的道德情感，关键在于特定情境的营造，这种情境的营造会对置身于该情境中的青年产生情感上的积极影响。成人仪式充分运用布景、灯光、音乐、誓词等多种手段，从视觉、听觉等各个方面去影响青年。在成人仪式创设的特定情境中，青年的一切感觉和思维器官得到了全面调动，青年的兴奋点得到了多方面的触动，使得青年的情感容易得到凝聚和升华。如成人仪式中的宣誓环节，青年们身着统一服装，面对五星红旗整齐地站立，齐声对祖国许下自己成人的誓言，此时此刻，青年们定会心潮澎湃，加深对祖国的热爱。又如，在有些成人仪式中，青年会收到父母的一封信，青年在特定的仪式氛围下阅读这封信，会让他感动不已，甚至是泪流满面，而这无疑能加深青年对父母的爱。再次，成人仪式能促进青年道德人格的形成。道德人格是人格的道德性规定，是人的脾气习性与后天道德实践活动所形成的道德品质和情操的统一，是个人在一定社会中的地位、尊严和作用的统一体，是做人的资格和为人品格的总称。它既有心理学所说的人格方面的特征，又有道德品质方面的特征。青年期是青年的自我意识成熟和人格意识觉醒的关键时期，他们发现了除身体和按照社会规范行事的自我外，还有一个独立的精神自我，一个人格的自我，这时他们强烈地意识到重新设计、重新塑造自我的必要性和可能性，因而青年期是塑造道德人格理想的关键时期。道德人格的养成条件很多，其中，通过角色训练、自我识别、社会认同等行为，纠正青年道德行为中不正确的内容，增强青年的包容力、判断力和受挫力，构建青年积极的心理防御机制必不可少。成人仪式不仅能够引导青年形成并利用各种积极的心理，而且还能使青年在成人仪式活动过程中实现心理平衡，进而对青年以后实行自控并达到稳定状态具有重要作用。另外，成人仪式还通过心理教育来塑造青年健全的道德人格。①

4. 使仪式的参与者进一步强化生命观念与对生命的敬畏

如前所述，重视生命，实现生命的价值是个体品德的一项重要内容，诞生礼仪的三个阶段（诞生前、诞生中、诞生后）已经彰显了人

---

① 参见王洁敏《成人仪式道德教育的个体价值探析》，《煤炭高等教育》2010 年第 73 期。

们对新生命的关注与祝福，这样的一系列仪式性活动，对参与者而言，可以直观地感受到生命的珍贵，感受到人们对新生命所寄予的期望，从而反观自己的生命意识，更加重视通过自我的努力和奋斗，实现自己的人生价值，让生命的意义绽放光彩。成人礼仪不仅仅是具有象征意义的一次身份转换，更是代表一种新的生命的开端。其实对于个体而言，成人礼仪是一个人一生之中最重要的一次特定片刻的生命体验，如果说个体脱离母腹是自然性、生物性生命的诞生，则成人礼仪就标志着个体社会性、文化性生命的诞生。从这个意义上看，成人礼仪是个体生命的一次超越。

成人仪式能够强化青年人的生命观念，很大程度上同其对青年的心理影响有关。成人仪式通过营造神圣、庄严的场景与氛围，来影响青年的心灵，让青年从中获得生命的质感、真实感以及力量感。从这个意义上说，成人仪式教育是一种心理仪式，这种心理仪式调动着青年的心理体验积极性，影响着青年的生命认知，进而强化青年的生命观。

成人仪式教育通过象征功能的发挥能实现对青少年精神和心灵的洗礼，增强青年对生命的敬畏感。青年处于人生的重要阶段，无论是身体还是心理都处于过渡时期，处于这一阶段的青年开始认真思考生命问题，探索生命意义。如果说个体离开母体是一个人自然生物性的开始，那么，成人仪式则可被视为一个人社会性的开启。在这个意义上，成人仪式不仅象征青年社会身份的转换，也代表着一种新的生命的开端，是青年新生之旅的开启。越过成人仪式这道门槛，青年就成为了一个新人，一个成人，而获得了成人资格的人是一个充溢着生命活力的人，一个倍加珍惜自己生命也理所当然尊重他人生命的人。基于对生命尊严的理解，一个人才能自重、自爱、自强和自主，能够为自己的行为担当责任，能够领悟到道德、伦理、习俗的价值，领悟到家人、他人、社会及国家与自我生命的关联，也才能真正唤起其心灵深处对于生命的敬畏感。生命总是与对生命的感受相联系，青年对生命的认识和理解，总是受到自身对生命体验和感受的影响。对青年来讲，成人仪式就是一次独特的生命体验，它能让青年真切地体会到生命的流动性、珍贵性及独特性，感知到生命的庄严感、神秘感与敬畏感，进而使青年敬畏生命。应该说，成人仪式作为一个特殊的时空停留，是人一生中一次特定的、片刻的、具有永恒意义且不可重复的生命体验。正是这种体验能为青年提供正确认识生命的契机，并在一定程度上解除青年对生命的困惑，强化青年人的生命观念。

从这个意义上说，成人仪式是人生的一种界限，一个门槛，越过了它，就成为了一个具有新生命的人。因此，一个获得成人资格的新人首先是充溢着生命活力的人，一个珍惜自己生命也尊重其他生命的个体。正是基于生命的尊严，一个人才能自主、自重、自爱、自强和自立，能够对自己的行为负责任，从而领悟到道德、伦理与习俗的价值，他人、国家和共同体与自我的生命关联，并唤起他心灵深处的一种对生命的神圣感。正是由于这种源自个体生命的神圣感，成人礼仪本身才是对精神和心灵的一次洗礼，一种对新生命的体悟，一种投身社会、报效国家的激情，一种个体品德的培育与完善。

5. 使仪式的参与者接受系统的知识教育

古人将仁、义、礼、智、信看成是人应该具备的五种品德，是人之为人的五种必备要素，换一句话说，也是个体品德的构成要素。其中，"智"的要素占有非常重要的地位。而成人礼仪与家庭、家族、区域性组织或民族文化的教育是密切结合在一起的。成人礼仪作为人类生活群体中固有的、传承性的文化生活现象，构成了某些民族独特的文化背景，发挥着对其成员进行教育的职能，越是发展到后期，其文化教育的意义就越直观。人们借助成人礼仪实现文化的传承与人的培养和塑造，成人礼仪再现和反映了人性塑造的教育方式和教育理念，有效地实现了使个体"成为一个人"的教育目的。成人礼仪的举行过程就是一个对个体实施全环节教育的过程，而知识的积累与"智商"的开发是个体品德培育的必备条件。一般而言，成人礼仪所传授的知识，主要有三大类：第一，传授道德伦理知识。由于独特的历史进程和生活条件，形成了各种民族不同的传统道德、行为方式及准则。这些民族的道德传统之所以得以传承，成人礼仪中对青少年的社会伦理道德的教育是一种重要的形式。成人礼仪中的接受考验等仪式，显示了由该社会的祖先创造的通往理想的"神圣世界"的哲学和世界观，使接受仪式的青年人由此得到启迪，通过仪式获得有关人生必需的知识、道德原则和价值观念。如瑶族的"度戒"中的主要内容就是年轻人在度戒时发誓：不杀人放火，不偷盗抢劫，不奸女拐妇，不虐待妇女，不陷害好人，不做官欺人，等等，以此进行传统道德伦理教育。第二，传授生活知识。生活知识的教育实质是指与日常生活密切相关的知识、技能以及品质的培养和锻炼，目的是使个体能够得到生活能力的锻炼、适应能力的提高等。其许多民族地区成人礼仪的内容大多是生活习俗、生活常识、生产经验和技能的传授，所以只有参加或举行过成人礼仪的个体才会被生活视为具有成人生活能力和地位的社会人。通过这种仪式，加强青少年自强自立意识，以提高他们处理各种事务的能力以及社会生活的本领。如基诺族男女在举行"成人礼"时，长老们需要为他们歌唱传统的生活习惯和"法规"，讲授生产过程和传授古老的生产经验，并告诉参加"成人礼"者如何谈恋爱等。这些与日常生活密切相关的知识、技能以及品质的培养和锻炼，使个体能够得到生活能力的锻炼、适应能力的提高。可见，成人仪式的过程就是围绕生活考验进行的，整个过程体现出生活教育的实质。第三，传授性知识。少年向成年人过渡的重要标志是性成熟。随着身体的发育，一个人必然会出现性的要求，因而要求他们对自己有性的约束。当然在这一点上，因各民族有不同的传统和文化而有所差异。因此，对青年男女进行性教育就成为成人礼仪中必不可少的内容。在仪式中，一般由同性成年长辈向受礼者传授"悄悄话"，即严格保密的"性语"，许多是关乎繁衍、生育的内容。如凉山彝族地区的少女成人礼中，就是由村中年龄最长的妇女为受礼者梳头，并向其传授有关妇女卫生知识和与成年男子社交时应注意的事项。第四，传授历史和传统知识。成人礼与民族历史的教育是密切结合在一起的。通过成人礼仪的举行，让受礼者获得传统文化知识，从而具有成年人的知识，顺利地告别童年而进入成年。许多民族的成人礼，在受礼期间，长者要向受礼者传授历史和传统知识，让受礼人了解自己部落的神话、传说、历史、习俗等。如瑶族在举行度戒仪式时，除了一般的仪式之外，还需要讲述历史英雄人物的故事，进行民族传统的教育。凡此种种的传授内容，都折射出作为民族文化形态之一的成人礼，具有浓厚的人生观、世界观的性质，起着一种文化传承的作用，成为青年接受民族传统文化、生产生活经验与知识技能等教育的主要途径。

第四章 传统婚姻礼仪与个体品德培育

婚姻礼仪是人生礼仪中的一个非常重要的组成部分，古代"五礼"的分类中将其称之为嘉礼，可见，重视婚姻礼仪是中国历史的一个传统。这是因为，婚姻礼仪的举行标志着社会认可的一对男女将行使婚媾的权利，组成一个新的家庭，共同担负起繁衍后代、发展家庭的义务，履行正式社会成员的责任。

一　婚姻礼仪释义

所谓婚姻，就是男女结合为夫妻之事，它是一种特殊的规范化的两性关系，正如我国《礼记·昏义》中所说："昏礼者，将合二姓之好，上以事宗庙，下以继后世。故君子重之。"婚姻礼仪则是反映这种关系的有关人生礼仪、观念、仪式、习俗的总和。更通俗一点说，婚姻礼仪主要指结婚这一天里所要举行的仪式，同时也包括婚前择偶、定情、议婚、订婚阶段的一系列仪式和婚后三朝回门一类的规矩在内的礼节。婚姻是人生大事，历来总是会形成仪式规范的，不过各民族、各地区往往各有自己的约定俗成。后来经过儒家整理，从俗上升到礼，形成更加完整的仪式规范，并记入《仪礼·士昏礼》《礼记·昏义》等经典，又经历代统治者的提倡，重又下沉到民间，成为整个封建时代里婚姻礼仪的准则，这就是通常所说的"六礼"：纳采、问名、纳吉、纳征、请期、亲迎。两千多年来，汉族民间婚礼虽然也因时因地有过许多衍变，但总的说来还是没有离开"六礼"这个模式。

婚姻礼仪究竟始于何时呢？现在已很难考察。许多古籍记载，传说伏羲氏创造了嫁娶仪式。当时的中国社会还处在母系氏族社会，即历史学家们所说的传说时代。实际上，婚姻礼仪最早的含义带有祝贺性质。在氏族社会，男女之间的婚配，大都实行氏族外婚或部落外婚。男子成婚，必须到另外一个氏族或部落去寻找配偶。为了达到这一目的，抢婚现象经常发生。特别是在女性比较少的情况下，男子要得到配偶，是非常困难的事。一旦得到配偶，全氏族或部落的人都要为此而庆贺。有时还要设宴欢庆。这就是婚姻礼仪的原型。比如，蒙古族是中国北方的游牧民族。很久以来就实行氏族外婚。由于居住地域辽阔，部落之间相距很远，给通婚和贸易带来很大困难，所以在古代蒙古族中，姑娘远嫁和抢婚现象是很普遍的。一旦成婚，必然饮酒作乐，表示庆贺。另一方面，婚姻礼仪的功能还在于，通过一定的形式向族人和社会宣告婚姻的成立，以便得到社会的认可。

婚姻作为男女缔结夫妻关系的一种文化现象，其仪式是随着一个时代男女关系观念的开放程度而定的，而这观念又取决于社会的政治、经济、文化、国力等因素。由于历史久远、疆域广袤、民族众多和经济发展水平等因素的制约，以及以儒家为主体的传统文化的深刻影响，中国古代婚姻文化蕴涵丰富且特色鲜明。古代婚姻重礼轻爱。举行正式仪式的婚姻才被社会和家庭认可。所谓"婚姻之道，谓嫁娶之礼"。如前所述，婚姻礼仪包含了婚姻关系的有关人生礼仪、观念、仪式、习俗；主要包括议婚、订婚和结婚等全部过程的人生礼仪程式，可以分为"成妻之礼"和"成妇之礼"两大块。"成妻之礼"就是人们经常所说的婚姻"六礼"，即纳采、问名、纳吉、纳征、请期和亲迎；"成妇之礼"即拜见公婆和拜谒祖庙。

显然，传统文化推崇的是婚姻"六礼"。具体而言所谓纳采就是指男家请媒人到女家正式求婚，并携带一定的礼物。《仪礼·士昏礼》："昏礼下达，纳采，用雁。"郑玄注："将欲与彼合婚姻，必先使媒氏，下通其言，女氏许之，乃后使人纳其采择之。"说明先要派媒人去通话，犹如后世的提亲，提到允许，方可纳采。送的礼起初必须是雁，雁是候鸟，冬南夏北，来去有时，用来象征"男大当婚，女大当嫁"。后来纳采的礼物不断丰富，一般都有一定的象征意义。江南一带，近代往往用鹅毛代替。问名俗称"讨八字""请庚""探问"。男方请媒人到女家询问女方名字、出生日期、籍贯等；有的还要问三代，以及官职等。女方把上述情况一一写在帖子上，交给媒人。这帖子称庚帖，因为主要是写年庚；又称草帖，意思是初步的草本而已。男方接到庚帖，要请人推算占卜，称为"合八字"。历来对此有许多讲究，一个人出生的年月日时都以干支相配，共有八个字，称为"生辰八字"。如果男女双方的八字相合，就可以定亲；如果八字相克，则不可议婚。这显然是一种迷信，旧时因此拆散了许多美满姻缘，后来逐渐被淘汰。所谓纳吉，即男方将问名占卜婚后的吉兆通知女方并送礼订婚。《仪礼·士昏礼》中有"纳吉用雁，如纳采礼"之说，郑玄注："归卜于庙，得吉兆，复使使者往告，婚姻之事于是定。"也就是说，到了这一步，婚事已经大致上确定了下来。唐代，称为"报婚书"，宋代称"过细帖""插钗"，再后来又称为"传庚""定亲""换帖"，也就是说到了这个阶段男女双方还要换一次帖子，这次不是草帖，称为定帖，又称龙凤帖。延至近代，也就是"订婚"，男女双方一订婚，就要受伦理约束，不可随便解除婚约了。纳征又称"纳成""纳币"，指男家向女方送聘礼。《礼记·昏义》孔颖达疏："纳征者，纳聘财也。征，成也。先纳聘财而后婚成。"也就是说到了这一步，婚约已经完全成立。到了后世，则称为下彩礼、放定。历来的聘礼里往往少不了茶叶，所以又称为"茶礼"。所谓请期是指男方送过聘礼之后，请人占卜求得一个吉祥的迎娶日子，不敢自专，派人告知女方以征得女方同意，届时还要送雁为礼。《仪礼·士昏礼》曰："请期用雁。主人辞。宾许，告期，如纳征礼。"俗称"提日子""送日头"。时至今日，举行结婚典礼的日期仍为民众所看重，往往要由男女双方再三磋商才能确定下来。所谓亲迎是指新郎亲往女家迎娶新娘的仪式，在一些地方也有由男家派遣迎亲队伍去女家迎娶，而新郎则在家等候的礼俗。《仪礼·士昏礼》曾对周代的亲迎礼有过详细记载。亲迎礼其实是婚礼的核心。古代婚姻"六礼"中，前面五礼都只在男女双方家长和媒人之间进行，双方家族中的其他成员，甚至包括婚姻当事人在内，都并不知道，也不在场。只有到了亲迎，婚姻当事人要到场，双方家族中的大多数人也到场祝贺，一齐参与仪式过程。亲迎仪式给大家留下了很深的印象，并正式向大家宣布了婚姻的成立，大家才承认他们之间的婚姻关系。历来认为，只有举行了亲迎，才算是正式结婚，否则是不算数的。从仪式程序上比较，前面五礼一般都较简短，而亲迎礼则十分繁复。据宋吴自牧《梦粱录》卷二十"嫁娶"所载，南宋时杭州城里的人家，亲迎礼就有挂帐、催妆、拦门求红、撒谷豆、坐虚帐、走、牵巾、挑盖头、参拜、交拜、饮交杯酒、合卺等程序。即使到了现代，婚礼仪式几经改革，不过在人们的心目中总以为应该有一定的仪式程序，不可太过草率，务必能给人留下很深的印象方肯罢休。至南宋时，理学家朱熹将"六礼"改为"三礼"，即纳采、请期和亲迎。传统婚姻重礼节轻爱情，当事人的自主权很小，一般情况下是由媒人与父母参与或做主，这也是礼主法辅社会婚姻合法性的一种保证。

传统婚姻礼仪的经济性也表现得十分突出。男女双方在选择配偶时大多考虑双方家庭财产多寡。婚姻在缔结过程中非常注重聘礼，聘礼越重，女子的身价筹码越高。而女子出嫁时陪送嫁妆，也体现了婚姻当事人的经济动机。同时，婚姻礼仪还具有跨越民族、国界的政治性。汉高祖为缓和北部边境紧张局势，采取"和亲"政策，主动与匈奴联姻。清代为巩固在蒙古地区的统治，世代与蒙古族联姻，清代皇帝娶蒙古女子为后妃，与此同时，众多公主或宗室女下嫁给蒙古王公贵族。因政治目的而缔结的婚姻，注重的是政治而不是感情。在婚姻关系中，上层社会如帝王、贵族和官僚等都于正妻之外纳妾。下层社会，除少数富裕暴发户外，广大庶民百姓基本是一夫一妻制。上层社会的婚姻严格按照等级、繁杂的礼数和仪式进行。下层社会的婚姻，虽然法律上也有严格的规定，但在实际婚姻中，人们并未完全遵守法律条文。此外，汉族与少数民族在婚姻观念上存在较大差别，在婚姻礼仪和嫁娶仪式上也大异其趣。这是古代婚姻礼仪的差异性特征。

传统婚姻礼仪的牢固性也表现得比较明显。众所周知，牢固性是一夫一妻制婚姻形态的独特要求，是一夫一妻制婚姻形态与群婚、对偶婚的最基本区别点。恩格斯在谈到一夫一妻制与对偶婚的区别时说："一夫一妻制家庭和对偶婚不同的地方，就在于婚姻关系要坚固得多，这种婚姻关系已不能由双方任意解除了。"[①] 我国的学者一般称此为婚姻的

---

① 《马克思恩格斯选集》第4卷，人民出版社1972年版，第57页。

牢固性。在原始群婚中，虽然有一些婚姻禁例，但是在禁例之外和谁发生配偶关系是件无所谓的事情，并且是随合随离的。在原始群婚中，婚姻的牢固性无从谈起，当时只有求偶仪式而无结婚仪式。对偶婚虽然是一男一女的结合，但这种结合很不牢固，婚姻关系相当脆弱。在对偶婚中，开始有了简单的结婚仪式。正像对偶婚中含有一夫一妻制的萌芽一样，简单的对偶婚礼仪充其量也只能是一夫一妻制婚姻礼仪的先声。唯有一夫一妻制是男女较牢固的结合，本身也含有共同生产、共同生活、共同抚育子女、共同赡养老人等丰富的内容。出于这种牢固性和内容丰富性的需要，它的婚姻礼仪必是复杂隆重的。婚姻礼仪体现并服务于一夫一妻制，通过复杂隆重的婚姻仪式，向社会宣布婚姻的缔结，把婚姻置于社会承认和监督之下，使婚姻得到社会的保护，最终成为神圣不可分离的。这一点在传统婚姻礼仪的每一道程序中都能明显地看到。

同时，传统婚姻礼仪还是婚姻合法性的最直接最有效的证据与标志。在中国古代，历代政府无专门掌婚姻的专门机构与职官，婚姻的合法性主要是依靠婚姻礼仪来判断的，亦即所谓的"聘则为妻，奔则为妾"，因此，婚姻礼仪是判断婚姻合法性最主要的标志，有聘礼者且仪式完整者为妻，享受夫人待遇；无聘礼且仪式简单者虽然形成了事实婚姻，但却要受到鄙视，只能为低于夫人一等的妾，这实际上就是借助婚姻礼仪不全而否认婚姻的合法性。

无论是在古代还是在现代，婚姻礼仪都是婚礼和仪式相结合的产物。婚姻发展史告诉我们，人类社会发展的初期，虽然有两性的结合，但这种结合的目的是为了人种的自然繁衍，纯属一种自然现象。所以，这种两性之间的结合，严格来讲不能称之为"婚姻"。后来，随着社会的发展，男女之间的结合渐渐地不仅形成了一定的规范，而且逐步产生了相应的婚姻制度和某些特定的婚姻礼仪，这个时候的男女结合，是以得到社会的许可为特征的。再往后，有关婚姻的法律出现了，法律将男女之间构成婚姻的原则，用条文的形式固定下来，使婚姻不仅得到社会的认可，而且受到法律的承认和保护，仪式的作用有所降低。但不能否认，这确是人类在婚姻方面的一大进步。

二　传统婚姻礼仪的主要仪式

如前所述，古代婚姻六礼，奠定了传统社会里婚礼的基本模式，不过历史上对于婚姻礼仪的"损益"和衍变则从来也没有停止过。比如宋朱熹就把"六礼"压缩为"三礼"。在具体仪节上更是如此，往往是旧的礼节性仪式不知不觉消失，新的礼节性仪式随时随地又会冒出来。明清以降，传统婚礼一般又可分成婚前礼、正婚礼和婚后礼三个阶段，尤以正婚礼阶段最为热闹。现将汉族中较为常见的一些婚姻礼仪——定情、做媒、相亲、嫁妆、哭嫁、花轿迎娶、传代、拜堂、揭盖头、合卺、吃喜酒、撒帐、闹新房、回门，做一简要的陈述性说明，从而探求各种具体仪式所反映的个体品德观念。

1. 定情仪式

中国古代婚姻多为父母包办，不过也常有男女青年恋爱、互赠定情物的事情发生，这在先秦尤为普遍。《诗经·卫风·木瓜》："投我以木瓜，报之以琼琚；匪报也，永以为好也。投我以木桃，报之以琼瑶；匪报也，永以为好也。投我以木李，报之以琼玖；匪报也，永以为好也。"正可以理解为是男女青年互赠信物以定情的仪节。汉刘向《列仙传·江妃二女》，说书生郑交甫在江边遇见江妃二女，向她们求爱，二女取下随身所带的玉佩相赠，可见汉代仍有互赠定情物的礼俗流传。古人的定情物一度时兴玉器，比如玉如意、玉扇坠，用以象征爱情的坚贞和纯洁，颇具诗意。到了近现代，北方女子常以绣荷包相赠，南方女子则绣手帕，都以精巧的手艺传达情感。时至今日，则流行赠送结婚戒指、项链一类定情物，又是西方人生礼仪仪式融入的一个例证。不管定情仪式如何举行，间或是父母包办的婚姻，也要求青年男女对婚姻表明自己的态度，而互换礼物是一种常见的表示方式。这是青年男女主体意识增强和双方父母及其长辈对成人主体地位的一种尊重。

2. 做媒提亲仪式

媒妁是传统的婚姻介绍人。"父母之命，媒妁之言"，长期以来成为传统婚姻所必须遵守的规范。周代专门设有官媒。《周礼·地官·媒氏》："媒氏，掌万民之判。凡男女自成名以上，皆书年月日名焉。令男三十而娶，女二十而嫁。"说明他们是代表官方来主管这些有关婚姻之事的。后世则成为一种民间职业，专门有人在男女双方家庭之间为年龄相仿的青年牵线搭桥、极力说合。婚事一旦成功，媒人总会得到一定的酬谢。旧时媒人为了骗取钱财，往往隐瞒实情，老百姓称这种人为"乱说媒人"。青年男女一旦结婚，发现上当，就会大骂媒人，直至索要酬金。这种仪式反映了传统农耕社会人们之间交往的有限性以及人们对婚姻所固有的门第概念，人们希望通过做媒提亲的仪式使婚姻可靠稳固，但其盲目性与不可靠性也已经显露出来。今天的农村媒人提亲的仪式依然存在，即使男女双方是自由恋爱，在结婚前也要象征性地找一个媒人替男女双方表达一些不好直接交流的想法，使双方的意见达到一致。可见，媒人提亲的韵味也在发生变化。

3．相亲仪式

又称"相门户"仪式，在婚姻的商议阶段，由媒人安排一个适当的时间、地点，实地察看对方的情况，包括家庭财产、生活环境、长相与品格等，然后来确定婚事的成否。传统社会的相亲一般由家长或长辈出面相看断定。宋孟元老《东京梦华录·娶妇》："若相媳妇，即男家亲人或婆往女家，看中即以钗子插冠中，谓之'插钗子'；或不入意，即留一两端彩段，与之压惊，则此亲不谐矣。"说的是开封礼俗。此俗绵延至后世，做法各异，有明察，有暗访，有男到女家"相亲"，也有女到男家"看场"，还有男女双方到约定地点见面，对面而坐，互相窥探对方举止相貌，俗称"打对光"。这种仪式在现代社会也依然存在，只不过其含义已经发生了变化，但是，不能否认，男女双方的相亲是增强相互了解，巩固婚姻的必要举动。

4．办嫁妆仪式

女子出嫁，娘家陪送过去的衣被、首饰、用具统称为嫁妆，又称"妆奁""添箱"。魏晋时期置办的嫁妆还比较简朴，仅指女子梳妆用的镜、匣等物。庚信《镜赋》"暂设妆奁，还抽镜屉"就是这个意思。后世则多有衍变，一是讲究排场，把嫁妆看作是女子身价的象征、门第的象征，嫁妆逐渐趋向丰厚。民间又称"摆嫁妆"，女家要将嫁妆摆在庭院供人观瞻，或在发送时吹吹打打，招摇过市，以示炫耀。嫁妆一般有合欢被、对枕、箱、抽斗桌、方凳、子孙桶、梳妆台等，进一步又可增扩各种木器、竹器、五金玻璃器皿，人称"半房嫁妆"；有的乃至连山林田产、寿材也一起陪送，称"全房嫁妆"。另一种倾向是要求突出嫁妆的吉祥意味。比如杭嘉湖一带有万年青陪嫁，表示夫妻同心，万年长青。许多地方用农具陪嫁，既实用，又象征勤劳致富。广东一带流行蔬菜陪嫁，将一些谐音吉利的蔬菜逐样用红绳捆扎，芹菜寓"勤"；大蒜寓"算"；香葱寓"聪"；韭菜寓"久"，表达娘家父母的美好祝愿。客家人则有长命草陪嫁，用一株野草扎上红绳，送到夫家，栽入菜园，表示永远扎根在这个地方。

5. 哭嫁仪式

又称"哭出嫁""哭嫁囡""哭轿""开叹情""啼惨切"。这种仪式不仅流行于汉族的许多地区，在土家族、藏族、彝族、壮族、柯尔克孜族和哈萨克族等民族中也颇盛行。文献记载中，学者多把哭嫁习俗与掠夺婚联系起来。事实上，这是一种民间习俗，传统社会的人们以为"不哭不发，越哭越发"，把哭声当成婚姻礼仪热闹的象征。届时不仅新嫁娘哭人而异，也有世代传承的，成为民歌中一种别致的样式。新娘在歌中泣诉少女时代的逝离和对新生活的迷茫；对父母和家人的留恋；对媒人的怨恨；对婚事或往事的不满。母亲则哭叹女儿出嫁后的艰难，同时又教导她到夫家后的行为举止和对她的种种期望。除了传统歌词可以事先学习之外，聪明的女子还会结合身世、遭遇即兴编唱。哭嫁歌如泣如诉、动人心弦，往往成为周围人们衡量新娘子才智与贤德的一种标准。关于哭嫁的起源，有人认为与历史上的掠夺婚姻有着密切的关系，也有人认为与婚姻的主角——新娘对即将发生的角色转变表现出的不安与恐惧有关，也与即将离开生养自己的父母而进入一个完全陌生的新环境的紧张心理有关。

作为一种具有传承性质的文化事象，哭嫁仪式在一定程度规范着人们对婚姻的认识和理解，成为女性求得心理慰藉和情感释放的集体无意识行为，这种集体无意识超越于一切个人经验之上，从遗传中获得了带有普遍性的种族记忆。如果婚礼中缺少了这些环节，人们甚至会觉得不正常，不哭而嫁是要遭人耻笑的。

受我国传统文化影响，人们最讲究婚姻的天作地合，认为只有经"父母之命，媒妁之言"的婚姻才合乎人伦，才是符合伦理准则的，婚姻中媒人的功绩不可磨灭，到处闪现着媒人的影子。或许正因如此，哭嫁仪式中"骂媒人"是最常见的。和"哭嫁"一样，"骂媒"已经从远古婚姻状态中自然情感的流露发展成为当下纯形式意义上的礼俗。

不难理解，婚姻礼仪是每个人的重要仪式活动，仪式本身的烦琐程度恰恰表现了人们对该仪式的重视程度。一系列约定俗成、严格规范的婚姻礼仪，既有隆重庄严的内涵，又带着搞笑逗说的氛围，从文化学意义上讲，它负载着传统社会人们的人生价值观念，传达着他们对婚姻的基本态度。哭嫁仪式便是一个典型的例证。

6. 迎娶仪式

新娘出嫁坐花轿，是宋以后的礼俗；唐以前一般是坐马车。旧时有专门出租轿子的轿行。穷人平时不坐轿，不过结婚时也总得去租来坐一回，民间所谓"大姑娘上轿头一回"大概指的就是这种情况。迎娶新娘的花轿披红挂绿，有的还在两侧贴上对联。广西巴马一带有新郎自己动手制作花轿的俗规。陕北民间，则把一张四方桌翻过来，两旁绑上竹杠、扁担，用红布扎个轿顶，轿底铺麦秸，垫棉褥，就成了花轿。各地坐花轿还有一些别具一格的俗规。一般在上轿前要"搜轿"，又称为"压轿"，表示驱赶可能潜入花轿的妖怪。有的要把新娘抱上轿。有的在花轿起程时由亲娘拉住轿杠，上前三步，退后三步，方可放行，称之为"留轿"。娘家人用水泼洒花轿，称其为"泼轿"。半路上，扛轿的人跟新娘开玩笑，又有所谓"摇轿""颠轿"之说。当今社会所流行的坐小轿车出嫁，则不妨看成是昔日花轿迎娶仪式的变迁与衍变。

7. 传代仪式

又称"传袋"仪式或者"传席"仪式。接新娘的花轿到了男方家门口，新娘自然要出轿，而传统民间习俗以为新娘的脚不能沾地，于是用竹席或是麻袋来铺地，让新娘踏在上面前行。届时同时准备好几只麻袋，随新娘的脚步依次递进，则取"传宗接代"之意。唐白居易《和春深》诗："何处春深好，春深嫁女家。……青衣传毡褥，锦绣一条斜。"说的就是这种礼节性仪式。元陶宗仪《辍耕录·传席》云："今人家娶妇，舆轿迎至大门，则席以人，弗令履地。"各个时期、各个地方的做法也不尽相同，麻袋、布袋都有，还用其他东西来代替的。今天，很多农村依然保留了这种古老的仪式，只不过用来铺地的东西变成了毛毡或者地毯。从这种仪式的传承与保留可以看出，不管是传统社会，还是现代社会，人们对新的家庭成员的到来、新的家庭的组成，尤其对随之将要到来的新生命的出现总是表现出一种高度的重视和强烈的渴望，固然有传宗接代的观念在支配，但也有劳动力再生产的含义在其中。

8. 拜堂仪式

是指新郎新娘参拜天地、祖宗和父母公婆的仪节。拜堂时还要"牵巾"，把红绿彩缎挽成一个象征夫妻恩爱的同心结，新郎新娘各执一端，然后行拜堂之礼。拜堂之礼一般为三拜，即"一拜天地，二拜高堂，三是夫妻对拜"。然后将新娘送入洞房。这一点，在今人的婚礼仪式中还能看得到。随后就是揭盖头仪式。又称"挑盖头""挑头巾"。据《通典》，汉魏时因故不能成礼的，用方巾蒙住新娘之首送往夫家，新郎挑去方巾，即可成亲。至唐末，则已成为婚礼上普遍采用的一个礼节性仪式了。《梦粱录》卷二十说，娶亲时两新人"并立堂前，遂请男家双全女亲，以秤或用机杼挑盖头，方露花容"。明清相沿成习，新娘出嫁，多用红巾盖脸，拜堂后，或在入洞房后，由新郎或婆婆将盖头挑下。各地民间的习俗有所不同：辽宁一带用秤杆挑，取意"称心如意"。浙江宁波一带则由一福命妇人用秤杆轻叩新娘头部，再用秤尾去挑盖头，暗示新娘做事要"掂斤两""有分寸"。湖南祁东一带往往是由婆婆用红纸包箍的两把筷子去拨开盖头，取意"快快生子"。江苏南部地区流行的做法是用红绸包扎的甘蔗去挑，取意"节节高""日子甜甜蜜蜜"。广东东莞地区的揭盖头仪式别具一格，由新郎手持折扇，在新娘头上轻叩三下，然后挑去盖头，一边还要唱起一首人们都熟悉的歌谣来为这一仪式助兴。

9. 合卺仪式

又称"交杯""合瓢"或"饮同心酒"仪式。《礼记·昏义》："妇至，婿揖妇以入，共牢而食，合卺而醋，所以合体，同尊卑，以亲之也。"说明周代已有"合卺"的仪式。这里还提到了"共牢"，是指新婚夫妻共食一块祭祀用的肉，表示合为一体。"共牢"仪式后来逐渐消失了，而"合卺"仪式却保留了下来。当时是把一个瓠剖为两个瓢，新婚夫妻各执一瓢，以酒漱口后少量饮之。半瓠称为卺，故称"合昏",也象征他们婚后能合体相亲。宋代衍变为饮交杯酒。宋王得臣《尘史》云:"古者,婚礼合昏。今也,以双杯彩丝连足,夫妻传饮,谓之交杯。媒氏祝之,掷杯于地,验其俯仰,以为男女多寡之卜,媒即怀之而去。"事实上,世界范围内的许多民族在婚礼仪式上都有新人饮交杯酒的仪节。时下我国各地的婚礼仪式中也大多保持着这种做法。这种仪式的祝福意味非常浓厚。

10. 吃喜酒仪式

婚礼大喜,设筵款待前来贺喜的亲朋好友,也是人之常情。这种风俗习惯绵延至今,一直没有中断。陕北农村,有"一家有喜,全村出动"的礼俗。筵席摆不下的,甚至摆到了露天场院、街巷,一片欢腾。在甘肃中部地区,婚礼的喜宴至少要延续几天,从正婚礼前一天的请客席,正婚礼当天的主宴席,一直到婚后礼上的答谢席,都有明确的主题和规定的程式,还有专门的人来主持。从中表现出人们对婚姻礼仪的高度重视,也表明婚姻在人一生中的重要性,因此,要通过严格的程式与规范的仪式,给婚礼的参与者留下深刻的影响,也希望创设一个婚后生活的良好环境。

11. 撒帐仪式

新婚之夜,新人坐在新床上,众人用同心金钱、五色彩果抛撒在他俩身上,这种仪式称之为撒帐。或是在新人的洞房前,有人用枣、栗、花生、糖果等抛撒在新床的各个部位,同时演唱《撒帐歌》。据《戊辰杂抄》,汉武帝和李夫人的婚礼上,就有"撒帐"这一仪节。唐代盛行撒钱币,专门铸有"夫妇偕老""金玉满堂"一类的字眼,人称撒帐钱。宋时撒金钱彩果。古代又有在婚礼上"撒谷豆"的仪节,据说是为了避邪。明清以降,这两种仪节趋向合流,婚礼上多用枣、栗一类撒帐,并有象征意义:枣、栗子,寓意"早生早立子嗣";石榴,寓意是"多子多孙";花生,寓意为"插花着生,有男有女";糖果,寓意"甜甜蜜蜜";核桃取其质坚味美,象征子女"坚强有为"。各地则还有许多约定俗成的做法。今天的城市婚礼仪式上,也有向新人身上抛撒吉祥花粉和红绿纸末的做法,这种仪式虽来自域外,却也和传统的撒帐仪式在寓意上十分相似,仍然表达的是对新人幸福生活的祝福。

12. 闹新房仪式

婚礼仪式举行完的当天，也就是在新婚之夜，亲戚朋友们自然要到新房来看新娘，乘兴逗乐嬉闹，称为"闹新房"。晋葛洪《抱朴子·疾谬》："俗间有戏妇之法，于稠众之中，亲属之前，问以丑言，责以慢对，其为鄙黩，不可忍论。"《世说新语·假谲》则记载了曹操年轻时闹新房的逸闻，可见魏晋时已盛行此风。民间习俗以为，新婚"不闹不发，越闹越发"，往往纵容年轻人嬉闹。即使是在今天，城市和农村依然保留了这种习俗及其仪式，由此表明，闹新房是对新人婚后生活的一种祝福，也是消除新娘陌生心理的一种有效方式，人们对其情有独钟。

13. 回门仪式

回门仪式又称"归宁""双回门"。一般在婚后的第三天，新婚夫妻双双回到女家，对于女婿来说，主要是拜见岳父母，表达自己的感谢之意、感激之情；对于女儿，则有出嫁之后依然不忘父母养育之恩的意思。这种仪式对于沟通双方之间的感情有着积极的意义。根据民俗学家的考究，此仪式《春秋公羊传》中有载，可见春秋时已成风俗。《梦粱录·嫁娶》云："其两新人于三日或七朝九日，往女家行拜门礼。女亲家广设华筵，款待新婿，名曰'会郎'，亦以上贺礼物与其婿。"这种回门仪式绵延至今，不管是在城市还是在农村，各地仍广为流传。

三　传统婚姻礼仪的文化特质

婚姻是人类社会两性结合的基本制度和形式。婚姻礼仪是随着婚姻的产生而产生的，它是反映一定婚姻意识的积久成习的婚姻行为，不仅体现了一定时代的经济水平、政治观念与人们的精神面貌，而且从微观上展示了一个民族的价值观、审美观、宗教观和心理发展态势。中国传统婚姻礼仪中蕴含着独特的文化意蕴。具体而言，这种文化特质主要体现在以下三个方面：

1. 重礼仪轻法度

我国素有"礼仪之邦"的称号，且把婚礼看作礼仪之本、人伦之始。所谓天地、万物、男女、夫妇、父子、君臣、上下、礼义。只有先正婚姻夫妇秩序，才能匡正其他社会秩序，才有社会的礼治。所以礼出于婚，婚出于礼，男女结合必须依礼而行，体现出浓厚的重礼轻法的文化意蕴。

传统婚姻礼仪，以"义"而起，以"仪"而明，包括"义"和"仪"两部分。其中"婚义"是指婚姻的实质表现，即男女结合必须具备的社会条件，而"婚仪"则指的是婚姻的形式要件，即结婚的仪式和程序，这就是从周代开始实行的纳采、问名、纳吉、纳征、请期、亲迎的所谓"六礼"。"婚义"与"婚仪"相结合，这是社会对男女婚姻认定的基本根据，其中的仪式和程序尤为人们所重视。

从这个意义上说，中国传统婚姻是一种比较典型的形式——礼仪婚。一般来说，从社会承认的角度讲，形式婚有三种存在方式，即宗教婚、法律婚与礼仪婚。具体来说，由宗教认可的称为宗教婚，由国家法律认可的称为法律婚，讲究仪式程序，确保婚姻依礼而行的则是礼仪婚。在中国历史上，虽然也对婚姻做出过法律上的规定，但法的作用是以律辅礼，不依礼而行，便以法刑之。法是推动礼的工具，礼才是最根本的东西，是立法的基本依据，传统婚姻从本质上说仍然是礼仪婚，直到民国时才产生了现代意义上的法律婚。即使在 21 世纪的今天，虽然封建社会早已成为历史，封建制度早已被推翻，封建习俗也被逐渐消除，法律成为调节婚姻关系的主要手段，但传统习俗的力量和影响仍然是巨大的。在老百姓的日常生活中，对婚姻的缔结依然看重风俗习惯，如果婚姻过程符合礼仪，婚姻仪式为宗族和乡邻所认可，法律的作用就会"缩水"，即使发生一些婚姻变故，人们也不会随意诉诸法律。

2. 重群体轻个体

重群体轻个体首先表现在对人们婚姻的认知上。传统中国社会，男女结合不完全是个人自己的事情，更多的是关系到男子所属的大家庭，乃至家族的大事，成婚不仅是为个人娶妻，更是为父母娶媳，为宗族娶妇。因而"六礼"完成，婚姻过程并未结束，还有成妇之礼，即翌日拜见姑舅，掌茶奉饭，"三月而庙见"，祭拜祖庙以告祖先。透过这些习俗，不难发现，传统婚姻礼仪的主体不是个人，而是家庭及宗族。婚姻是家族行为，只要婚姻合乎礼仪，就是合理合法的，个人意愿和意志

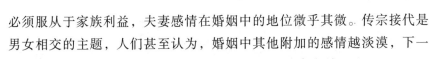

必须服从于家族利益，夫妻感情在婚姻中的地位微乎其微。传宗接代是男女相交的主题，人们甚至认为，婚姻中其他附加的感情越淡漠，下一代的品种就越纯正，婚姻中的"性爱"因素几乎降为零。

重群体轻个体还表现在对人们婚姻的期望值上。传统社会人们对婚姻的现实期望就是传宗接代。"不孝有三，无后为大"的观念在人们的观念中根深蒂固。因此，婚礼仪式中有许多内容都是祝福新婚夫妻早生贵子、多子多孙的。如果妻子不能承担生儿育女这一神圣使命，丈夫就可以堂而皇之地纳妾娶小，也可以理直气壮地"休妻"。与此同时，夫妻关系是要服从亲子关系的，女人在家庭中充当的是生儿育女的工具。女人如此低下的社会地位与家庭地位，使得夫妻之间谈不上什么真正的感情与精神交流。

重群体轻个体也表现在婚姻的缔结方式上。在婚姻的缔结上，传统中国社会只讲"父母之命，媒妁之言"，不过多谈个人意愿，所谓男女"无媒不交""无币不见"，对爱情的追求始终不能融入道德评价的尺度，唐代一度将"媒妁之言"写入法律条文中，所谓"为婚之法，必有行媒"。我们不否认"父母之命，媒妁之言"在婚姻缔结上的道德与法律作用，但当其达到极致时，其性质与作用都发生了变化，"父母之命，媒妁之言"甚至成为阻碍男女自由恋爱、制造不幸婚姻的一种手段，进而成为社会进步的精神羁绊。

3. 重物质轻精神

中国古代社会奉行"刑不上大夫，礼不下庶人"的等级原则。等级和身份的区分存在于社会生活的各个方面，即使是像婚姻这样重大的事情，其仪式的物质要求非常高，等级层次也相当严格，由此而忽视了婚姻之精神含义。姑且将传统婚姻礼仪中的这种文化意蕴称之为重物质轻精神。

婚姻仪式的等级规定、身份区别侵害了婚姻的公平原则。事实上，"六礼"本身就是为"士"以上各等级的贵族和平民实行的婚姻仪式，奴隶、庶人无权举行婚姻仪式。随着封建制和个体婚姻制的形成与确立，礼逐步下到庶人。但是封建农奴制下的部曲、佃客以及奴婢都居于贱民阶层，不是庶人，因而这些处于社会最底层的人也不能举行婚姻仪式。贱民的女子绝对不能嫁给良民以上等级的男子为妻，奴婢等贱民如私自嫁与良民为妻，要处以法律制裁，夫妻处以离婚。唐代以前的礼书上对婚姻仪式的规定只下到庶人，未曾提到贱民。即使是在实行"六礼"的这些人中，婚礼所使用的礼金、礼物、服饰的数量、车舆、仪仗都有严格的规定，这种由地位导致的聘礼的差异，在各个朝代都以规章制度的形式固定下来了。与此相应，婚礼上新人的服饰也有限制。举行婚礼的男子依据其本人或父亲的官位穿着一定的礼服，新娘的服饰也适用同样的原则，官吏娶妇用命妇之礼，其服以丈夫的官品为准，庶人娶妻则不能着命妇礼服。人们的婚姻行为被封建等级制牢牢地束缚着。

婚姻仪式中物质至上主义冲击着婚姻的精神追求。传统的礼仪婚也是一种典型的聘娶婚，它是以男方父母交付女方父母一定数量的聘礼、聘金为成婚的必要条件。所谓"聘则为妻""无币不相见"成为不可动摇的婚姻原则，这种物质至上的婚姻原则对婚姻的冲击力非常之大。尽管中国婚姻的"六礼"在历史上曾有过变化，但纳征这一环节是始终存在的，而且越来越得到强化。聘娶婚中收受聘礼这一方式，就使它掺入了许多买卖婚的因素，而如果把物质利益作为婚姻的唯一目的，那么聘娶婚将最终成为变相的买卖婚。这种现象在今天的中国社会依然不同程度地存在着，它同样在伤害着纯真的爱情，挑战着中国人健康婚姻观念的存续。

四　传统婚姻礼仪的个体品德培育功能

在传统社会中，婚姻礼仪是缔结婚姻关系，组成一个新家庭的重要环节，更是传统社会中民众生活世界里最为重要的信仰仪式行为，它凝聚着深远的文化价值理念，也是民众生活意义体系的体现。传统婚姻礼仪能得以形成并在社会剧烈变迁的今天仍然存在，可见其有着重要的社会功能。它不仅是中国传统文化和个体品德的重要载体，而且对促使个体品德的升华产生了重要影响。具体而言，传统婚姻礼仪在个体品德培育过程中的作用主要表现在以下五个方面：

1. 借助于婚礼仪式来约束婚姻当事人的个体行为

婚姻礼仪表明家庭对婚姻问题的重视和家长责任感，对个体行为产生约束功能。而婚礼的形式则向公众明确地宣告一个小家庭正式成立，也表示了家庭尤其是父母对婚姻的严肃和认真，婚姻也只有这样才能得到社会的认同。所以，传统社会的青年男女结婚都愿意大张旗鼓地举办婚礼，愿意为婚礼而操劳和破费，以向社会展示家庭的地位和荣誉，从而体现了家庭对婚姻的重视，也是家长责任感的体现，在传统社会，家庭的经济大权一般都掌握在家长手中，婚礼的举办也主要依靠家庭，如果子女到了结婚年龄没有结婚或者结了婚而没有举办正式的婚礼，间或是婚礼举办得不热闹，不仅仅是子女不满意，家长也觉得脸上无光。对于女方家庭来说，女方父母甚至会认为如果婚礼举办得不隆重，就会被乡邻以及亲朋好友瞧不起，自己女儿未来的生活也会受到不利的影响；对男方家庭来说，婚礼更是展现男方家庭经济实力和社会地位的最好形式，把婚礼办得隆重既会赢得女方家庭的尊重，也会更好地展示男方家庭的经济实力与社会影响力，对于巩固未来小家庭的稳定与增进大家庭的幸福都是有益的。

同时，婚姻是未婚男女最美丽的追求，也是他们一生之中最幸福的时光，从婚礼中他们体现了自我的价值。以往在家庭内部都是父母之命，通过婚礼实现了人格的独立，从此以后就有了家庭事务的参与权和决定权。而且婚礼仪式一下子把婚姻中的男女当事人推向了人们注目的焦点、视野的中心，这种自我表现的心理得到了充分的满足，自我约束力也陡然增强。加之新娘的到来，家里就有了新的成员，家庭的秩序需要重新安排，所以婚礼还起到了针对着由于新娘的到来给家庭秩序带来的影响，特别是对男方家庭既定秩序的干扰和威胁而采取的"抵御"和"防范"措施，同时又有促进家庭秩序在新的基础上尽快恢复的作用。此后，经过家庭成员的共同努力，尤其是婚礼中的男女积极配合，新的家庭秩序很快建立并稳定下来，婚宴请来的亲邻也是两位新人的见证者，向他们送出的祝福对其行为有相当的影响；同时，亲邻们监督他们组成的新家庭，以后遇见两人之间有争吵矛盾等问题，亲邻也要负责来协调。正是从这个意义上说，婚礼的举办有利于约束婚礼中男女双方的个体行为，有助于新的家庭秩序尽快趋于稳定。为了确保家庭的稳定，为了在自己的生活圈中保持荣耀，婚姻中的男女双方必须按照亲人们的祝福去做，严格约束自己的行为。

2. 借助于婚礼仪式进一步确立当事人的成人意识

个体品德培育是每个人一生所面对的一大课题，但最重要的是成人阶段，成人阶段到来的主要标志则是成人仪式的确立。在人的一生中，成人仪式的举行能够帮助人们树立成人意识，而婚礼仪式的举行则能进一步确立成人意识。正是从这个意义上说，婚姻礼仪对个体品德的培育起着非同寻常的重要作用。婚姻不但对于整个社会来说不是平凡的小事，对于个人而言更是一生中的一件重要事情。在传统社会中，婚姻礼仪同时也承担着成人教育的职责，个人一旦成婚就自然而然地意味着获得成人所具有的各种权利，尤其是婚姻——性关系权利，同时也要承担起成人应当承担的责任，并尽成人应尽之义务。例如，在传统婚姻礼仪中，在婚礼的当天，新郎的"剃状元头"仪式与新娘的"开脸"仪式，不仅仅是为了在这特殊日子中装扮新人，而且具有成人人生礼仪的意义。尤其是姑娘的开脸仪式，因为在我国广大的农村，女子只有在结婚时才有这么一次"开脸"仪式，这个仪式成为一种成人的标志，是从姑娘向媳妇转换的标志。

乡村社会的人们将结婚直接称为"做大人"，也即一旦结了婚，举行过婚礼仪式，就是真正意义上的成人，没有成家的人会被人们一直当成是小孩，纵然你早已具备独立的能力并独立处事，民众的看法不会改变。在一般民众的眼中，"结婚与否"已成为一个人生道路上的分类标准，人们习惯于用这个标准来区分大人与小孩，而年龄与辈分在这个标准面前则显得苍白而无力。而在传统社会中，结婚又以是否举行婚礼来作为最基本的判别标准。

婚姻礼仪的举行昭示着个人从一种社会身份过渡到另一种社会身份，或者说是获得了更多的社会角色，例如夫（或妻）、婿（媳）的全新角色。对于个人而言，意味着人生的一次重大转折，特别是对于女性而言，婚礼仪式过后，她就脱离原来的社会关系网络，进入全然陌生的家族关系体系。婚礼仪式就是对人生中不可避免地与有关系的人发生或短或长分离而设计的程序性仪式，这种仪式的目的是要造成文化上具有高度价值的非分离或非孤立状态。婚姻礼仪隔离出了一对新人，通过一系列仪式，不仅使他们与现实人群发生频繁的互动，而且将他们置于神灵、祖先一体的神圣境界，从而克服了新人与原社会关系分离的状况。

3. 借助婚礼仪式来实现参与者角色的再次转换

帮助仪式的参与者实现角色的再次转换，是婚姻礼仪作用于个体品德的最为明显的表现。对于婚姻礼仪的主要表演者——新郎和新娘而言，婚姻礼仪的诸种程序实际上是其亲身参与表演的过渡仪式，这些过渡仪式使得他们能顺利实现角色的再次转换，尤其是新娘的角色转换。

根据过渡仪式的理论视角，对于仪式的主要表演者——新郎与新娘而言，婚姻礼仪的诸种程序实际上是其亲身参与表演的过渡仪式，这些过渡仪式使得他们能顺利实现角色的转换，尤其是新娘的角色转换。婚姻礼仪使得婚嫁的当事人，尤其是新娘经历了角色的分离、角色的过渡与新角色的聚合三个阶段，从而使得新娘获得新角色，完成由"小孩"向"大人"的转变。婚礼是一个分离原有角色、接纳新角色的过程。

在姑娘未出嫁前，她最重要的社会角色是父母的女儿、兄弟姐妹的姐姐或妹妹，也即是娘家的一分子，而在婚礼后则要承担起新的角色，即妻子与媳妇的角色。在婚礼的准备阶段，为了顺利地实现其角色转换，原有角色在仪式中被分离开来。在男方"看期"通知女家，进入婚礼的准备阶段起，父母就不再让待嫁姑娘从事以前的日常劳动，而是开始让其缝制自己的结婚礼服与被子、枕巾等绣品。并且母亲开始给女儿讲解、传授性知识与为新妇后的待人之道等。也就是说，进入婚姻的准备阶段起，周围人就不再以原有的"姑娘"交往规则来要求她，而是不断向其明示暗示其马上为人妇的身份，也即姑娘提早进入对于未来角色的认知之中。然后，在姑娘离家上花轿前还有一个重要的"辞宗"仪式，即给祖宗上香，辞别祖宗神灵。姑娘辞别祖宗，上了花轿，离开娘家，就与原有的娘家女儿的角色分离，成了"泼出去的水"。新娘离开娘家，花轿抬到婆家后，娘家的送亲队伍被婆家人安排到附近其他人家"打坐喝茶"，待拜堂结束才接去吃酒。于是，在整个关键的拜堂仪式中，新娘要独自一人面对陌生环境与夫家人，与旧有的角色和生活场景完全隔离开来了。

在婚礼中，仪式主体经历过角色的"分离"之后，成为过渡仪式的仪式主体。在仪式的操演中，除了新郎、新娘外，还有三类仪式的参与者。第一类是仪式的指导者，如"伴娘""礼宾先生"等人。牵亲娘由新郎的姑姑担任，而且得是儿女双全、丈夫健在的有福之人，作为备受尊敬的长辈与过来人在新娘甫下轿开始至整个婚礼结束对新娘言行、礼节进行指导；"礼宾先生"一般是由乡村里有一定学识、口才，受人尊敬的文化精英担任，这样的人熟知一般人不懂的人生礼仪程序与仪式的象征意义，在仪式中扮演着指导者的角色。这一类仪式指导者在整个仪式进行过程中，指导着被与原有社会关系、生活情景隔离开来的新娘在仪式中扮演好过渡人角色以符合仪式秩序。第二类参与者则是配合表演者，这些配合表演者在婚姻礼仪的某一仪式性活动中参与、配合过渡人进行仪式表演，如在"接八字"中的媒人、陪"十姊妹"中的小姐妹等，这些人在某一仪式性活动中作为过渡人的配合者，强化仪式效果，凸显过渡人角色，使得过渡人角色的转变更加顺畅。第三类参与者则是仪式的观众，这主要是指各项婚姻礼仪现场的亲友、围观的乡邻。任何的表演都需要观众，有了观众的参与和互动，才会进一步将表演推向高潮。仪式也是一种表演，一种向神灵、向人们自己进行述说的表演。而且，在仪式情景中，过渡人也根据观众的态度与反应来调整自己的行为，观众的热烈反响，会将仪式表演推向极致。新娘与新郎在新郎家一起"拜堂""磕头""端茶"，这些仪式都旨在使新娘获得对新角色的认知并加以强化，即新娘已为婆家人、媳妇与妻子这样一个新的角色群。作为过渡人的新娘，处在一个完全陌生的环境下，在仪式指导者的指导下，在参与者的配合与观众的起哄中，很容易就会遵循人生礼仪扮演好自己过渡人的角色，顺利向新角色进行过渡。

跨越过渡阶段后，新郎新娘的行为、观念再次处于稳定状态，其已经顺利实现角色的转换，在行为与观念上接受了新的角色规范。据了解，只要经历过正常的婚姻礼仪后的一对新人大都顺利地实现了角色的过渡，实现了新角色的聚合，能顺利地扮演好新的社会角色。新娘是否顺利地认可新角色，而且在新角色扮演中进入良好的角色互动，不仅表现在其外在行为上，而且深刻地反映在他们的主观情感上。可见，只要是按人生礼仪举行了婚姻仪式的新人，都能在仪式过后对于自己全新的社会角色有较好的认知，并在短期内与婆家人进行良好的角色互动，顺利地实现社会角色的转换。

4. 借助于婚礼仪式来确认婚姻的稳固性与合法性

众所周知，稳固性是一夫一妻制婚姻形态的独特要求，是一夫一妻制婚姻形态与群婚、对偶婚的最基本区别点，我国的学者一般称此为婚姻的稳固性。在原始群婚中，虽然有一些有关婚姻问题的禁例，但是在禁例之外和谁发生配偶关系是件无所谓的事情，并且是随合随离的。在原始群婚中，婚姻的稳定性无从谈起，当时只有求偶仪式而无结婚仪式。对偶婚虽然是一男一女的结合，但这种结合很不稳固，婚姻关系相当脆弱。在对偶婚中，开始有了简单的结婚仪式。正像对偶婚中含有一夫一妻制的萌芽一样，简单的对偶婚仪式充其量也只能是一夫一妻制婚姻礼仪的先声。唯有一夫一妻制是男女较稳固的结合，本身也含有共同生产、共同生活、共同抚育子女、共同赡养老人等丰富的内容。出于这种稳固性和内容丰富性的需要，它的婚姻礼仪必然是复杂隆重的。春秋时期的婚姻礼仪就比较典型地体现并服务于当时的一夫一妻制，通过复杂隆重的婚姻仪式，向社会宣布婚姻的缔结，把婚姻置于社会承认和监督之下，使婚姻得到社会的保护，最终成为神圣不可分离的。

在中国古代历史上，各个民族的婚姻嫁娶都是依礼行事，通过一定的仪式为人们所认可，历代王朝更是以法律条文的形式来维护婚姻制度并保障婚姻的稳定。例如，自秦汉以后，婚仪的厘定由礼官职掌，而婚礼的纠正有帝王的诏令。如果婚姻超出了礼的规范，就被看作触犯了刑法，即所谓"出礼而入刑"。最初，对违反伦理关系的内乱，被认为是禽兽行为，要处以刑罚之制裁，其他不正当的嫁娶仅仅被认为是违礼的行为。历代的律条，都有专门婚姻条款，以保证婚姻制度的稳定。

男女之间的结合，不仅是组成一个家庭并行使更多的权利，同时，还要承担起更多的责任并尽更多的义务。婚姻关系的缔结，将两个不同背景下长大的人放在一起，共同生活，生儿育女，这有利于进一步完善个体品德，而能否做到这一点，婚姻的合法性是前提条件。

婚姻礼仪在传统社会中属于社会设置的一部分。一对新人，经由婚姻礼仪的举行，获得社会权威和公众的承认，并建立社会的细胞——家庭。婚礼的多种仪式，总的来说是针对着由于新娘的过渡给家庭秩序，特别是男方家庭秩序的干扰和威胁而采取的抵御和防范措施，同时又有促进家庭秩序在新的基础上尽快恢复的作用。这一过程进行得顺利，对个体品德的完善将起到积极的作用；反之，如果这一过程出现一些波折，将会给仪式中的主要表演者——新郎和新娘，包括家庭及其家族的主要成员在心理上蒙上一层阴影，不利于个体品德的培育与进一步完善。

在 20 世纪 50 年代以前，一桩婚事的确立是从"接（发）八字"就定下了，除非一方死亡，否则这桩婚事是很难解除的。因为在"接八字"仪式中，指代"姑娘"的生辰八字已进了男家门，禀告了祖宗神灵。而且，在接八字仪式中也告知了亲属，获得了亲属的认可。在熟人社会中生活的人们，"谁家的姑娘许了人，谁家的小子定了亲"，都为人们所熟知，一旦毁婚就得承担道义上的谴责，而且在婚姻市场中将处于非常不利的地位。而之后的认亲、送节礼、头期、正期的酒席、婚礼仪式的正式举行更是进一步加强了亲属与村民们对于婚事的认同。婚姻法颁布后，规定男女双方领取结婚证即确定了两者的夫妻关系并获得法律保护。从 20 世纪 60 年代开始，在"禁止包办婚姻，提倡婚姻自由"的政治宣传下，婚礼仪式取代"接（发）八字"成为婚姻确立的标志。于是，往往在领取结婚证后，还要举行相应或繁或简的结婚仪式，进行一次公开性的仪式表演，以获得公众的承认。在传统观念下，男子娶妻和姑娘出嫁是否符合明媒正娶的观念，婚礼仪式的举行是基本的评判标准，如果没有举行一定的仪式，其婚姻的合法性就会受到人们的质疑。而经历了正常婚姻礼仪的婚姻则为人们所认同与祝福。当然，婚礼仪式的隆重与否表明了双方家庭的社会地位与经济实力，同时也表明了男方家庭对女方的重视程度。

不管是用何种方式，婚姻礼仪的顺利举行，婚姻的合法性的心理认同，能够营造一种良好的家庭氛围，这种环境有利于个体品德的培育。

5. 借助于婚礼仪式来组建新的社会网络

传统婚姻礼仪不仅仅是一项典礼，更是一种文化，一种蕴含着丰富民间文化的仪式展演，是对民间信仰、价值观、生活伦理的展示与教化，其中凝聚着深远的文化价值理念。这种文化价值理念有助于组建新的社会网络，使仪式的参与者在新的社会网络中进一步培育个体品德。

众所周知，仪式在中国文化中占有非常重要的地位，它的本质就是借助于行动与表演以达到目的。婚姻礼仪的社会意义，就在于它能够起到巩固家庭联姻的作用。公共聚餐是婚姻礼仪中的重要组成部分，同时也是一种必要的集体参与仪式，这种集体参与涉及构成社会的所有群体。在传统社会，一桩婚事涉及众多仪式参与人，虽然没有包括社区内所有的社会群体，但是也尽可能地延伸到双方家庭所能触及的所有社会网络中的节点。一方面举办婚礼的家庭希望有更多的参与人加入到婚礼；另一方面参与人也希望加入到更多的婚礼之中。按照惯例，婚礼的主办方会对参加婚仪的人选有所取舍，人们也会对是否参与婚礼有所衡量，其考量标准主要是依据其与该家庭的亲疏远近。这种以个体为中心向外推衍，越推越远，越推越薄的差序等级结构，即以亲子关系三角为基础延展的亲属路线而言，既有宗族中的人和姻亲方的人，也有一般的乡邻朋友。血缘远近与交往密度的区分，在亲属关系与社会关系中就引出了差别，出现了等级序列。在选择婚仪参与人时，人们就按照这种等级关系来决定是否告知。实际上，人们选择参与人的过程就是衡量、检验、建立与强化社会网络的过程。同样，受到邀请的人家也会依照与举办婚礼家庭的关系远近，决定是否参加以及由谁参加与所送人情、礼物的厚薄。人们参加婚姻礼仪与否的决策，以及由谁参加的决策，通常都会加以慎重考虑。应该说，一次婚礼就相当于一个家庭全部亲属关系的展示。

在婚姻礼仪中，亲属的悉数到场具有互相显示姻亲家庭的社会地位的作用；也给婚礼的主办家庭提供精神上以及财物上的帮助；同时再现并强化亲属关系和对婚姻关系表示认同。可见，人生礼仪仪式在渗入人们的社会生活之后，会对人们的生活施加其独特的影响力，参与婚礼，赶人情成为一项义务，如不履行就会影响相互之间的关系，就会被人们排挤出圈子之外。在一个生活于这种社会圈子中的家庭，被排挤出交往圈是为人们所极力避免的行为。这也说明，人们在一桩桩婚事中通过出席与提供物质支持等方式来对亲属关系进行再现与确认。参加婚礼是一种双向选择，这种往返存在着互惠关系，支配着与举办家庭有关的人们参与进来。传统社会的人往往用"有来有往""有礼近面"来解释为什么要参加婚礼。"有来有往"说明了婚姻礼仪中的互惠原则，而"有礼近面"则说明参加婚姻礼仪可以缩短社会距离，促进社会关系的深入发展。互惠不仅仅是财物上的互惠，更多的是社会网络上的互惠。就参加婚礼仪式的每个人而言，受邀参加婚姻礼仪就表明个体与社会网络之间保持着一种比较稳定的关系。该个体可以从这种联系中获得归属感与认同感，而对于人际交往范围相对较小的群体来说，这种社会认同是至关重要的。如果不参加婚礼，无论是否被邀请都意味着个体游离于围绕着婚礼所构建的社会网络之外。就举办婚礼的家庭来说，如果来参加的人多，婚礼仪式十分讲究排场，就证明该家庭拥有的社会关系比较多，具有较高的社会地位与声望。从普遍意义上说，在日益扩大的社会网络中，环境因素对个体品德培育的影响越来越明显，一个广泛而又纯洁的社会网络与生存环境，势必有利于培育良好的个体品德；反之，一个狭小的社会网络与窘迫的生存环境则不利于个体品德的培育。

第五章 传统丧葬礼仪与个体品德培育

丧葬礼仪是人生礼仪的终结。按照中国古代"五礼"的分类，丧葬礼仪属于凶礼。但是，在传统社会里，人们又普遍认为，死亡并非是人的消失，而是他从一个世界进入了另一个世界。活着时在人世间，死后则去了阴间。怎样处理死尸，则是活着的人的事。做这件事，既表达了活着的人与死人的感情纠葛：哀悼、思念、依恋、评价；同时也表达出活着的人对生与死这样一个严肃问题的思考。正因为如此，丧葬礼仪一向受到重视。

一 丧葬礼仪释义

丧葬礼仪，按照民俗学的说法，既是人生最后一项"通过礼仪"，也是最后一项"脱离仪式"，它表示一个人完成了他或她一生的全部行程，最终脱离了社会。但是，由于传统观念和迷信思想的影响，长期以来，民间普遍认为人死而灵魂不灭，死亡不过是灵魂和肉体的分离，人死后，灵魂不仅仍然和人保持着密切联系，而且还可以投胎转世。基于这种认识，丧葬礼仪在一系列人生礼仪中，既显得庄严、隆重，又带有相当程度的神秘色彩。几千年来积淀形成的丧葬礼仪，是既要让死去的人满意，也要让活着的人安宁。在整个丧葬礼仪的仪式中，是生者与死者的对话，是以血缘为轴心的宗族成员之间的交流，也是一定区域和范围内的社会成员之间的交往与合作。其中体现出浓厚的孝道观念、亲情意识、等级观念与和谐观念。这些观念与意识，不仅表现在生者和逝者之间的实体联系中，也表现在两者之间的精神联系之中。而这就揭示了中国人生死观的深层文化内涵。

就人类"文化"而言，可分为两类，第一类是"生存文化"，诸如：文学、艺术、教育、饮食、服饰、民俗等，浩如烟海；第二类也就是"丧葬文化"，是与死亡相关的人类创造的社群活动中多种特质文化的复合体，其涵盖内容涉及实物、信仰、心理、伦理、道德、艺术，由此而延伸展开形成了诸如临终关怀、死亡观念、祭奠仪式以及其他有关活动等。"生存文化"与"丧葬文化"之间互为渗透，互为折射。应该说，丧葬文化是围绕死亡事件和死亡活动而形成的思想文化体系，丧葬文化受社会经济、政治、意识形态、民风民俗、人情世故的影响和制约，丧葬文化历来是社会的一个重要窗口、一面镜子，通过这个窗口可以鲜明地感受到时代的风貌，民族的文明和国家的兴衰荣辱，它与时代的生存文化血肉相连。但是，由于人类普遍存在着喜生恶死的心理，有解不开的"恋世"情结，所以人们对生存文化津津乐道，而对殡葬文化却较为忌讳，不愿过多地涉足，即使涉足者也在观念上将死亡看成是生命的另外一种延续。

丧葬礼仪能够发展变化并一直存在于今天，并影响人们的生活，有四个方面的原因：一是满足社会心理的需求。丧葬礼仪是人类自我意识达到高度清晰的产物，因而也是人类走向"文明"的标志之一。原始人对"弃尸"已经于心不忍时，便产生了丧葬。到文明社会，丧葬礼仪发展起来，乃至变成越来越烦琐的仪式。这是一种典型的社会心理需求，或者说是"人性"的需求，社会心理需求与人性的需求都是对生者而言的。因为逝者已无知觉了，丧葬活动是生者筹办的、办给生者看的，这无异于给生者开了一张"预期支票"，告诉他们人生都会有一个如此"完整的"结局，不会"有始无终"。二是保护自然环境的需要。弃尸于自然，任其腐烂，还会破坏自然环境，极易引发疾疫流行。所以丧葬从一开始就同时具有保护自然环境以利于生者的生存的社会目的。古今中外各民族对丧葬用地大都有类似的规定，耕地、水源等都是生者不可缺少的生存资源，人们必须保护自然环境。三是社会联系的需要。丧葬礼仪及其一系列仪式性活动中深深地包含着一种社会联系，既有同代人之间的人际联系，也有上下代之间的人际联系，在丧葬礼仪的举行过程中，人们之间互相帮助，一家有丧，亲戚朋友前来劝慰生者和帮

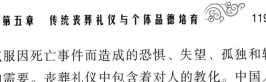

助，这有助于帮助丧家克服因死亡事件而造成的恐惧、失望、孤独和软弱性等。四是社会教化的需要。丧葬礼仪中包含着对人的教化。中国人将治丧提高到"孝道"的高度，形成了以"孝道"为核心的丧葬文化。基督教通过治丧提升对上帝的感情，将死亡理解为"回到主的怀""与主同在"等，由此最大限度地减轻了对死亡的恐惧。历代国家都有意识地鼓吹对本社会有利的丧葬文化，借以规范丧葬仪式，以此将人们的意识和行为引向国家希望的方向，助进社会的一致性。正是在这一意义上，殡葬同时又具有道德教化之意义。

由丧葬礼仪所反映的丧葬文化就其本质而言，是人们在观念形态、操作形态和实物形态中所表现的一整套价值认知系统。首先是观念形态。即人们的知识、规范、价值观念和思维方式等。它作为"传统"储存在人们的头脑里，沉积在人们的下意识中，成为人们日常行为的标准。儒家丧葬礼仪的宗旨是"慎终追远，民德归厚"，并将治丧视为孝子履行"孝道"的一个环节。其次是操作形态，或称活动形态。即人们的衣食住行、工作学习、日常交往活动中表现出来的行为方式、态度、程序等。它们是"观念"在行为中的定型，是文化的外在表现。丧葬礼仪就其操作形态而言，形式多样，对逝者所举行的所有祭奠仪式都是用生者的行为方式去确定的，意在推行"孝道"，强化两代人之间的联系。再次是实物形态。即人们根据一定的观念和一定的操作而创造出来的实物。透过这些实物，我们不难看出，丧葬礼仪就其实物形态而言，具有一些明显的与生者保持一致的特征。通俗一点讲，就是生者需要生命，逝者也需要生命，几乎是不能有缺漏，只是在实物的材料与比例上出现差异而已。

丧葬礼仪是人生礼仪的终结性形式，它标志着一个人走完了人生旅程，最终告别社会。亲属、友人通过这一约定俗成的仪式哀悼、纪念、评价亡人，以寄托哀思。但是，考虑到死亡是人生礼仪的最后一程，所以，我们仍用一种积极的健康的心态来评说，并将其作为人生礼仪的重要组成部分来审视。

事实上，人已经离世，丧葬仪式如何安排，采取何种行为方式，逝者全然不知，其实都是活着的人在做主。那么历来为何如此重视呢？这与传统人生礼仪仪式的宗旨有着密切关系：其一，传统文化把安葬老人的隆重与否看作是子女尽"孝"的重要标志，所以不管贫富，不管有没有这种意愿和能力，当小辈的也非得竭尽全力操办丧葬之事不可，否则他们将受到宗法社会的舆论谴责而陷于孤立。其二，传统文化对丧葬礼仪的等级做出严格区分：门庭地位等级不同，丧葬礼仪的规格随之不同，不可逾越；寿终正寝与非正常死亡（古代称为"殇"）的丧葬礼仪有明显不同，前者隆重，后者草率；送葬队伍中的服式，又有亲疏的等级区别；送葬队伍的多寡则又鲜明地标志着逝者所在家族的兴衰。所以人们常说，丧葬礼仪是做给活着的人看的。丧葬礼仪隆重，仪式复杂，既是逝者生前有福气的标志，又是逝者所在家庭、家族的一种荣耀。有时候甚至为了家庭子女及其家族成员的荣誉，为了得到人们的认可与赞许，也不得不格外看重丧葬礼仪。当然，也必须指出，因为逝者与健在的人在以往生活中建立起来的深厚感情，当逝者一旦离去，活着的人的心理一时无法调适，借着丧葬礼仪来宣泄自己的感情，表示对逝者的哀悼和怀念，因而表现出一系列行为方式来，这也是人之常情，我们应该予以充分的理解。

二　传统丧葬礼仪的主要仪式

中国历来重视丧葬礼仪，特别是长辈的丧葬礼仪。《论语·学而》中有这样一句话："慎终追远，民德归厚矣。"其中"慎终"，即指对父母的丧事要办得谨慎合理。孟子对此做了进一步的发挥。他认为："养生者不足以当大事，惟送死可以当大事。"在"送死重于奉生"观念的支配下，早在春秋时期，丧礼已经形成一整套礼仪。从停尸到大殓、殡葬、葬后，约有40余项。以后历代传承，虽有简化衍变，但主要程序却一直相沿未改。各个时期、不同的民族、不同的生活环境，使得丧葬礼仪有许多的不同。但是，丧葬礼仪的各种仪式都蕴含着一定的文化内涵与精神价值，且以民间风俗的形式表现者居多。在这里，笔者仅从普遍意义上列举中国传统丧葬礼仪的主要仪式，目的是为了揭示其所承载的个体品德观念。

1. 停尸仪式

中国的传统丧葬文化是非常讲究寿终正寝的。在病人生命垂危时，亲属要给他穿戴好内外新衣；否则，就是"光着身子走了"，亲属会感到十分遗憾和内疚。病人在咽下最后一口气前，亲属们要把他移到正屋明间的灵床上，守护他度过生命的最后时刻，这叫作"挺丧"。

在弥留时刻，死者须穿上为其准备好的寿衣。在北方地区汉族的民间习俗里，贴身穿白色的衬衣衬裤，再穿黑色的棉衣棉裤，最外面套上一件黑色的长袍。整套服装不能够有扣子，而且要全部用带子系紧，这样做是表示"带子"，就是后继有人的意思。在死者的头上要戴上一顶挽边的黑色帽，帽顶上缝一个用红布做成的疙瘩，用来驱除煞气，人们认为这样做对子孙是吉祥的。如果死者是男性的话，脚上要穿黑色的布鞋，而如果是女性的话要穿蓝色的布鞋。寿衣一定要是传统的式样，哪怕改朝换代、时过境迁，平时再也不穿民族的传统服饰了，等到临死的那一天，也还得要恢复原来的装束。因为按照传统的观念，人死之后就要去见远古的老祖宗，如果改变了服饰，老祖宗就有可能认不出自己的子孙，由此而不让他认祖归宗，灵魂找不到归宿，这既对逝者不好，同时对后世子孙也是非常不利的。

在病人临终之前，家属必须要给他沐浴更衣。这实际上是给死者进行的第一次化妆整容。但是这样的沐浴更衣，已经远远超出了服装本身的物质形式。比如：佤族在为去世的老人穿寿衣的时候，除了穿上死者平时所穿的衣服之外，还要在外面套上一件反过来穿的新衣服。他们这样做是因为在民族传统的观念里，不能把死者平日所穿的旧衣服脱掉，这样方便死者的灵魂回来认识自己的身体；而他们把后来加上去的新衣服反过来穿，是为了让死者知道自己已经死了。衣服的正面和反面，和穿衣的单数和双数一样，是人们在生与死、阴与阳交接的人生"换届"中，举行的最后一次换装仪式。这种被称为"反饰"的习俗，是为了改变死者寿衣的穿着式样，使他的灵魂没有办法停留在阳间。同时也有通过反正颠倒来暗喻阴阳两界的意思，因为在人们的观念里，阴阳两界的人对事物的看法也是完全颠倒过来的。寿衣已经成为人们的灵魂观念中灵魂的一个代码了。

亲属给死者沐浴，一方面寄托了生者对死去的人的深深的孝敬之情，一方面也有和"寿衣"一样的象征意义。清洗尸体所用的水一般都是买来的，俗称为"买水"。它本身是一个可以单独存在的仪式，就是把"阳水"变成"阴水"的一个转换仪式。买水用的钱主要是阴钱、烧香、化纸,即纸钱。这种钱只有在阴间才有价值,只能由灵魂享用,而在人间的话只是废纸一沓。"买水"为死人沐浴的目的除了在于"用水洗去死者生前的罪恶,消除死者在生前所犯下的罪孽"外,主要是要让死者的灵魂知道,这不是在给活人沐浴,而是要让死者干干净净地到达阴间,被祖先所收容。

在对死者进行沐浴更衣之后,亲属要马上把尸体移到灵床上。同时还要采取一些仪式,把死者的灵魂也引到灵床上去。山东临沂一带的习俗,是用一块白布从梁上搭过来,再用一只白公鸡在病床上拖几下,顺着白布从梁上递到外间屋,在死者身边走上一圈,然后把公鸡杀死,这叫作"引魂"。

在江南的一些地方,如果死者生前做过屠夫,那么他临死之前,家里人要用一块大红布,把他的手包起来,伪装成被斩断的样子,据说这样做就可以避免在阴间被他宰杀的牲畜咬他的手。同时,家里人还要在死者的嘴里放上一枚铜钱,这叫作"含口钱"。在江浙一带的农村,还流行给死人烧纸锭、锡箔之类的信物,就是"烧落地纸"。按照旧时的规矩,在沐浴更衣的仪式结束之后,还要举行饭含仪式。所谓饭含就是指在死者的口中放入米贝、玉贝和米饭之类的可食性东西。这是为了不让死者张着空嘴、饿着肚子到阴间去受罪,而成为饿死鬼。《礼记·檀弓下》认为,之所以用生米和贝壳做死者饭含,是因为生者不忍心让死者空着口离去,因此用自然生成的美洁之物来充实死者之口。所谓"饭用米贝,弗忍虚也,不以食道,用美焉尔"。

停尸仪式反映了中国传统文化"事死如生"的伦理道德原则。丧葬礼仪的第一步就是安放尸体,而且要像面对活着的父母一样敬献各种祭品,依礼放置。同时,饭含仪式也能反映出丧葬礼仪中"事死如生"的传统伦理道德观念。尽管中国传统文化没有从存在论的角度论证鬼神的有无和人死后的情状,但传统文化非常重视在进行丧葬祭祀活动时,必须遵循"事死如生"的伦理原则,要以不慢不欺的诚敬态度对待丧葬礼仪,做到"生,事之以礼;死,葬之以礼,祭之以礼"①。"祭如

---

① 《论语·为政》。

在，祭神如神在。"① 之所以如此，是因为死是生的继续，神道是人道的继续。只有慎终追远，严肃操办父母的丧葬事宜，认真追念远代的祖先，才能培养起人们的孝悌之心，强化对家族的关怀之情，从而实现民德归厚的社会目的。

2. 报丧仪式

停柩一段时间之后，诸事准备就绪，就要选日子报丧。报丧可以说是人死后的第一种仪式了。报丧仪式早在周代的时候就已经形成了。它用发信号的方式把有人去世的消息告诉亲友和村人，即使已经知道消息的亲友家，也要照例过去报丧。

不同的地方有不同的报丧方式。在广西一带的地区，按照旧规矩，响三次火炮就表示报丧，这叫作"报丧炮"，然后派人告诉给亲友。也有地区在死了人的家中要拿白纸扎成旗子立在门前作为报丧的信号。还有的地方，报丧的人到亲友家门不能径自入内，必须要等在门口喊屋里的人，等到他们拿一铲子火灰撒在门外之后，才可以进门报丧。据说这样做的目的是为了辟邪。也有地方报丧俗规非常严格，丧家如果死的是男人，必须由家族中的血缘侄子到亲戚家报丧，死的如果是女人，必须由儿子、女儿给外婆家报丧。报丧的孝男孝女必须头上裹白布、戴斗笠，手上拿一条白布巾，跪在娘家或外婆家人的面前哭报丧事。哭报完之后马上回家。当外婆家里派人来奔丧，走到村头的时候，孝男孝女必须跪在村边路口哭迎，哭着述说丧亲的悲痛，也有哭谢奔丧亲人的一路辛劳之意，并且给每人递上一条白布，叫作"孝布"。在东北一带，是在门外悬挂纸条来报丧的。纸条数是以死者年龄的不同来确定的，一岁一条，另外加上两条，表示天和地。并且他们用死者性别的不同来决定悬挂纸条的位置，死者是男性则悬挂在门的左边，死者是女性则悬挂在门的右边，人们一看到门口的纸条就知道这家死了人，死者的寿数，是男是女，就一目了然了。旧时有些广东地区的人常常骂那些行色匆匆赶路的人是"报死"，因为根据当地报丧的习俗，报丧的人必须来去急速，不进人家的大门，只能在门外高声地喊叫，报过丧之后，讨一口水漱口，来驱除不祥，然后就马上回去。在江浙一带，报丧习俗是用伞来

----

① 《论语·八佾》。

暗示的。报丧的人带着一把伞去，把伞头朝上柄朝下，放在门外，来表示凶信。主人便要请报丧的人吃点心。然后，问清楚入殓的日期。最后，把报丧人用过的碗扔到门外，来表示驱邪避祸。在外地的亲人如果收到一封"焦头信"（信封的一角被烧焦），就可以知道这是报丧信。在浙江一些地方，死者的家属身穿孝服，准备好菜肴酒饭等在门外，烧一些银锭、草鞋等，这叫作"送无常"。"无常"，就是民间传说的勾魂的鬼。说是"无常"吃了菜肴酒饭，拿了银锭花费，又有草鞋可穿，就不会来打扰死者了。

中国少数民族的报丧习俗别具特色。比如，云南一带的怒族用吹"竹号"来报丧。竹号的数目根据死者的年龄、身份不同而有所不同。未婚的青年只吹一个，有儿有女的吹两个，头人吹三个，巫师吹四个。在中甸、维西一带，不少民族用吹牛角来报丧，也有一些地区的少数民族吹海螺。景颇族、拉祜族、黎族、滇南瑶族等少数民族用放枪来报丧，如果死者是女性的话则敲锣。在景颇族中放枪的数目还有严格的规定，死者是男性的话放偶数，死者是女性的话鸣奇数。有关学者认为前两种可能是属于早期的报丧形式，而后两种则是属于后期的现象。在贵州省北盘江流域一带的少数民族的报丧更具有特色。他们的报丧仪式是丧家请来邻寨的青年，两人一组，手里挂着拐棍，到所有的亲友家去报丧。当人们见到这样的人进寨，就知道是报丧的人来了。

在汉族的观念里，报丧不仅是一种出于礼节的仪式，也不仅仅是一种传递信息的形式，更是一种和家族亲人及其姻亲乡里一起分担失去亲人之悲痛的做法。

3. 招魂、送魂仪式

死者的尸体安排就绪之后，就要举行招魂仪式。根据传统的说法，客死在他乡的魂魄，找不到归途。这个魂魄就会像他的尸体一样停留在异乡，受着无穷无尽的凄苦。他也不能享受香火的奉祀、食物的供养和经文的超度。这个孤魂就会成为一个最悲惨的饿鬼，永远轮回于异地，长久地漂泊，没有投胎转世的任何希望。除非他的家人替他"招魂"，使他听到那企望着他的声音，他才能够循着声音归来。

招魂仪式的举行，必须选择一个相当的日子。到了那天，丧家就在门前树起招魂幡，或者挂上魂帛。有的地方亲属还要登上屋顶呼喊招魂，让死者的灵魂回家来。据说，这是满族等游牧民族的遗风。在草原上，如果看到哪座帐篷前立起了大幡，就知道哪家死了人，大家就都来吊唁，帮助料理丧事。后来这成了满族人普遍的丧俗。

在史料的记载中，招魂的仪式起源非常早。周代的一些文献中就说，死者亲属要从前方上到屋顶去招魂，手里拿上死者生前穿过的衣服朝北面呼叫，如果死者是男的，就呼名呼字，连呼三声，以期望死者的魂魄返回于衣，然后从屋的后面下来，把衣服敷在死者的身上，这件衣服又叫作"腹衣服"。这件"衣服"被人所穿着，染上了人的肌肤香泽，有着"肉体"和"气息"的双重联系；魂魄也许会被它所吸引，依着熟悉的味道或形状而归附回来。据说过去的傣族，几乎家家都准备着叫魂的"魂箩"，招魂的时候，就把死者生前的衣服装在竹箩里，放上白米和白线，表示要把灵魂提回来。

到了近代，人们主要用大幡来作为招魂的工具。幡旗迎风飘飘，取其缠绵的意思，魂魄就能够循着这飘扬的幡盖归来。大幡通常有三四丈高，它们的颜色和形状各不相同。像满族旗人的幡的颜色，是根据丧家和亡人所在的"旗"别来决定的，它的形式就像演传统戏时所举的大旗一样，中间挂着缎子绣的软片，绣着一条大龙。外边因为饰着彩球下垂，所以俗称叫"嘟噜幡"。有的幡的上面有荷叶宝盖，中间是红寸蟒的大宽飘带下垂，中间镶着绒腰，幡有一丈长。另外有从宝盖挂下的两个窄条，由幡杆高高地挑起，幡杆插在红漆架子的中央。另外，还有一种形式，幡的本身不是绣片，而是亡人的牌位，称为"官衔幡"。据说，招魂后死者的灵魂就依附于这块灵牌之上。幡的下座两边有穿杠的绳套。以便于出丧的时候由杠夫抬着，走在最前面导行。大幡一般立在二门的外面。死的如果是男人，立在门的左边；如果是女人，就立在门的右边。

有的招魂仪式，是非常有职业特征的，比如渔民的招魂。他们有一套特殊的祭奠习俗。渔民不幸葬身大海之后，因为往往无法寻回尸体，他的家属就用稻草人代尸，穿上死者生前的衣服，在家里摆设起"灵堂"。同时，在村外的海边，要请道士为死者招魂。招魂要在夜间的潮水初涨时进行，死者的亲人到海边去叫喊，把失落在海里的"阴魂"喊回来，招进稻草人中，再进行安葬。这种招魂仪式，叫作"潮魂"。

亲属要先在海边搭起一个小小的"醮台"，然后到了傍晚，就在帐篷里点起香烛，中间放着稻草人，身上贴着死者的生辰八字。等到晚上涨潮的时候，道士坐在"醮台"上，敲响钟磬铙钹，嘴里念着咒语。这时候，"醮台"前后就燃起一堆堆的篝火，有人手拿一杆带根的毛竹，顶梢上挂着箩筐，里面装一只雄鸡，面对大海，随着道士的咒语，不停地摇晃着毛竹。也有的由死者家属，披麻戴孝，提着有字的灯笼，高声呼叫死者的名字，声音非常凄凉。然后，由一个孩子或者亲属答应声。一呼一应，直到潮水涨平，才由道士引魂回家。到了第二天，亲属才把稻草人放进棺材，送到山上去安葬。

人死亡后，灵魂当然就要离开肉体。但是茫茫的阴间，从哪里走呢？于是下一个程序就是由活着的人来给他"指路"。"指路"就是为鬼魂指引升天的道路。在北方一些宗教的亡灵世界里，亡灵的"回归"需要巫师的帮助和引导。首先，先上一条道，继续向前走去，就分出许多岔道，这是按照死者的不同性别设的小道。亡魂走上自己氏族的道，要渡过一条河，那里有许多白骨。在这种做法下，据说可以安全渡河。

招魂和送魂仪式，表现了古代社会人们两种相互矛盾的心态。一方面人们从亲情的角度出发希望死者灵魂尽快活转回来，另一方面对生命的神秘与恐惧感则要告诉死者的灵魂迅速离开。

4．"做七"仪式

按照古代的丧俗，灵柩最少要停三天以上。据说是希望死者还能复生。三天还不能复活，希望就彻底破灭了。实际上停柩的时间长，是由于当时丧礼仪式繁缛复杂所决定的，尤其是天子诸侯，需要浩大的陵墓和大量随葬品，需要耗费大量的人力和时间。另外，父母死后应该合葬。父死不知母墓，母死不知父墓，都要把死者暂时殡起来，等找到父墓或母墓时再进行合葬。这样灵柩停放的时间就很难确定了。

近代以来，灵柩一般都在"终七"以后入葬。人们认为，人死后七天才知道自己已经死了，所以要举行"做七"，每逢七天一祭，"七七"四十九天才结束。这主要是受佛教和道教的影响。因为，佛教认为，除罪大恶极者需要立即下地狱，善功极多的人必须立即升天外，灵魂一般并不能够马上转生。没有转生的亡灵不是鬼，是在死后至转生过程中的一种身体，等待转生机缘的成熟。所以，人死之后七个七期中，孝属或亲友如果能请僧人来为他做些佛事，亡者即可因此而投生到更好的去处。所以，佛教主张超度亡灵最好是在七七期中。如果过了七七期之后，亡灵投生的类别已成定案，再做佛事，就只能增加他的福分，却不能改变他已托生的类别了。如果一个人，生前作恶很多，注定来生要托生畜类，当他死后的七七期中，如果有孝属亲友为他大做佛事，使他听到出家人诵经，当下忏悔，立意向善，他就可以免去做畜生，而重生为人了。而道家也认为超度亡灵最好是在他"七魄"没有散尽之前。

"做七"期间的具体人生礼仪繁多，各地有各地的做法。在广州一带，旧丧俗中的第五个七天，必须由外嫁女回来，这一天的费用完全由外嫁女负担，如果死者没有外嫁女，就由外嫁的侄女或侄孙女来做。人死后的第一个七天、第三个七天和第七个七天，叫作"大七"。在这一天祭奠中有"走七"的习俗，就是说在这一天的祭奠中，外嫁女儿和媳妇们，每人各自提一只灯笼，在规定的仪式中飞也似的赛跑，争取第一个跑回家，俗称"争英雄"，认为这样死者灵魂能庇佑降福。因为人们认为人虽死了，但灵魂仍然和活人一样有情感。

很多地方的"做七"仪式一般由女婿主持。在浙江一带，主持"做七"各有不同。杭州地区女婿来操办"五"，而在临安和宁波等地方，则由女婿做"六七"。在"五七"的前一夜，很多地方都流行搭"望乡台"。传说，死者只到那天才知道自己已经死了；就会在阴间里登上"望乡台"眺望阳间的家室，会见亲友。杭州人习惯在台上放置一件死者的衣衫，上面罩把伞。而苏州一带的地方，在这一天的五更时分，子女们打开大门向西连续大喊三声，请求亲人回来，然后向灵前痛哭，同时端上事先准备好的酒菜，设奠祭祀，叫作"五更夜饭"，这个仪式就是"喊五更"。天亮之后，丧家就事先用花纸扎一座住宅，门窗、厅堂、庭栏、井灶等十分齐全，给人观赏之后，用火烧尽，据说这样可以使死者在阴间有房可住，这叫作"化库"。现在则把纸糊的家电焚化给死人，好让死者在阴间也过上"现代化"的生活。到了49天，便要做"断七"。断七过后就出了孝期，丧家都很看重。亲朋好友参加"断七"人生礼仪活动。"断七"这一天，请道士和尚来做道场，美其名曰"保太平"。因为这一次则是为活人祈祷。念经拜忏之后子女们便脱下丧服，换上常服。

在我国南方的一些民族中，"做七"期间还有一种"娱尸"的习俗。土家族在留置灵枢期间，每12天举行一次隆重的守灵仪式，本村和外村的青年男女聚集在丧家的房屋后，吹拉弹唱，跳丧舞，借以谈情说爱，选择对象。跳丧舞，又叫作"散忧祸""打丧鼓"，它是土家族祖先巴人早在两千多年以前发明的一种民族舞蹈，后来土家族的子女们就一代一代地把跳丧舞传承了下来，流传至今。人死以后，尤其是长辈百年归天以后的第一个晚上，丧家就开始了这种跳丧舞的活动。被请的歌师傅一人击鼓领唱，还有两人帮和，边歌边舞，围着棺材一跳就是几个通宵。跳丧舞是要给死者家属减轻悲痛，解除忧闷，以达到哀而不悲、伤而不痛的目的。

5. 吊唁仪式

在"做七"的同时要进行吊唁仪式。唁是指亲友接到讣告后来吊丧，并慰问死者家属，死者家属要哭尸于室，对前来吊唁的人跪拜答谢并迎送如礼。一般吊唁者都携带赠送死者的衣被，并在上面用别针挂上用毛笔书写的"某某致"字样的纸条。

首先要布置灵堂。灵前安放一张桌子，悬挂白桌衣，桌上摆着供品、香炉、蜡台和长明灯等。在没有收殓之前，这盏长明灯不管白天晚上都要有人看守，不能让它熄灭。据说，这盏灯就是死者的灵魂。尸体和灵枢都忌讳停放在光天化日之下。据说，怕受所谓"日晶月华"，更怕冲犯上天过往的神灵。因此只要是举行简单的祭奠仪式，就必须要搭灵棚。

搭灵棚规模的大小，主要看丧居院落的格局。如果只搭一屋院子的棚，叫作"平棚起尖子"，也叫"一殿"，就像古典殿堂一样，上边起一条脊。如果丧居有两层院子，就可以搭一座大棚，将这两个院子都罩上，灵堂院子的棚顶高些，前院棚顶略低，使两个顶子浑然一体，后高前低，叫作"一殿一卷"，即后院的高顶为"殿"，前院的低顶为"卷"。所谓"殿"，就是殿堂的意思；所谓"卷"，即棚顶全是活席，可以卷起来的意思。这种棚历来用数层席箔里外包严，不见杉槁，不但美观，且不漏水。从外观上看，宏伟壮丽，犹如宫殿，使人望之，哀戚之情油然而生。

除了主棚外，还必须有许多用途不等、名称不同的棚，规模大小不一。由于在这期间，吊唁的亲友多，而且时间都比较集中，上祭恐怕发生拥挤，甚至排不上号。所以在其他院落就要搭一座或数座祭棚，凡远亲、朋友来吊唁的，就被知宾引到这种棚里上祭。有些棚是专门用来摆官座，以便让来宾们休息、喝茶和用饭的。

接下来就要举行开吊仪式。这是最讲究排场的一个仪式。在浙江一带，丧家要在大门口设置一口"报丧鼓"。吊唁的人一进门就击鼓二下，亲属听见鼓声就号哭迎接。来吊唁的人向死者遗像行礼哀悼，然后垂泪痛哭。有的地方就只在灵案上放一个铜磬，由一个人专门负责敲击，隔一会而敲一记，说是铜磬响一声，黄泉路上就光亮一闪，灵魂可借着照明前行，但又不可以连连敲，不然死者亡魂就会匆匆跟跄。灵堂上女眷们悲泣的哭声，充溢着整个灵堂。孝子孝媳自始至终都披麻戴孝跪在灵案边陪祭。来吊唁者都要在哀乐声中向死者跪拜。俗称"先死为大"，故除了长辈不下跪，即使平辈也得跪拜。有的地方把吊唁称为"拜祭"，一般亲友所送祭礼是香、烛、鞭炮、纸钱、利布，而女婿家和娘家亲属除了香、纸外，必须备猪头、鹅为祭礼，当送祭礼前来吊唁的人到来时，有些还哭唱出来生前与死者的友好关系，嘱咐亡魂应保佑他如何等。煮熟的猪头、鹅两样为一副，到时一副供奉灵前，然后从上辈到小辈按顺序拜祭。死者的子孙全体跪于灵前，拜吊痛哭。而宁波一带的吊唁人生礼仪则别具一格，而且祭品也别有一番风趣。灵前摆上由火腿制成的琵琶琴，用熟猪头做头，熟猪肺和猪肝做身，制成的姜太公，饰着彩带的白鲞，用熟猪肚制作成的白象，煮熟的鸡制作成的凤凰，悲悲切切的灵案上如一台小小的食品工艺博览，是家眷对亡灵的一番心意和良好的祝愿。吊唁开始，爆竹齐鸣，人生礼仪程序非常有讲究，吊祭的人都穿着素服，以亲疏尊卑为顺序，一家一堂，本家先祭，外客后祭，一律跪拜行礼，长者在前，晚辈在后，专门设一赞礼生手持焚香一束，立在东面。另外设一个赞礼生立在西面。最后，要燃放爆竹，从而标志着祭拜人生礼仪仪式的结束。

现在社会，不管是城市还是农村，吊唁仪式已经大大简化了。尤其是在城市，吊唁仪式主要是遗体告别和开追悼会。前来吊唁的人身着素装，佩戴白花和黑纱，在悠戚的哀乐声中，一一向遗体鞠躬致哀，而后再绕遗体一周瞻仰遗容。吊唁的人可以向死者的主要亲属说些简短的劝慰的话，劝慰丧家节哀顺变，保重身体。但是，基本的用意并没有改变，依然是表达对逝者的悲痛之情与对家属的安慰之意。

吊唁仪式反映了中国传统社会"尊卑有序"的伦理原则。在传统社会，人们认为，人生礼仪仪式必须讲究等级差别，不可随意增删，否则会上下失和，出现危机动乱。在丧葬礼仪中，与死者亲属关系越近则丧服越重，丧服越重，衣服所用质料越粗，斩衰的衣料最粗，缌麻最细。而且穿着丧服的时间亦因亲属关系的远近而长短不等，斩衰三年，齐衰一年，大功九月，小功五月，缌麻三月。穿着不同丧服的人，在参加葬礼时的表情与位置也有约定俗成的规定。除此而外，入殓、哭丧、下葬等丧葬礼仪的各个仪式皆凸显"尊卑有序"这一伦理原则，借以区分亲属关系的远近，强化宗族内部的尊卑意识。

6. 入殓仪式

吊唁举行完毕之后，就要对死者进行入殓仪式。入殓有"大殓"和"小殓"之分。小殓是指为死者穿衣服。根据史籍的记载，古代小殓是在死亡的第二天早晨的卧室门里。那个时候，先把小殓衣陈列在房里，然后铺设好殓床，接着举行着装仪式。主人和主妇都要把头上的饰物卸下来，把头发盘束在头上，男子要露臂，大家都要不停地号哭，以示悲痛至极。主持仪式的人开始为死者穿衣，先在床上铺席，再铺绞，它们的质地，要据死者的身份而定。无论贵贱尊卑，死者都应该穿上十九套新衣。穿好以后，亲属用被子把尸体裹上，然后用绞带捆紧。在这以后，再把布囊（称"冒"，分为上下两截）套在尸体上，然后盖上被子，覆盖好尸体。

在传统的民间习俗里，入殓的衣服和被子忌讳用缎子，因为"缎子"谐音"断子"，唯恐因为这个原因遭到断子绝孙的恶报。人们的做法一般用绸子，"绸子"谐音是"稠子"，可以福佑后代多子多孙。殓衣又忌讳用皮毛制作。兽皮，虽然是难得的贵物，但是对于已经死去的人没有益处，留下来对生者倒还可以有用。还有一种说法是，用兽皮做被子的话，死者来世会转生为兽类。另外一种说法是从"全尸"考虑的，说是恐怕人尸与兽革混杂一处而不能辨别。殓衣还不能用带"洋"字的布料，殓衣是给去世的人穿的，带洋字的布料会使殓衣带有"阳"的意思，对于在阴间的死者不好。事实上，这种讲究在今天农村很多地方依然信守。

殓衣穿好后，有些地方要还要举行开光和抿目等的活动。替死者穿好衣服后，又拿一碗温和水，用一块新棉花，蘸上水，将亡人的眼睛擦洗擦洗，叫作开光，这也是孝子亲手做的事。说是死人若不开光，下辈子必是瞎子。在泉州一带的地方，丧家要把家里的鸡狗之类的动物捆绑起来。因为民间以为猫或其他动物靠近尸体，会诈尸。尸体会跳起来，死死抱住活人或其他东西不放。这些传说，实属迷信，无非是要利用这一禁忌，提醒孝眷谨慎看守尸体、灵柩、精心尽孝，不得轻视和慢待已经死去的人。

"大殓"是指收尸入棺，汉族民间俗称为"归大屋"。这就意味着死者与世隔绝，与亲人最后一别，所以举行大殓仪式非常隆重。收尸盛殓的棺材，是以松柏制作的，忌讳用柳木。松柏象征长寿。柳树不结籽，或以为导致绝嗣。有的地方用柏木做棺材要掺一些杉木，据说完全用柏木做的棺材会遭天打（触雷电）。寿木做好后，搁在那里不能移动，俗说随便移动，对本人不利。棺材外面一般漆成朱红色，写上金字，也有画上花鸟人物的。

大殓的时间是在小殓的第二天，就是人死后的第三天举行，以等待他生还过来。按照民间习俗，要在棺底铺上一层谷草，然后再铺一层黄纸，意思是死者的灵魂能够高高地升入天堂。而七星板则是求寿之意。在七星板上铺黄绫子绣花的棉褥子，俗叫铺金，褥子上锈海上江牙、八仙过海等图案，意思是超度死者的灵魂升天成仙。而清末北京丧家流行用的陀罗经被、如意寿枕等物，都寄托了这种意思。当主人"奉尸敛于棺"的时候，是最能表现也最需要抒发子女们的孝心的时候，是亲人孝思形式化的最佳场合。所以，家人们都要捶胸顿足、号啕大哭。

在合上棺材之前还要往棺内放些葬物。民间的讲究是让死者左手执金，右手握银。多是让亡人左手拿一个一两重的小金元宝；右手拿一个一两重的小银元宝或银子；而穷人就只好放些铜钱，或当时社会上通用的硬币，如大铜子、小铜板之类。最不济的也得给亡人手里放一块手绢。所以，历代的陵墓都有过盗掘的现象。尤其是帝王陵墓，随葬品大都是稀世珍品，更引来无数觊觎者。

为了保证亡人能够落个尸首完整，据说，凡是亡人生前从身上脱落下来的东西，都应殓入棺内。比如老年时，脱落的牙齿，以及小殓沐浴时所剪下来的指甲。这时，家属必须把它们放入棺内。尸体、殉葬物放妥后，接着要钉棺盖，民间称为"镇钉"。镇钉一般要用七根钉子，俗称"子孙钉"，据说这样能够使后代子孙兴旺发达。入殓后，雨打棺。否则，以为后代子孙会遭贫寒。入殓前后，停棺在堂，直至出殡。

7. 出丧择日仪式

尸体收殓之后就要把灵柩送到埋葬的地方下葬，叫作出丧，又叫"出殡"，俗称为"送葬"。停尸祭祀活动后就可以出丧安葬。在许多民族中对出丧日期都要慎重选择。

按照传统的说法，人在刚日死，应选在柔日下葬；柔日死，应选在刚日下葬，刚日、柔日要配合好才行。否则，不吉。按照迷信的讲究，凡奇月死者，应在偶月下葬；偶月死者，应在奇月下葬。奇月、偶月也要配合好才行。否则，不吉。若不能及时葬埋，可先枢起来。在河南一带，还有埋葬忌月的习俗，并且与姓氏有关。据说，张、王、李、赵四姓人，禁忌六月、腊月动土葬埋。其余姓氏，三月、九月禁忌动土葬埋。若忌月有丧事者，要排至三七、五七殓葬，必得避开忌月才行。如特殊情况需及时出殡者，也只能先用青砖枢之，不得入土葬埋。中国台湾以及南方一些地区，俗忌七月出葬。因民间传说，七月为鬼月，七月十五日为鬼节，该月阴间的鬼魂要到人世上来讨食。为避鬼煞，故忌此月殡葬。

旧时，民间还广泛流传着忌"重丧"的习俗。浙江一带俗说"重丧"是指死者出生的年月日，与死者死时的时辰有干支重字。俗称"月不清"。遇上这类情况，要举行特殊的丧仪，往往是在三更、五更盖棺，抬至郊外。丧家不穿麻，不能哭，要等七日后，才呼号奔告亲朋，然后再补丧礼。但是，在中国台湾一带，"重丧"却是指某种葬埋忌日而言。俗说在某日葬埋便会犯重丧，亦即丧家还会再死人。

少数民族在殡葬择日的信仰方面与汉族有相通的地方。东北地区的朝鲜族、赫哲族、满族均选择单日出殡，而不能在双日出殡，据说，双日出殡意味着要死两个人。还有一些民族和地区不但择日，还择时。彝族人家中有人去世，一般在家停尸时间很短，多是上午死，下午葬；下午死，晨葬。但忌讳正午出殡。俗以为正午出殡会招致灾异，不吉。云南一带的苗族（黑苗）一般在早上出丧。而花苗和白苗则在午后和黄昏出殡。贵州一带的苗族（白苗）是在天刚亮出丧。东北黑龙江一带的赫哲族多在晌午出殡。广东等地瑶族出殡时间多在中午或午后，以为这种时刻最吉利。

出丧择日仪式看似比较简单，有时只需翻翻皇历或问问"阴阳先生"即可，但它所反映的是中国传统文化的"天人相通"的价值理念。传统文化认为，天是万物之本源，人是天的派生物，因此，从本源意义上讲，人也是天的一部分，最终必须与天有机地合为一体；礼之所以区分为吉礼和凶礼，是取之于阴阳之分；丧服之所以区分为不同种类，是取之于四季的变化；生者之所以要对死者行丧葬祭祀之礼，是因为人死之后，魂气上升于天，形魄回归于地，所以要用祭祀之礼求神于阴阳。不难看出，出丧择日仪式就是为了会同天地四时，顺应阴阳五行的运转规律，真正体现"天人相通"，由此而实现了丧葬礼仪由世俗性向神圣性的转化。

8. 哭丧仪式

择日仪式之后便要哭丧。哭丧是中国丧葬礼俗的一大特色。哭丧仪式贯穿在丧仪的始终，大的场面多达数次。而出殡时的哭丧仪式是最受重视的。

出殡的时候必须由全体后代尤其是男人们"唱哭"，否则按照民间旧俗就会被视为不孝。另外，哭的音量大小也非常重要，如果哪家死者在黄泉路上没有响彻天地的哭声相伴，便在方圆数十里传为笑柄，其子孙后代也要被人们视为不孝，大逆不道，天理难容。为了求得孝顺的美名，孝子贤孙们在此确实也颇费了一番心机，花钱请人替死者哭丧便是历代孝子贤孙们的惯用手法。有些地方甚至出现了职业性的哭丧夫或哭丧妇，收入还比较可观。

哭丧时"唱"出的歌叫哭丧歌，广西的壮族，在哭丧时有个很独特的习惯，那就是请两个民间歌师来唱哭丧歌。两位歌师扮成舅甥，一问一答，唱歌彻夜，赞颂祖先业绩，劝导后辈不忘祖恩。许多民族有哭丧歌舞仪式。彝族人称此为"跳脚"，由四人手持八卦在尸旁跳，边跳边唱孝歌，据说这样可以为死者踩平通往阴间的荆棘之路。景颇人称此为"布滚戈"，要请附近各寨的青年男女同跳，通宵达旦。除此之外，还要安排两个身着长衫的男子持矛舞蹈，绕竹幡作刺击状，以示驱邪。

从形式上来看，现代民间的哭丧歌，亦即挽歌大致可以分成三类：一是"散哭"；二是"套头"；三为"经"。散哭的特点是"随心翻"，想到什么就哭什么，搭着什么就唱什么，没有限制。其内容主要是倾诉对死者的思念之情，自责对长辈的不孝，悲叹自己的苦难身世。至于套头，是有内容的限制的。哭的时候是哭别人的好处，诉自己的苦楚。"经"是结合丧葬仪式来唱的。不管怎么样，入殓的时候会唱的子女和亲属都要唱"哭丧歌"，倾诉自己对死者的思念之情。而出殡的这一天清早，长房媳妇要唱"开大门"。因为民间认为，人死了就会被打入十八层地狱，不哭开大门的话，死者就会在阴间受罪。出殡的时候，女儿或媳妇要唱"出材经"，回来后唱"床祀经"。唱"亭子经"是为了让死者能够在阴间路上歇脚乘凉。当设灵台的时候，要唱"灵台经"。这种唱经的习俗大多由女性来主持，目的是为了让死者平安地到达阴间。

9. 下葬仪式

经过了初丧、哭丧、做七、送葬等仪式之后，最后的环节就是下葬了。这是死者停留在世间的最后时刻了，一般都非常郑重其事。

由于各个民族所处的生存环境不同等原因，形成了很多不同的下葬风俗仪式。这种下葬的仪式反映了人们对灵魂的崇拜。汉族主要是实行土葬。墓地是死者的最终归宿，所以墓地的选择是埋葬死者的头等大事。墓地要选在地势宽广、山清水秀的地方，找出生气凝结的吉穴，从而可以使死者安息地下，庇佑子孙。

这种下葬仪式是非常讲究和烦琐的。抬灵柩的人叫作"八仙"，挖好棺材洞穴叫作"打穴"。在打穴之前还要祭祀开山，孝子要烧香点烛行开山礼。有的地方要请地仙，还要画太岁，开山的时候要避开太岁的方向，不然就是"太岁头上动土"，丧家就会遭受到祸害。开山的时候要在做墓穴的地方前后打个木桩，然后让孝子在打木桩的范围内用锄头挖三下。接着八仙就过来做穴，做好之后再把太岁的画像烧掉。这种墓穴，是把灵柩推进去的。在墓穴的底部铺垫着两根竹子或者剥了皮的光滑润泽的小杉树。放的时候，把灵柩的上首搁在上面，再用撬棍往里面推，推进去之后再抽掉垫底，最后铲一些草皮把洞口砌严封好。

灵柩在山上停放好之后还有很多有趣的风俗。在一些地方，孝媳妇要在灵前作揖拜礼，然后捧把黄土，在怀里包着，跑回家里把黄土撒到猪栏鸡笼和床下，据说这样就可以得到亡灵的保佑。要是媳妇多的，就要争取第一个吉祥，甚至有脱掉鞋子抄水路捷径回家的。撒完黄土之后，媳妇要急急忙忙地跑到厨房里吃几口饭菜，这叫作"进宝"，是为了图个吉利。

在旧时，祭祀墓穴是人们非常看重的。祭祀的时候把一只公鸡杀死，用它的血来祭奠。公鸡不会马上就死去，而是在墓穴里反复扑腾，按照旧时的说法，公鸡死在墓穴里的哪个部位，哪个部位的子孙就会兴旺发达。公鸡扑腾下来的鸡毛叫作"凤凰毛"，必须要拣掉。下葬之前还要由死着的儿子把用五谷杂粮编成的五谷囤放在墓穴里。囤口上面盖着一张小烙饼。在墓穴里还要放一个陶瓷罐，罐子上面放一盏豆油灯，叫作长明灯。有的地方还在墓室上嵌一面铜镜，象征太阳。在古代的时候，有钱的人家要远离坟墓，射三支箭，然后马上后退。这样不敢靠近灵柩是因为担心压不住鬼邪，自己会遭殃。在灵柩放进墓穴的时候都必须放炮，说是为死者饯行去阴间。

按照旧时的规矩，下葬的时间也是要讲究的，必须是太阳落山灵柩也落土。落土的时候"八仙"拽着棕绳徐徐放下，四平八稳之后，亲属们必须抓起泥土扔到灵柩上，这叫作"添土"。灵柩下去之后，先要盖一层薄土，再把墓穴里扫出来的土撒在上面，之后要放上一只碗，叫作"衣饭碗"。这样做是为了以后迁坟的时候动作轻些，免得惊动亡灵，招来不幸。

民间的习俗认为，人死后的灵魂随时可能从坟墓里跑出来，跟着活人回家。所以下葬的人必须绕墓转三圈，在回家的路上也严禁回头探视。否则看见死者的灵魂在阴间的踪迹，对双方都是不利的。实际上这也是一种节哀的措施。不然的话，死者的亲人不停地回头观望，总也不舍得离开，是很难劝说的。

埋葬之后人们必须要洗手，有的还要用酒来洗。这样是表示今后再也不死人，用来驱除晦气。接着丧家要谢吹鼓手和客人。之后还要举行辞灵仪式，祭拜死者的灵位。在有的地方辞灵之后，只要是亲属就要在一起吃饭，这叫作"抢遗饭"。在江浙一带有喝"长寿汤"，吃"长寿豆"的习俗。就是说，70岁以上的老人去世之后，在出丧的那天丧家要准备一大桶肉骨头汤，就是"长寿汤"，一大盆煮得烂烂的黄灿灿的大豆，就是"长寿豆"。送丧的人回来都要喝一小碗长寿汤，随意吃一些长寿豆，意思就是"添福添寿"。有的地方还会把又香又糯的长寿豆分给邻里左右的小孩吃，蕴含的意思是：吃了长寿豆，日后长又寿。

三　传统丧葬礼仪的文化特质

中国素称"礼仪之邦"，历来重视礼仪行为，而丧葬礼仪是礼仪中最为独特、最为引人注目的一种，因为丧葬礼仪是关于死亡的仪式，是人们既感到恐惧，而又不得不面对的人生重大仪式，其中既夹杂着恐惧和敬畏心理，更有着对新生的渴求和追求生命的永恒和不朽之意。世界各民族都在其历史文化的演变过程中形成了不同特色的丧葬仪式，而其中中国传统的丧葬仪式是最为繁缛、最为隆重和最有特色的。在中国从传统社会向现代社会的转型过程中，许多传统的礼仪在内外的冲击之下，逐步地丧失了它的影响力，但丧葬礼仪的影响力依然很大，这恰好表明它的文化特质十分明显，由此而产生的文化渗透力是比较强的。应该说，传统丧葬礼仪的文化特质主要表现在以下三个方面：

1. 孝道观念

孝在中国文化中，在儒学中具有原发性、综合性，是其核心、根本与特色。我们从孝的基本含义"事亲"这一方面来看，子女们怎么样事亲才算是真正的孝呢？古代言孝的儒家经典《孝经》里面说："孝子之事亲也，居则致其敬，养则致其乐，病则致其忧，丧则致其哀，祭则致其严。五者备矣，然后能事亲。"概括说来，孝包含事生和事死两个方面，而在事死方面尤为重视，丧葬礼仪可以看作是对事死方面的展现。对事死的重视我们可以从以下几个方面找到证据。第一，孝的最初形式是强调对先祖的祭祀，是念祖怀亲。氏族制时期的孝观念行为更侧重对父母后事的处理，以及追荐、怀念先人的习俗方面。早期的孝观念和行为，怀念祭祀父母应该是更为中心的事。第二，历代强调孝的教化功能，而其中最重要的形式即通过丧葬活动。《孝经》中说："夫孝，德之本也，教之所由生也。"《论语》中说："慎终追远，则民德归厚矣。"第三，随着经济的发展和社会的繁荣，丧葬礼仪受到社会的高度

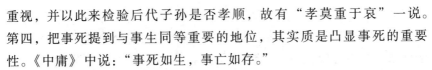

重视，并以此来检验后代子孙是否孝顺，故有"孝莫重于哀"一说。第四，把事死提到与事生同等重要的地位，其实质是凸显事死的重要性。《中庸》中说："事死如生，事亡如存。"

孝道观念作为一种观念形态总是要通过许多具体的形式表现出来，在丧葬中则是通过礼仪形式。中国传统的殡葬礼仪中贯穿着儒家的孝文化，各礼仪环节是按孝道的思路设计的。孝观念在葬礼中主要表现在两个方面，即对丧葬的重视和对丧葬质量的重视。

对丧葬的重视引发出繁缛的丧葬礼仪形式和较规范的丧葬制度。丧葬礼仪是后代子孙对长辈的最后一种尽孝的形式。为了体现孝子贤孙对长辈的孝敬之情，哀戚之心，仪式仪规非常繁缛。仔细考察丧葬礼仪的程序设计，我们可以发现，孝观念是其中的主要脉络。丧葬礼仪中的孝道观念体现在以下三个方面：第一，"事生"的后续行为，这主要体现在初丧礼仪之中。子孙不因长辈的谢世而有所懈怠，初丧礼仪中搬铺仪式、沐浴更衣仪式、饭含仪式、覆面仪式、招魂和送魂仪式等都包含有孝敬之意。比如沐浴更衣仪式，既是让死者干干净净地到达阴间，为祖先所收容，又表达了这是生者最后一次侍候死者。第二，对长辈去世的哀痛之情。对长辈去世的哀痛之情既是自然流露，又是孝的体现。在整个葬礼过程中，晚辈们竭力宣泄内心的哀痛之情，同时又都在精心自塑"孝男孝女"的光辉形象。对于哀痛的设计，其中有两个方面是必须注意的，一是必须有哀伤的表现，否则便被视为不孝，二是哀伤要适度，不能以死伤生。哀伤之情贯穿整个葬礼，集中体现在以下仪式中，包括奔丧、吊丧、大殓、出殡时的哭丧仪式等。我们以出殡时的哭丧仪式为例。出殡时必须有全体后代的哭声，而且哭声要大，如果出殡没有哭声相伴，就会被别人笑话，其后代子孙也会被人视为不孝。为达到效果，民间还出现了职业性的哭丧者，专门替人哭丧。哭丧还有特别的讲究，哭的内容和形式都有相应的规定。第三，葬后对长辈的哀悼之情。子孙后代与长辈的关系并不随着葬礼的结束而停止，生者与死者的对话，死者与生者的纠葛还将持续相当长的一段时间，有的甚至持续到生者的生命结束，这也符合"生，事之以礼；死，葬之以礼，祭之以礼"的精神。死者葬后，还会定期举行一些活动或仪式，以维持与死者的关系，同时体现"念祖怀亲"的孝道观念，这些仪式包括守孝、服丧、扫墓、祭祖等。在丧葬礼仪的形成过程中，还出现了制度化和规范化的倾向，即形成一定的丧葬礼仪制度。这种礼仪制度是封建统治者"移孝作忠"的结果，是为了维护统治者的政治需要，其中核心的观念是"重孝道"。

2. 等级观念

传统等级观念脱胎于奴隶社会，完善于封建社会，反映等级制度，并为思想家所论证、为法律所强化，因而成为一种认知方式、一种思维方式、一种行为准则，成为传统文化，尤其是传统政治文化的重要内容之一。所谓传统等级观念，有以下两个要点：首先，人是有等级的而非平等的，所谓"天有十日，人有十等"。其次，每个人应按其所归属的等级行事，各安其位，各尽其职，享有相应权利，履行其应尽义务。

中国传统的礼制，很大程度上就是一种等级制度，因而在中国传统丧葬礼仪中包含有明显的等级观念。我们可以从丧葬礼仪发展史中窥见这一特点。中国的丧礼葬礼自周代以来历代均有改革而且繁简仪式也有所不同，但是长久以来均以汉族为代表，其基本观念也始终未曾动摇。我们考察中国丧葬史，便可以看出，等级观念是丧葬礼仪中的一个重要观念。夏商周时期，中国古代的丧葬礼仪已向系统化、程序化、制度化的方向发展。特别是周代，为一个崇尚礼仪的时代，丧葬礼已经非常完备。从《周礼》《仪礼》和《礼记》中，我们可以看到当时丧葬规则的一个最大特点便是平民与士以上统治者的区别对待，这种区别往往以士为分界点，对平民不再做出更为具体的礼俗规定或者提出详细的要求，但对士以上的各个统治阶层，则做出相应的详细礼制规定，以区别从帝王到诸侯到士大夫之间的不同阶层地位、权力、爵秩。战国时期，中国古代的丧葬礼仪已基本具备。当时丧葬礼仪的特色，在于强调伦理秩序的充实和道德架构的建立，由此规定出亲属团体的层级亲疏关系，以及比附于社会的政治等级制度，使伦理秩序与政治秩序在丧葬礼俗中获得有机的统一。由于丧礼无不本之伦理秩序和政治秩序，故而其外在的表现形式也变得十分繁复。唐朝是我国封建社会最为繁盛的时期，各种体现封建等级礼仪的发展登峰造极，丧葬礼仪制度也发展得很完善。明代统治者出于人伦教化、稳固政权的考虑，对庶民百姓的丧仪制度、居丧制度、服丧制度、葬法等均有严密详尽的法令限制。

从某种意义上说，丧礼是中国传统社会等级制度的一个缩影。中国传统丧葬礼仪中的等级观念，主要表现在以下四个方面：第一，葬礼过程中的礼仪表现出不同等级的不同处理方式以及仪式繁简的差异。比如饭含仪式中，死者的身份不同，所含物品不同，即使是同一类物品其数量也不同。饭含仪式，自周代后历代沿袭，只不过随着社会所崇尚的富贵的物质形态不同，饭含之物有所差异。又如，不同的身份等级，其停殡待葬的日期不相同。在仪式的繁简上，也是根据现实社会中不同社会身份的死者，其丧葬仪式也不相同，官阶越高，仪式越繁，奢侈的程度也越高。第二，在丧服制度上，表现等级的观念。按照《仪礼·丧服》的规定，丧服分五个等级，包括斩衰、齐衰、大功、小功、缌麻五等。从表面上看，守丧是一个纯血缘亲情问题，其实五个不同的等级都表现出君臣、父子、夫妇之间的差异，是等级观念的体现。比如，丧葬礼仪中反映出男女社会地位的等级差异，据《仪礼·丧服》中记载，儿子给父亲服斩衰，为母亲只服齐衰，若父亲已去世，服齐衰三年，未去世只服一年。妻子为丈夫服斩衰三年，丈夫则只为妻子服齐衰一年。第三，墓葬制度反映出社会等级的差别。陵墓的大小、高低、形制反映出死者生前的地位、权力和财富。比如西汉时期对各种不同身份地位人的坟丘的高低大小有较明确的礼制规定，坟丘礼制趋于完备。第四，随葬品反映等级的差别。随葬品的丰俭反映出社会等级制度的差别。比如殷商时，奴隶主随葬冥器与生前占有财富和本身的地位有关。其他朝代在冥器的等级表现上也非常明显。

3. 和谐观念

在文化价值取向上，中华民族文化价值观以和谐文化模式为基础。《论语》上也说："礼之用，和为贵。"在丧葬礼仪中也体现出"和谐"的文化价值观念。它主要表现在，通过丧葬礼仪实现人与人之间、人与群体之间、人与自然之间的和谐。

首先，通过丧葬礼仪活动达到家室和宗族的和谐。丧事的处理在中国传统社会中不仅仅是一个家庭的行为，它往往是一个家族或宗族的行为。在中国传统的乡土社会中，葬礼是一件大事，也是民间各种仪式中最为隆重，也最为铺张讲究的仪式，丧事不是由几个人单独完成的，而是需要家族成员的参与。葬礼是公开性的活动，也是一次社会聚合的机会，通过葬事的处理实现家庭的和谐，家族内的相互了解与和睦，实现邻里之间的互助，尤其重要的是，通过丧葬礼仪活动，实现对子孙后代的教育。由此可见，丧葬礼仪的和谐的功能以及教育功能也具有不可忽视的重要意义。

其次，丧葬礼仪中还含有人与自然和谐的观念。"天人合一"代表着中国人的人生精神，也是一种人生归宿，它所追求的就是人与自然的和谐统一。儒家认为"天地生万物"，人与万物都是自然的产儿。这里不仅强调人在现实生活中要尊重自然，保护自然，与自然界和谐相处；也指人的肉体从自然中来，最终必然要回到自然中去。丧葬礼仪就是后者的一种实践形态。说到底，丧葬礼仪既是对逝者的一种哀悼与吊唁，也是对逝者的一种祝愿与祈福，哀悼与吊唁是对逝者的一种怀念，祝愿与祈福是希望逝者早日回归自然，人从自然中来，又回到自然中去。

四　传统丧葬礼仪的个体品德培育功能

丧葬礼仪文化是中国传统文化的重要组成部分。丧葬礼仪是关于死亡的仪式，是人们既感到亲情难舍，又感到神秘和恐惧，但又不得不面对的重大的人生礼仪，其中既夹杂着悲痛、伤感、恐惧和敬畏等复杂心理，更有着对新生的渴求和追求生命的永恒和不朽之意。在中国从传统社会向现代社会的转型过程中，丧葬礼仪依然被人们所固守，这足以表明在它背后蕴含着由中国传统文化价值所支撑的个体品德观念。具体来说，传统丧葬礼仪在个体品德培育过程中的作用主要表现在以下五个方面：

1. 使仪式的参与者进一步体悟孝观念，固化个体品德

孝在中国文化中，在儒学中具有原发性、综合性，是其核心、根本与特色。① 我们从孝的基本含义"事亲"这一方面来看，为人子怎样事亲才算是孝呢？古代言孝的儒家经典《孝经》里面说："孝子之事亲也，居则致其敬，养则致其乐，病则致其忧，丧则致其哀，祭则致其

① 肖群忠：《孝与中国文化》，人民出版社2001年版，第1页。

严。五者备矣，然后能事亲。"① 概括说来，孝包含事生和事死两个方面，而在事死方面尤为重视，丧葬礼仪可以看作是对事死方面的展现。

孝道观念作为一种观念形态总是要通过许多具体的形式表现出来，在丧葬中则是通过人生礼仪仪式。孝道观念在丧葬礼仪中主要表现在两个方面，即对丧葬的重视和对丧葬质量的重视。对丧葬的重视引发出繁缛的丧葬礼仪和较规范的丧葬制度。丧葬礼仪是后代子孙对长辈的最后一种尽孝的形式。为了体现孝子贤孙对长辈的孝敬之情，哀戚之心，仪式非常繁缛。仔细考察丧葬礼仪的仪式设计，我们可以发现，孝道观念是其中的主要脉络。丧葬礼仪中的孝道观念体现在以下三个方面：第一，"事生"的后续行为，这主要体现在初丧人生礼仪之中。子孙不因长辈的谢世而有所懈怠，初丧人生礼仪中搬铺仪式、沐浴更衣仪式、饭含仪式、覆面仪式、招魂和送魂仪式等都包含有孝敬之意。比如沐浴更衣仪式，既是让死者干干净净地到达阴间，为祖先所收容，又表达了这是生者最后一次侍候死者。第二，对长辈去世的哀痛之情。对长辈去世的哀痛之情既是自然流露，又是孝的体现。在整个葬礼过程中，晚辈们竭力宣泄内心的哀痛之情，同时又都在精心自塑"孝男孝女"的光辉形象。对于哀痛的设计，其中有两个方面是必须注意的，一是必须有哀伤的表现，否则便被视为不孝，二是哀伤要适度，不能以死伤生。哀伤之情贯穿整个葬礼，集中体现在以下仪式中，包括奔丧、吊丧、大殓、出殡时的哭丧仪式等。我们以出殡时的哭丧仪式为例。出殡时必须有全体后代的哭声，而且哭声要大，如果出殡没有哭声相伴，就会被别人笑话，其后代子孙也会被人视为不孝。为达到效果，民间还出现了职业性的哭丧者，专门替人哭丧。哭丧还有特别的讲究，哭的内容和形式都有相应的规定。第三，葬后对长辈的哀悼之情。子孙后代与长辈的关系并不随着葬礼的结束而停止，生者与死者的对话，死者与生者的纠葛还将持续相当长的一段时间，有的甚至持续到生者的生命结束，这也符合"生，事之以礼；死，葬之以礼，祭之以礼"的精神。死者葬后，还会定期举行一些活动或仪式，以维持与死者的关系，同时体现"念祖怀亲"的孝道观念，这些仪式包括守孝、服丧、扫墓、祭祖等。在丧葬

① 李学勤：《孝经注疏》，北京大学出版社1999年版，第38页。

礼仪的形成过程中，还出现了制度化和规范化的倾向，即形成一定的丧葬礼仪制度。这种人生礼仪制度是封建统治者"移孝作忠"的结果，是为了维护统治者的政治需要，其中核心的观念是"重孝道"。

丧葬礼仪的形成有两条途径，一个是由俗而礼，一个是由礼而俗。丧葬礼仪制度与丧葬风俗相比，它的规范性更强，影响面更大。我国丧葬礼仪的制度化从进入奴隶社会就开始了，从《周礼》《仪礼》和《礼记》等典籍中，我们可以很清楚地看到，丧葬礼仪在周朝就已经非常完善了，它们在丧礼、墓地、棺椁、随葬品及礼制的监督执行等方面，都做出了具体而且详细的规定。丧葬礼仪制度主要包括丧礼制度、丧服制度、居丧制度、陵墓制度和明器制度等。对丧葬质量的重视，主要表现在厚葬上。中国传统社会的丧葬历史从总体上来讲是隆丧厚葬，其背后的核心观念是灵魂，即逝者去世后在另一个世界仍可像生前一样享受现实世界的物质生活的后代子孙的孝意。

2. 使仪式的参与者感知灵魂观念，反思个体行为

丧葬的起源与原始人的灵魂观和灵魂不死的信仰紧密地联系在一起。丧葬礼仪中的许多仪式和做法也与灵魂观念直接相关。正是灵魂的观念，才为中国传统丧葬礼仪中的繁缛、恭敬、敬畏等行为或态度等找到心理学的根据。那么，灵魂的观念是什么呢？第一，传统时期的中国人相信灵魂是存在的。灵魂是存在的是包括中国人在内的世界上许多民族的共同信仰，它也是原始宗教产生的一个重要原因。在原始人的心目中，万物都是有灵魂的，不仅是人而且所有的动植物乃至无生命的东西的背后都藏着一个"精灵"。在万物有灵观念的基础上产生了原始的宗教形式——原始图腾。第二，灵魂可以独立于人的身体而存在。灵魂寓居何处，人们不得而知，但有一点可以肯定，灵魂既可寓居于身体之内，也可以在身外游荡。灵魂的这种来去自由确实为人们解释许多无法理解的事情提供了合理的说明。比如说生病，原始人相信，生病是人的灵魂出走之后，没有及时回到体内。又如做梦，做梦不过是人的灵魂暂时离开身体，人们醒来后，灵魂便又回归肉体。再如死亡，这个人们无法解释的生命之谜，便可以合理地解释为灵魂的永久离去。第三，灵魂是不灭的。灵魂与肉体不同，肉体只是灵魂的寓所，是会灭亡的，而灵魂却是永生的。"既然灵魂在人死时离开肉体而继续活着，那么就没有

任何理由去设想它本身还会死亡；这样就产生了灵魂不死的观念。"①
第四，灵魂在另一个世界活着，但并不是跟活着人断绝关系，它仍以各
种方式与生者保持着密切的联系。既然灵魂可以独立于肉体而存在，并
且灵魂是不会灭亡的，那么，对于灵魂的处理就是丧葬礼仪必须面临的
事情。灵魂观念对于丧葬礼仪的影响主要表现在以下四个方面：其一，
灵魂的观念引发了丧葬礼仪。既然灵魂是不死的，而它又以种种方式与
活人保持联系，那么对于肉体的处理不仅必要而且十分重要，这样原始
的丧葬礼仪就产生了。其二，由于灵魂永存人间，祸福人类，因而在对
灵魂的处理上，表现出既讨好又讨嫌灵魂的矛盾心理。比如，对于非正
常死亡者的灵魂，以及夭折小孩的灵魂，人们往往认为他们的灵魂是凶
的，不能葬入宗族墓地，同时人们又以不同的葬式来处理不同的灵魂。
对于正常死亡的灵魂，以及对于祖先的灵魂，人们则是重视有加。人们
竭尽自己的智慧，事鬼敬神，希望得到鬼魂的庇护。讨好鬼神的方式很
多，在丧葬礼仪中主要表现的方式有沐浴仪式、饭含仪式、覆面仪式、
厚葬、水陆道场、祭祀仪式等。其三，灵魂对于人们是如此重要，以至
于在丧葬礼仪中，还有专门的处理灵魂的仪式，即招魂和送魂仪式。招
魂仪式是在死者刚死亡的时候就开始了，这一仪式含有最后一次挽留死
者的意思。如果死者不能复生，则马上举行送魂仪式。送魂仪式的目
的，是让灵魂到达它的目的地。在送魂仪式中，人们像送生者上路一
样，要为灵魂指路，赠送一定的食物和金钱，要点上长明灯，为灵魂照
亮前进的道路。人们郑重其事地以一定的方式处理灵魂，好让灵魂顺利
地到达。招魂和送魂仪式也表现了人们两种相互矛盾的心态。前者是希
望死者灵魂复转再活过来，而后者则告知死者灵魂迅速离去，不必在此
逗留作祟。其四，灵魂观念引发了中国传统的鬼神崇拜。鬼神崇拜是葬
后人生礼仪产生的直接根据，其中包括了惧怕、讨好、孝等因素。由此
产生的葬后人生礼仪，主要包括居丧人生礼仪、丧服制度、祭祀仪
式等。

3. 使仪式的参与者体验亲情意识，拓展社会交往

长期以来，中华民族深受儒家思想的濡染，孝文化在各地非常盛

---

① 《马克思恩格斯选集》第 4 卷，人民出版社 1974 年版，第 220 页。

行，再加"泛灵信仰"和祖先崇拜，在各地丧葬礼仪中，体现了一种亲情观念。正是在亲情观念的驱动下，在丧葬仪式中，诸如入殓、成服、出殡、下葬，人们谨慎小心，一切追求完美，唯恐有什么失误，以免死者在另一世界受罪。在丧葬仪式中人们对死者的身体给予装饰、给死者精神予以升华，以便促使死者的身份尽快转变，希望死者能够在另一世界安逸幸福地生活。

入殓是丧葬仪式中的一个重要的环节，它包括给死者穿衣、入棺等一系列过程，也是死者走入"彼岸"完美的标志。在某种意义上是对死者进行的一番装饰。在丧葬仪式中，子女们为老人很早就准备好了寿衣和棺木。在死者咽气之前，一般必须得把寿衣穿好，在死者断气以后穿衣服，被认为是对不起死者的。从表面上看，因为人在死亡之后会变得全身僵硬，穿衣服不太容易。当然还有更深层次的禁忌，因为当地人认为，死者即使在死后穿上了寿衣，死者在"冥界"还是光着身子，或者穿得很破烂。如果谁家的老人在断气后才穿衣服，晚辈会受到别人的指责，死者的亲属也常因此而觉得终身遗憾。穿寿衣要穿单件，而且一部分是冬装。无论死者亡故的时间是冬季还是夏季，都要穿上棉袄，女性要在下衣的外面套上裙子，男性要戴帽子，女性戴上一种类似于围巾的东西，叫"手帕"。在给死者穿衣服的同时，要进行梳头和化妆，戴上首饰或装饰品，同时还要把死者生前遗留下的牙齿、头发等放进棺材里。如果实在没有准备好棺木，就把尸体放到"上房"的正堂，用白纸把死者盖好，人们时刻守候在旁边，切忌猫或者狗跑进屋里，以便"冲煞"。因为"冲煞"意味着死者的灵魂受到冲击和侵犯，这在当地人认为是很不吉利的，也是对死者很不好的。

在中国的各民族中，大都要对死者进行"念经"超度，促使死者的身份尽快转变。所谓超度，就是通过一定的法事和仪式，以便使死者超越苦难，甚至飞入仙境而不是下地狱，不受阴间任何折磨。超度的法事一般由阴阳先生主持，当然佛教徒的超度仪式由僧人主持，而在信仰基督教的区域则由牧师主持。在这些仪式中最主要的一项活动就是诵经。超度与诵经都是为了使死者在另一世界少受折磨，尽快适应生活。在出丧的前一天晚上，阴阳先生摇着铃铛念经，同时也有专门组织仪式的人，人们称其为"礼宾"，对他们的组织活动叫"喊礼"。在诵经的同时，还要鸣奏乐器（主要是竹笛、一些打击乐器，像小钹等），给死者宣读祭文、献饭，进行超度和祭祀。宣读祭文在当地叫"下文书"，只有死者亲属中的男性才有权利给死者"下文书"，主要是儿子、女婿和外甥，祭文是由阴阳先生或者礼宾写好后进行宣读的。

中国各个地域、各个民族的丧葬礼俗中大都烧纸钱，以及用纸做成的生产和生活用品，人们俗称"纸货"。"纸货"名目繁多，最主要的是用纸做的"三人一马"组合，即两个佣人，包括一男一女，当地人叫"童男女"，一匹马和一个马童（男性）。马在历史上曾经是重要的交通工具，而且奴婢也是有身份的人所必备的，如果死者拥有马和奴婢，也就能够在另一世界过上幸福美满的生活。还有各种纸幡，用金箔纸做的金银山，因为像古代的容器"斗"的形状，有银白色和金黄色两种，当地人叫"金银斗"。在当代，"纸货"还有纸做的房子、轿车等。在送葬的前一天，即吊唁的这一天中午，有一个展示"纸货"的仪式，就是把所有"纸货"拿出来，到村子外面转一圈，当地人叫"迎纸货"。到了村子外面，阴阳或者"纸货匠"要给"三人一马"组合举行"开光"仪式。在这个仪式上，要对"三人一马"组合中的纸人进行"梳头"和"画脸"，还要进行一番叮嘱，通过这种仪式，意味着赋予这些纸制品生命，以便使它们在另一世界能够尽职尽责地为死者服务。无论是传统的生产生活用具还是"现代化的设施"，以及伴随的仪式，体现了人们丰富的想象，寄托了死者的亲属希望这些"纸货"成为死者生活的必备品。有了这些日常生活品，死者就可以尽快转换身份，离开亲人后在另一世界安逸地生活，这样死者的亲属也就使亲情观念得以兑现。

在一系列的丧葬仪式中，具体的操作过程也是与死者亲属的身份和地位有密切关系的。葬礼中的一些程序要根据死者子女的身份和地位进行。毋庸置疑，这就强调了死者子女的身份和地位在葬礼中的重要性。在各种各样的"纸货"中，其中有一件叫"出纸"，就是以椽子为中心，挂上正方形的纸圈，在椽子的顶端是用纸做的白鹤，然后把椽子的另一头埋在土里。这些纸圈的数目，以及仙鹤的动作造型，就是死者的子女身份的标志。此外，成服和守孝在丧葬文化中体现出了亲属关系的亲疏远近和对死者的亲情观念。在中国古代丧葬中普遍流行"五服"

制度，穿孝、戴孝有严格的礼制。所谓"五服"就是死者亲属在居丧期间穿的五种衣服，《仪礼·丧服》中把它分为斩衰、齐衰、大功、小功、缌麻。"五服"制度是亲属关系远近亲疏的标志，而且在这种制度中也规定了相应的权利和义务，即孝服的不同、服丧时间长短的区别等。"五服"制度在发展过程中有所变异，但在现代的丧葬习俗中还或多或少地能够看到它的痕迹。

一般情况下，把男系血统的亲属叫"宗亲"，把女系血统的亲属叫"姻亲"，宗亲的亲等是五代之内直系和旁系亲属，都要穿丧服，在当地叫"穿孝衫"。死者的亲生儿女和长孙，孝帽是用一片带状的纸或者布在头上围一圈，头顶露出来，把细麻绳裹在上面，俗称"麻孝"，死者的侄子辈，其他孙子辈要戴用一块白布做成的孝帽，把头发全包在里面，俗称"棉孝"。在没有"出五服"的情况下，死者的晚辈全要戴"棉孝"。在这里的"五服"是一种计算亲等的方法，而不是前面的"五服"制度，即从晚辈追溯到共同的祖先，在五代以内。凡在五代以外的晚一辈的旁系血亲和所有的母系外亲，不穿丧服，且都要戴孝帽，孝帽和前面"棉孝"的帽子一样。在这种丧服制度中，通过服装把人们与死者的亲疏远近表现出来，它在反映了人们的亲属关系的同时，也是亲情观念的凸显。

4. 使仪式的参与者进一步体悟等级观念，完善社会认知

传统等级观念脱胎于奴隶社会，完善于封建社会，反映等级制度，并为思想家所论证、为法律所强化，因而成为一种认知方式、一种思维方式、一种行为准则，成为传统文化，尤其是传统政治文化的重要内容之一。所谓传统等级观念，有以下两个要点：第一，人是有等级的而非平等的，所谓"天有十日，人有十等"。第二，每个人应按其所归属的等级行事，各安其位，各尽其职，享有相应权利，履行其应尽义务。中国传统的礼制，很大程度上就是一种等级制度，因而在中国传统丧葬礼仪中包含明显的等级观念。我们可以从丧葬礼仪发展史中窥见这一特点。中国的丧礼葬礼自周代以来历代均有改革而且繁简仪式也有所不同，但是长久以来均以汉族为代表，其基本观念也始终未曾动摇。不难看出，等级观念是丧葬礼仪中的一个重要观念。夏商周时期，中国古代的丧葬礼仪已向系统化、程序化、制度化的方向发展。特别是周代，为

一个崇尚人生礼仪的时代，丧葬礼已经非常完备。从《周礼》《仪礼》和《礼记》中，我们可以看到当时丧葬规则的一个最大特点便是平民与士以上统治者的区别对待，这种区别往往以士为分界点，对平民不再做出更为具体的礼俗规定或者提出详细的要求，但对士以上的各个统治阶层，则做出相应的详细礼制规定，以区别从帝王到诸侯到士大夫之间的不同阶层地位、权力、爵秩。战国时期，中国古代的丧葬礼仪已基本具备。当时丧葬礼仪的特色，在于强调伦理秩序的充实和道德架构的建立，由此规定出亲属团体的层级亲疏关系，以及比附于社会的政治等级制度，使伦理秩序与政治秩序在丧葬礼俗中获得有机的统一。由于丧礼无不本之以伦理秩序和政治秩序，故而其外在的表现形式也变得十分繁复。唐朝是我国封建社会最为繁盛的时期，各种体现封建等级人生礼仪的发展登峰造极，丧葬礼仪制度也发展得很完善。明代统治者出于人伦教化、稳固政权的考虑，对庶民百姓的丧仪制度、居丧制度、服丧制度、葬法等均有严密详尽的法令限制。① 从某种意义上说，丧礼是中国传统社会等级制度的一个缩影。中国传统丧葬礼仪中的等级观念，主要表现在丧葬礼仪中的以下几个方面：第一，葬礼过程中的人生礼仪表现出不同等级的不同处理方式以及仪式繁简的差异。比如饭含仪式中，死者的身份不同，所含物品不同，即使是同一类物品其数量也不同。《礼记·杂记下》记载，"上古天子饭含九贝，诸侯七，大夫五，士三"。饭含仪式，自周代后历代沿袭，只不过随着社会所崇尚的富贵的物质形态不同，饭含之物有所差异。又如，不同的身份等级，其停殡待葬的日期不相同。在仪式的繁简上，也是根据现实社会中不同社会身份的死者，其丧葬仪式也不相同，官阶越高，仪式越繁，奢侈的程度也越高。第二，在丧服制度上，表现等级的观念。按照《仪礼·丧服》的规定，丧服分五个等级，包括斩衰、齐衰、大功、小功、缌麻五等。从表面上看，守丧是一个纯血缘亲情问题，其实五个不同的等级都表现出君臣、父子、夫妇之间的差异，是等级观念的体现。比如，丧葬礼仪中反映出男女社会地位的等级差异，据《仪礼·丧服》中记载，儿子给父亲服斩衰，为母亲只服齐衰，若父亲已去世，服齐衰三年，未去世只服一

① 万建忠：《中国历代葬礼》，北京图书馆出版社 1998 年版，第 2—13 页。

年。妻子为丈夫服斩衰三年，丈夫则只为妻子服齐衰一年。第三，墓葬制度反映出社会等级的差别。陵墓的大小、高低、形制反映出死者生前的地位、权力和财富。比如西汉时期对各种不同身份地位人的坟丘的高低大小有较明确的礼制规定，坟丘礼制趋于完备。又如，在棺椁的数量上，西周规定天子四重，诸侯三重，卿大夫再重，士一棺一椁。第四，随葬品反映等级的差别。随葬品的丰俭反映出社会等级制度的差别。比如殷商时，奴隶主随葬冥器与生前占有财富和本身的地位有关。其他朝代在冥器的等级表现上也非常明显。

5. 使仪式的参与者树立和谐观念，提升精神境界

和谐是中国传统文化的核心理念和根本精神。这种和谐既有人自身的和谐，还包括人与社会和谐，同时也指人与自然和谐。儒家虽不提倡禁欲主义，但一直强调要通过正心、诚意、修身来规范人的行为。孔子认为人之所以为人，是因为人有精神生活，特别是在于人有礼，而"礼"的作用就是通过"人和"来实现社会和谐，这便是"礼之用，和为贵"。丧葬礼仪中的和谐观念主要表现在通过丧葬礼仪实现人与人之间、人与群体之间、人与自然之间的和谐。第一，丧葬礼仪自始至终遵循"和"的原则，不论直系子女，还是宗族成员，甚至乡里之间，借助这种仪式，净化个体的心灵，化解已有的各种矛盾，增进人们之间的相互了解，达到和谐自我的目的。第二，丧葬礼仪是一种群体行为，丧事的处理在中国传统社会中不仅仅是一个家庭的行为，它往往是一个家族或宗族的行为。在中国传统的乡土社会中，葬礼是一件大事，也是各种人生礼仪中最为隆重，也最为铺张讲究的仪式，丧事不是由几个人单独完成的，而是需要家族成员的参与。葬礼是公开性的活动，也是一次社会聚合的机会，通过葬事的处理实现家庭的和谐，家族内的相互了解与和睦，实现邻里之间的互助，尤其重要的是，通过丧葬礼仪活动，实现对子孙后代的教育。由此可见，丧葬礼仪的和谐观念以及教育功能也具有不可忽视的重要意义。第三，丧葬礼仪中还含有人与自然和谐的观念。"天人合一"代表着中国人的人生精神，也是一种人生归宿，它所追求的就是人与自然的和谐统一。儒家认为"天地生万物"，人与万物都是自然的产儿。这里不仅强调人在现实生活中要尊重自然，保护自然，与自然界和谐相处；也指人的肉体从自然中来，最终必然要回到自

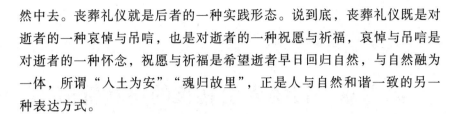

然中去。丧葬礼仪就是后者的一种实践形态。说到底，丧葬礼仪既是对逝者的一种哀悼与吊唁，也是对逝者的一种祝愿与祈福，哀悼与吊唁是对逝者的一种怀念，祝愿与祈福是希望逝者早日回归自然，与自然融为一体，所谓"入土为安""魂归故里"，正是人与自然和谐一致的另一种表达方式。

第六章　传统人生礼仪的现代价值

　　传统人生礼仪不是人类的自然天性和生物本能，而是一种文化行为，是人类文化意识和内在精神的外在行为符号。人们普遍认为，文化世界发展的标志在两个方面：一方面，人以自己的活动改造自然世界的事物，使之越来越多地成为文化物，另一方面，人以自己的活动使自己的本能在活动过程中越来越多地转化为文化意向，从而使人本身得到改造。[①] 可以说，是人创造了人生礼仪，但人生礼仪也成全了人。在本书即将完成的时候，自然要回答一个非常重要的问题，那就是传统人生礼仪的现代价值问题。换一句话说，就是如何正确地看待传统人生礼仪，在今天的个体品德培育过程中，如何吸收和借鉴传统人生礼仪中的合理成分，使其更好地为我们的思想政治教育服务。笔者想从以下五个方面做一个简单的交代，以此为启示。

一　人生礼仪是中华文化的优秀遗产

　　人生礼仪渗透在文化、制度和道德之中，对中国社会历史的发展产生了极其深刻的影响。从人生礼仪与传统文化的关系看，它是传统社会文化之精华；从人生礼仪与传统制度的关系看，它是传统社会制度之维系；从人生礼仪与传统道德的关系看，它是传统社会道德之核心；从人生礼仪与自我修养的关系看，它是个体品德的重要标志。

　　首先，人生礼仪是传统社会文化之精华。人生礼仪是中国传统文化的特色现象，对中国传统文化有着深刻的影响。由于传统人生礼仪具有

---

　　① 李鹏程：《当代文化哲学沉思》，人民出版社 1994 年版，第 51 页。

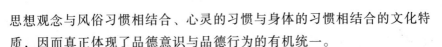

思想观念与风俗习惯相结合、心灵的习惯与身体的习惯相结合的文化特质，因而真正体现了品德意识与品德行为的有机统一。

其次，人生礼仪是传统社会制度之维系。人生礼仪文化对传统的社会制度有一种维系的作用，人生礼仪由其社会功能所决定，它的这种维系作用就发挥得更加明显、更加强烈一些。由于人生礼仪本身具有维系的功能，而人类的群体一旦认同了人生礼仪这种行为规范和准则，社会生活就会逐渐纳入有序的轨道，从而保证社会的稳定，它的维系功能也就发挥出来了。

再次，人生礼仪是传统社会道德之核心。道德调节社会关系的方式，主要是促使人们对社会所倡导的价值观念和行为准则的认同，自觉地把思想和行为纳入社会需要的秩序的轨道。中国传统道德所倡导的价值观念和行为准则就是秩序与和谐，而人生礼仪正是通过指导和纠正人们的行为方式来培养和谐的人际关系，维护良好的社会秩序，保持社会的稳定发展。

最后，人生礼仪是个体品德的重要标志。作为文明的符号，人生礼仪标志着人类告别了野蛮的生存状态，体现了人类区别于禽兽的尊贵。人类的高贵不在于它具有语言能力，也不在于它较之自然界其他动物具有生存竞争的绝对优势，而在于它知晓道德、懂得人生礼仪、遵守规矩。所以，人生礼仪是人类内在本质的需要，是我们自我实现的重要途径。人生礼仪在很大程度上代表了一个人的教养程度和品德境界。

二　传统人生礼仪的现代价值在于人格塑造

人生礼仪是伴随着人类社会的产生而产生，并且渗透在社会生活各个方面的一种文化现象，它以交往为特征，以敬人和律己为内容，以协调人际关系为目的，反映的是深刻的精神内涵，是受到人们普遍支持的价值观，是人类文明的标志。而人格则指的是人的信仰和情操、态度和兴趣、气质和习惯以及价值观的总和，它是人的内在素质与外在素质的有机统一。作为认识社会、改造社会主体的人，其人格发展状况、人格所呈现的面貌，不仅直接影响着社会生活的质量，而且也间接地关系着整个人类社会是否能得到和谐的发展。人格是道德的核心，良心的支柱，如果没有健康的人格做基础，任何严密的法律体系、完善的道德规范都难以充分发挥作用。当代中国社会正处在从传统的计划经济体制向社会主义市场经济体制的转型期，处在这种社会变革中的人的思想道德、价值观念、思维方式和心理素质都经历着空前激烈的冲撞、变革、重组以及转换，在精神生活领域中行为的失落和人格扭曲的现象大量存在。因此，培养塑造国民健全的人格是当前极为重要和迫切的问题。正是从这个意义上，传统人生礼仪的现代价值是显而易见的。

首先，传统人生礼仪文化能唤醒人性的"尊严"，从而使人更具"人性"。传统人生礼仪中的繁文缛节的确很多，但最基本最重要的原则却是尊重。这个尊重包括自尊和他尊。自尊，就是自我尊重，只有自尊自重的人才是令人尊重的人。他尊，就是尊重他人。传统人生礼仪是讲究等级秩序的，下级对上级、晚辈对长辈、主人对客人等，都要恭敬；但反过来，上级对下级要礼贤下士，长辈对晚辈要关怀爱护，客人对主人，要客随主便，传统人生礼仪中的任何一方都要把对方放在一个很重要的位置。当人们首先对别人表示尊敬时，就会获得对方的友好和尊重，从而感受到人的尊严。凡是认同、遵从人生礼仪仪式规范的人们都能在人生礼仪仪式实践中体验到人的尊严。人的"尊严"是人格的支柱，只有人格尊严的觉醒，才能使人意识到自己与动物的区别，从而使人更具人性，才能把现存社会的伦理规范和道德转化为能持久发挥作用的内在机制。

其次，传统人生礼仪是一种自律性行为规范，而自律恰恰是人格培养的最高境界。众所周知，文化对人具有教化和培养功能，但这一教化和培养不应是外在僵硬的说教和灌输，而应当通过使人的意识觉醒而产生自觉的追求来达到，有了自觉的追求，人们就会积极主动地在实践中学习和创造，从而不断地提高自己的素质。传统人生礼仪实践的一个重要原则就是自律，它要求每个人在自己的心中树起一种内在的道德信念和行为准则，并以此来约束自己，而无须外界的监督。社会规范包括法律规范和非法律规范，它们虽然都是调整人们之间关系的行为规范，但法律从外部强制性地约束人的行为，传统人生礼仪规范不具有强制性，但它却能唤起人内心的自我约束。个体人真正的责任感出自道德自律。一旦人生礼仪中的文化精神被社会所尊崇，进而成为社会普遍遵循的规

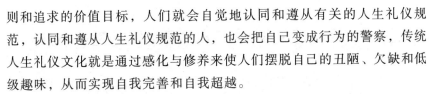

则和追求的价值目标，人们就会自觉地认同和遵从有关的人生礼仪规范，认同和遵从人生礼仪规范的人，也会把自己变成行为的警察，传统人生礼仪文化就是通过感化与修养来使人们摆脱自己的丑陋、欠缺和低级趣味，从而实现自我完善和自我超越。

再次，传统人生礼仪文化从审美的角度来达到人格的塑造。传统人生礼仪非常注重形象和形式的美。人生礼仪规范都包含着审美的要求，反映着人类共同的审美情趣和欣赏习惯，无论任何国家、地区和种族的人生礼仪，都推崇外在形象和形式的美。这种对美的追求，源于人类的精神需求，爱美之心，人皆有之。从原始社会，人们就开始了对美的追求。随着社会的发展，美越来越被人们重视，它是精神生活中必不可少的部分。传统人生礼仪对人的言谈、举止、仪态、仪表都有形象和形式上的规范，这一切综合地体现在一个人的气质、风度和魅力上。它们并非指某一个人的某一个动作，而是人的全部生活姿态提供给人的综合印象，包括品德、性格、情操等内在品质，当然，传统人生礼仪表现在言谈、举止、仪态仪表这些外在素质的东西更多一些。也就是说人的气质、风度和魅力是各自心理素质和修养的外在表现，只有心灵美好，才会行为美好，但传统人生礼仪的内涵要通过外在形象和形式的美表现出来。传统人生礼仪文化能够唤醒和激发人们对美的追求。追求美，会使人精神美好，心地纯洁，情感和信念端正。传统人生礼仪文化就是从审美的角度来感染人、吸引人，把道德教育与审美教育巧妙地结合，使人在潜移默化中陶冶性情，净化心灵，从而影响到他的思维方式、行为态度和行为方式，达到人格的完美。

最后，传统人生礼仪的实践性使人格的塑造具有可操作性。单纯的道德教育，比较注重理性教化，是从宏观上帮助人们解决世界观、人生观和价值观问题，但行为的改变是比较缓慢的。传统人生礼仪文化的教育不但重视理性教化，帮助人们从意识层面上建立合乎一定社会发展水平以及反映社会发展要求并代表社会前进方向的观念，更侧重于从微观的角度，从具体的言谈、举止、待人接物、衣着打扮、饮食起居等日常生活中的应对进退，来规范人的行为，通过榜样示范、机械模仿、反复强化等一系列方式，优化人的行为方式，塑造完美人格。

三　人格塑造的实质在于提高个体的道德素质

人格塑造的实质就是要将社会普遍的道德规范内化为个体自身的行为准则和价值目标，以提高个体的道德素质。而这一目标的实现离不开道德环境的影响、个体的自觉、社会实践及其创新。为此，要特别注意以下四个方面的问题。

第一，注重社会关系对个体品德的培育。环境是人类一切活动赖以进行的各种条件的总和。人们通常根据内容的不同，将环境分为自然环境和社会环境两大部分。事实上，当今人类生活于其中的自然环境，已经不是纯粹的自然界，而是打上了人的意识烙印的自然，是人化了的自然。因此，当我们讲环境对个体品德培育的作用时，本质上就是社会环境对个体品德培育的作用，其中最主要的就是社会关系对个体品德培育的作用。

人格塑造从本质上具有社会性，正如马克思所说："观念的东西不外是移入人的头脑并在人的头脑中改造过的物质的东西而已。"① 社会环境作为人类赖以生存和发展的各种外部条件的总和，通过人际交往、群体活动等社会实践形式，逐步渗透到人的意识和行为中，促使知与行从个质到新质循环发展，从而形成相对稳定的心理特征、思想倾向和行为习惯。在影响人格塑造的社会环境系统中，制度、法律和教育起着基础性作用。其中，制度是最基本的规则，法律是保证，教育是手段。制度安排是否适度，是其他所有社会规则是否适度的前提。良好的制度规范会鼓励人们自觉地抑恶扬善，而不健全的社会制度则为"从恶"提供方便，甚至会在一定程度上抑制"行善"的愿望和动机。因此，制度安排中的道德指向和运行状况直接影响着整个社会的道德选择，并在一定程度上决定着人格塑造的状况。

人格塑造在很大程度上取决于政府和社会为其所提供的社会结构方式，以及社会调控手段的内容和方式。这不仅需要有善的价值引导与精神塑造，更需要有合理的社会结构，尤其是在公共领域建立公正有效的

---

① 《马克思恩格斯选集》第 2 卷，人民出版社 1972 年版，第 217 页。

社会行为规范，并在制度中体现道德的精神、伦理的价值，充分考虑到制度的道义基础和社会性质，把一些最基本的最重要的道德要求直接纳入制度的规范中。同时，在道德建设中，要注重有意识、有组织、有系统的教育，通过教育影响受教育者的身心发展，把遗传、环境的影响充分地利用和组织起来，限制其消极影响，发挥其积极影响，使受教育者向着社会所需要的健康方向发展。

第二，注重品德要素的个体内化。就人格塑造而言，个体遗传基因和个体智力水平，既为人格塑造提供了自然前提和发展的可能性，也是人格完善的潜在因素，但它不能决定人格塑造的内容和发展水平。人格塑造过程，实际是他们的知、情、信、意、行五个要素均衡发展的过程。知、情、信、意、行五个要素相互联系、相互影响、相互制约、相互渗透和相互促进，呈阶梯式递进，并构成了一个内在的循环系统。在这五个要素的内在循环系统中，个体不同素质的形成，取决于个体认识和改造自身及外部世界的能动性。正如马克思所说："一个种的全部特性、种的类特性就在于生命活动的性质，而人的类特性恰恰就是自由的自觉的活动。"[1] 任何个体都是按照自身的认识图式去对外部环境做出反应的，因而不同的个体会对同一个环境做出不同的理解和评价。个体的认识图式既包括知识要素，又有意志要素和情感要素的参与；既有理论层次，又有经验层次和心态层次。这种认知能力不是先天产生的，而是实践活动的结果和人类已有知识在主体头脑中的沉淀，是无数次重复实践活动在人的大脑中观念内化的结果；但它们一经形成，就具有相对的独立性，并成为接受、理解和改造外部环境的基础。

第三，强化社会实践的素质外化功能。人格塑造既不是与社会环境的简单联结，也不是接受知识性教育的单一过程，更不是仅仅依赖于个人主观思索的结果，而是多种内外因素长期合力作用和持续积淀的结果。其中，人的社会实践活动是左右和影响人格塑造的关键，也可以说个体是通过其社会实践活动来实现其人格塑造的，而不同广度和深度的社会实践活动决定人格塑造所达到的水平。因此，社会实践活动是潜在的素质外化的途径，也是人格塑造的重要载体。而在多层次、多向度、

---

① 《马克思恩格斯全集》第 42 卷，人民出版社 1979 年版，第 90 页。

多属性的社会性实践中，作为"社会化"的个体，要使自己的活动本身变成自己意识的对象，通过进行认识、评价、审美等复杂的心理文化活动，把社会需求和主体需要结合起来，不断刺激个体产生新的道德需要，激发起向更高层次发展的欲望，从而使其人格不断趋于完善。

第四，注重传统与现代的有机融合。大量的事实告诉我们，当代中国社会中人生礼仪的匮乏状态难以保证基本伦理道德规范的个性化、具体化和生活化，同时，人生礼仪与信仰信念之间天然联系的缺失又加剧了整个社会信仰状况的恶化，信仰与信念教育成为个体品德培育中的核心问题也是最紧迫的问题。解决这个问题不仅需要体现时代精神的现代人生礼仪的良性发展，更需要传统人生礼仪的现代转型，两者的结合才能赋予当代人生礼仪以更全面的、更成熟的、更富有民族特色和文化竞争力的内容和神韵。应该说，传统人生礼仪传递着中华民族特有的道德观念，规定着人们的行为和生活秩序，在一定程度上成为维护社会秩序、改善社会风尚、协调人际关系的精神力量，是中国传统文化的重要组成部分，要学习和继承这笔精神财富。同时，要认真总结现实生活中的新事物和新经验，概括社会实践中的新发明和新创造，给传统人生礼仪注入新内容和新精神。具体地说，一是更加注重人格塑造，在全社会提倡一个共同的人格标准，而在具体礼节上尊重现代社会多样化的特点，尽可能避免形式主义倾向；二是抛弃传统人生礼仪中明显多余和失去存在基础的繁文缛节，适应现代社会的生活节奏，重视人生礼仪促进情感交流的作用，而在仪式上朝着"简便易行"的方向发展；三是紧跟现代科技发展的步伐，运用信息传递的新技术和新工具，促进人生礼仪朝着现代化的方向发展。

四　当代社会人格塑造的基本途径

人格塑造是通过道德内化来实现的，而道德内化则离不开教育培养这个重要环节，离开了教育培养，要实现道德内化，那是不可能的。从这个意义上说，人格塑造的过程，实际上就是通过教育培养，使外在的社会道德原则和规范转化为个体的道德需要，成为其内心所敬重的道德法则的过程。因此，当代社会人格塑造的基本途径是环境熏陶、教育灌输和道德自律。

第一，环境熏陶。所谓环境熏陶，是指一个人所处的生活环境和习俗对个体品德培育产生潜移默化的影响。孔子认为，人们与生俱来的天性本来是相近的，但因为后天习染的不同，人与人之间的差距越来越大。虽然孔子的人性论带有明显的道德先验色彩，但不得不承认的是，他意识到了人性的形成并非完全是由先天命定的，其个别差异主要是由于人们环境习染不同而使然。对此，孔子说："与善人居，如入芝兰之室，久而不闻其香，即与之化矣；与不善人居，如入鲍鱼之肆，久而不闻其臭，亦与之化矣。"[①] 此外，孔子提倡择友、择处，也是其环境对人的品德形成作用的思想体现。关于择友，孔子说："益者三友，损者三友。友直、友谅、友多闻，益矣；友便辟、友善柔、友便佞，损矣。"[②] 关于择处，孔子曰："里仁为美，择不处仁，焉得知？"[③] 毫无疑义，孔子择友、择处的目的，在于创造一个有益于个体品德培育的环境，以便"就有道而正焉"。荀子也认为，不同的环境，铸造出不同品格的人。他说："蓬生麻中，不扶自直；白沙在涅，与之俱黑。"又说："居楚而楚，居越而越，居夏而夏，是非天性也，积靡使然也。"[④] 因此，好的环境，对人产生好的影响，久而久之，就可以塑造出优良品格。用荀子的话说，叫作"注措习俗"。荀子说："注措习俗，所以化性也；并一而不二，所以成积也。习俗移志，安久移质。"由于环境影响的不同，人"可以为尧舜，可以为桀跖，可以为工匠，可以为农贾，在势注措习俗之所积耳"。[⑤] 可见，人的品格是由于个体所处的不同生活环境和习俗长期磨炼而造成的。荀子的这一思想是很有道理的。"人创造环境，同样环境也创造人。"[⑥] 任何人都不能脱离环境而存在，环境对个体品德培育总是起着潜移默化的作用。另一方面，个体作为社会存在物，总是在复杂多变的社会关系中生存和发展的，因而必须与他人

---

① 《孔子家语》。

② 《论语·季氏》。

③ 《论语·里仁》。

④ 《荀子·儒效》。

⑤ 《荀子·荣辱》。

⑥ 《马克思恩格斯全集》第 3 卷，人民出版社 1960 年版，第 43 页。

交往、共处，也能够与他人沟通、交流，吸纳和接受外来的道德信息，产生相应的道德需要。所以，要塑造健全的人格，就必须采取各种措施创建一个良好的道德环境。

道德环境是由多种多样的因素组成的，但不管如何，社会舆论是贯穿于道德环境中的、对人格塑造发挥着及其重要作用的影响因素。所谓社会舆论，是指一定社会群体通过思想或观点的某种总和而表现出来的对某一社会现象、个人的思想和行为所持的态度。它具体表现为众人的议论，即众人对某一社会现象、个人思想和行为的赞扬和谴责。社会舆论具有两个显著的特点：一是广泛性。即是说只要是人，不可避免地总要受到一定的社会舆论的制约和影响，这是由人的社会本性所决定的。二是外在强制性，即通常所说的"舆论的压力"。社会舆论的这两个特点决定了它是影响人格塑造的强大力量。它一经形成，往往就成为人们关于某一事件或问题的言论和行为的不成文的准则或规范，对个人的言论和行为具有一种无形的控制力和约束力，阻止与舆论不一致的个人言行的发生；对个人具有一种心理上的压力作用，使个人的言行与舆论所代表的公众意见保持一致。社会舆论有正确、先进和落后、错误之分。前者对人的言行的控制和指导作用是积极的，后者则是消极的。因此，要优化道德环境，就要注重良好的、健康的社会舆论的营造。为了营造良好的、健康的社会舆论，根据现代社会的特点，可以充分利用大众传播媒介的功能。在现代社会，广播、电视、报纸、刊物等大众传播媒介已迅速普及，能及时地、大量地向人们提供社会所倡导的新思想、新道德、新行为风尚，从而构成人们共同认知的环境世界。所以，大众传播媒介在社会舆论的导向中有着举足轻重的作用。只要充分利用大众传播媒介的功能来营造良好的、健康的社会舆论，用积极的、健康的内容影响和教育群众，对假冒伪劣的精神产品以及不良的道德现象施以强大的舆论压力，就能创造一个良好的道德氛围，这对培养人们遵守社会主义道德原则和规范的人格有着非常重要的意义。

第二，教育灌输。人格塑造在很大程度上依赖于教育灌输。教育灌输是培育健全人格不可缺少的一个非常重要的外部条件。关于教育对人格塑造的影响，孔子认为人的个别差异主要是由于人们的环境习染各不相同使然，是后天作用于先天的结果，而教育是一种有目的、有计划的

影响，当然它的力量比一般自发的环境影响的力量要大得多。这就大大
地肯定了教育对人格塑造的重大影响。他说"君子学以致其道"，并认
为自己世界观的形成就是从"有志于学"开始的。孟子、荀子所持
"性善""性恶"论，皆为孔子人性论的发展。两者虽然在道德起源问
题上认识不同，但均强调后天生活中，教育对人格塑造有着重大的
影响。

教育灌输的主要目的在于培养个体的道德敬畏意识和荣辱感。道德
敬畏是一种植根于人类天性和内心深处的道德情感，是指道德主体内心
对道德终极价值、道德法则、善之物的强烈的崇敬和畏惧之情。敬畏的
主体是人，而敬畏的对象可以是人、物或者"道"。荣辱感既是人格结
构中不可或缺的主要成分，也是个体人格得以形成和发展的原始材料，
更是促进个体人格发展的动力和催化剂，是保持个体人格心灵稳定和谐
的主要力量。

道德敬畏意识的培养与人格塑造之间究竟是什么关系。笔者认为：
首先，道德敬畏意识是人格意识产生的重要的情感因素。主体的任何自
觉的合乎规范的行为都是在意识的驱使下完成的，然而意识又会因情感
的变化而发生变化。在某些时候，情感的冲动往往成为人们行为的直接
动因。个体若有了某种情感，便会产生某种意向，并且形成与之相适应
的意志和冲动，最终转变为主体自觉的行为。道德敬畏感作为道德情感
的主要内容，给人们以道德的禁令，时刻提醒人们千万不要去践踏自我
的敬畏之物，否则将会遭到敬畏之物的惩罚和自我良心的不安。也就是
说，道德敬畏是人格意识产生的心理根源，离开了道德敬畏这一重要的
道德情感因素，正确的人格意识便不可能形成并牢固地确立起来。其
次，道德敬畏意识对人格信念具有固化作用。信仰和敬畏具有同一性。
道德信念是指"一个人对某种人生观、道德理想和道德要求等的正确
性和正义性的深刻而有根据的笃信，以及由此产生的对履行某种道德义
务的强烈责任感"[1]。从这一定义中不难看出，道德信念首先需要的是
笃信，这种笃信就内在地包含着道德敬畏。正是因为道德敬畏，人们才
能在人格塑造中把对自我完善的精神追求与体验自身生存、发展的基本

---

[1] 罗国杰：《伦理学名词解释》，人民出版社 1984 年版，第 146 页。

价值和终极意义紧密结合起来。道德敬畏予人格塑造以权威性，进而强化人们的品德自律，形成人的品德良心，强化人的品德信念。可以说，如果没有道德的敬畏，便没有对人格塑造的信念，也不可能有人格意念和人格追求。再次，道德敬畏意识是激励人格塑造行为的内在动力。人格塑造行为是一种自觉自主、自愿选择并与客观外物或他人意志有着本质联系的行为。人格塑造行为的直接动因是人格塑造需要和人格塑造意识，而人格塑造需要和人格塑造意识是主体在一般的道德价值和意义的认识基础上产生的，这种一般性的道德价值的总涉就是道德的终极价值，而道德的终极价值又与道德敬畏的客观对象相联系。没有终极性的价值，当然不会有一般性的道德价值。一般性的道德价值总是人格个体在特殊的道德境况下参照道德的终极价值而产生的。一般性的道德价值一旦产生，随之而来的是人格塑造需要和人格塑造意识，而人格塑造意识和人格塑造需要的外化就是人格塑造行为。道德敬畏感的树立给人格塑造行为提供了原初动力，并推动着人们去践行道德法则，进而在人格塑造行为实践中实现自身的高尚和完美。

荣辱感的培养与人格塑造之间是什么关系。笔者认为：首先，荣辱感是人格结构中不可或缺的主要成分。从人格结构上分析，正确的荣辱观作为人格情感的重要形式，是维护人格结构和谐稳定的重要成分。个体的人格品质结构可以区分为道德认识、道德情感、道德意志、道德行为等因素，这些因素在个体的道德生活中是辩证统一的，其中道德情感是个体的道德认识转化为道德行为的中间环节，在一定程度上保证了道德认识和道德行为的统一，保证了人格结构的完整和谐。如果没有相应的荣誉感和羞辱感，就不可能有一个人良好的、和谐的、完整的道德品质结构。一个人或许掌握了道德知识，懂得了一些道德准则，对别人的言行能够评判，但对自己的所为不能用正确的荣誉感和羞辱感来调节，说明他并不具备良好的人格结构。其次，荣辱感是人格塑造得以形成和发展的原始材料。从个体道德心理发展来看，道德情感，尤其是荣辱感是人格塑造发展的重要材料。荣辱感是人与低级自然界的绝对差别所在，任何其他动物都丝毫没有这种情感。荣辱感决定了人与物质本性的伦理关系，表明人羞于物质本性对自己的统治，羞于自己对物质本性的屈从而体现出不同于动物性存在的人的尊严；荣辱感也是人伦关系的根基，是每个人生命最基本的物质本质，它是主体相应地感觉到他人的痛苦和需要，对他人的痛苦或需要有同情心而表现出与他人不同程度的联合。怜悯感为许多动物所固有，所以，如果说无羞辱感，人就回到了动物状态，那么，无怜悯心的人则是跌到动物水平以下了。虔敬感同前两种情感一样原始，但不规定人对自己低级本性和与己相似的人的道德关系，而是规定于一种特殊的被视为崇高的既不感到羞耻也不能加以怜悯的而应当加以崇拜的形象的道德关系。荣誉感是指主体对自己的业绩、贡献、品德与德性的社会价值的自我意识和体验。荣誉感可看作是虔敬感的发展和变式。这些情感，覆盖了人对低于他、等于他、高于他的生物应有的道德关系。索罗维耶夫说，一切所谓美德，都可以被视为这三个根基的变式，或者是它们与人的智力相互作用的结果。再次，荣辱感是促进人格塑造发展的内在动力机制。人的认识不一定导致行为，从认识到行为，其中介是以情感为核心的意动动力系统。荣誉感是激励个人奋斗向上和向善的动力。一个有着强烈荣誉感的人，对荣誉的尊重和强烈的爱会帮助他无论别人在场或自己独处的时候，都能自觉地抵制各种诱惑，免至堕落，牵引他趋向高尚与完善。羞辱感同样重要。一方面，羞辱感通常产生于集体性情境中的社会互动，这种社会互动有形无形地促使个体去追求自己的理想形象，并据此不断地评价自己的行为，当个体因不理想行为而自然导致羞耻之情；另一方面，羞辱感一旦发生，就有可能成为自我反省和自我调整的动机力量，驱使个体采取某种应对方式以减轻内心的不安和痛苦，从而可能构成矫正行为或改正错误的转机。人格塑造既受制于个体外部环境，又受制于个体内部环境，而最终由个体内部动机系统作为人格塑造发展的内在保证。最后，荣辱感是引导人们处理各种关系进而完善人格的主要力量。道德的重要功能是广泛地调整人类社会的各种关系，保证人们能够在一个利益相对平衡的社会中和谐地共存。道德是人面对与自然的关系、与他人的关系、与社会的关系时返身对自己提出的命令和要求，是由自己自主做出的选择性反应。它表现为人适当约束自己当下的物质和精神欲求，以适应、归顺更大利益范围的需求。但长期以来，在对道德的研究中，更多地指向理性世界的层面，强调道德规范和原则的意义，而忽略道德情感的作用。现在，在道德教育理论的新发展中，对于情感的认识已远不止将其看作是道德认识转化为道德行为的中间环节，而是在个体品德培育的完整过程中始终具有特殊的地位和价值。周围现象的肯定和否定，自身言行的是与否，无一例外地和积极情绪与消极情绪相联系。荣辱感作为评判是非的标尺，像一个忠诚的道德卫士，起着自我监督、自我评价、自我激励的作用。个人欲望和他人利益往往会发生碰撞，没有正确的荣辱观，个体一味追求私利，满足私欲，不仅个人道德沦丧，而且社会关系紧张，矛盾激化。对个体而言，在日常生活中，道德行为的报答不仅来自外部的奖赏和惩罚，更多来自个体内部的情感激励。一个道德品质发展良好的人，荣誉的激励、羞耻的鞭策会时时调校和规范着他的行为。人们在追求道德行为所伴随的荣誉感的欣喜体验、尽力避免羞耻内疚这类痛苦体验过程中，人格结构日趋完善、道德心灵日益净化和谐。

第三，道德自律。所谓道德自律，就是指道德主体借助于对自然和社会规律的认识，借助于对现实生活条件的认识，自愿地认同社会道德规范，并结合个人的实际情况践行道德规范，从而把被动的服从变为主动的律己，把外部的道德要求变为自己内在良心自主的行动。

个体的道德自律应当从以下几个方面努力：一是重学慎思。修身首先必须重学，学习是修身的基础。不学习，就不懂得为人的规矩，就不懂得善恶是非。孔子非常强调学习的重要性，他指出："好仁不好学，起蔽也愚；好知不好学，其蔽也荡；好信不好学，其蔽也贼；好直不好学，其蔽也绞；好勇不好学，其蔽也乱；好刚不好学，其蔽也狂。"①在孔子看来一个人如果爱好仁义却不好好学习，那么他就容易被人愚弄；如果爱耍点小聪明却不知道好好学习，那么他的弊端就是轻浮而无根基；如果讲信用重义气却不好好学习，那么他就容易被人利用反而伤害自己；如果脾气直爽而不好好学习，那么他说话就会尖刻容易刺痛别人；如果性子勇猛却不知好好学习，那么他就容易作乱闯祸；同样，如果性格刚烈而不善于学习，那么这种人就容易莽撞妄为。《论语·季氏》又有"君子有九思：视思明，听思聪，色思温，貌思恭，言思忠，事思敬，疑思问，忿思难，见得思义"。孔子认为，君子有九种要思考的事：看的时候，要思考看清与否；听的时候，要思考是否听清楚；自

---

① 《论语·阳货》。

己的脸色，要思考是否温和；容貌要思考是否谦恭；言谈的时候，要思考是否忠诚；办事要思考是否谨慎严肃；遇到疑问，要思考是否应该向别人询问；愤怒时，要思考是否有后患；获取财利时，要思考是否合乎义的准则。此外，《大学》中提到的"格物致知"就是在讲学习对于品德修养的重要性。所谓"格物致知"，"格"即穷尽，"物"即事物，"格物"就是"穷其事物之理，以求至乎其微"，即通过格物达到对事物由粗至精、由表及里、由浅入深、由部分到整体的认识。事物之理包括事理和做人之理，就修身而言，做人之理显然更为侧重。在儒家看来，正是通过格物致知，人们才可能获得对事物的规律以及为人处世的方式、态度、意义、价值的认识，从而为个体品德培育、建立道德信念奠定基础。二是克己自省。在人格的形成上，儒家不但强调学习，更强调自省。自省是指从思想意识、情感态度、言论行动等各个方面去深刻认识自己、剖析自己。从而及时发现和改正自己的缺点错误，提高自己遵守道德准则和规范的自觉性。《论语·学而》中有："吾日三省吾身：为人谋而不忠乎？与朋友交而不信乎？传不习乎？"《论语·里仁》有"见贤而思齐焉，见不贤而内自省也"。见有贤于我者，就向他学习；而见到不好的人或事时，就要特别注意内心的反省，检查自己是否也有类似的毛病，从而改之。在孔子看来，思、内自省都是联系自我品德培育的精神性反思或反省活动。倘若只有学习，而没有联系自身品行的反省，是无意义而不会使自己品德提高的。对此，孟子也说过："万物皆备于我矣，反身而诚，乐莫大焉。"① 这里的"诚"也就是反省自责而达到为己之善。"自省"的高境界可视为"慎独"。"慎独"是中国伦理思想史上一个古老的、特有的人格塑造方法，是儒家对个人内心深处比较隐蔽的意识、情绪进行管理和自律的一种人格塑造方式。最早见于《礼记·中庸》："道也者，不可须臾离也，可离非道也。是故君子戒慎乎其所不睹，恐惧乎其所不闻。莫见乎隐，莫显乎微，故君子慎其独也。""慎独"，指不要在暗地里做不道德的事，也不要在细小事上违背道德。在独处无人注意的情况下，自觉按一定政治、道德准则思考行动，不做坏事。可见，慎独是在个人独处、无人监督的情况下依然严格

---

① 《孟子·尽心上》。

要求自己，警惕内心深处尚处于萌芽状态、尚未引起旁人注意的错误意识、不正当的私欲或不正常的情绪，并自觉地用社会普遍的道德规范加以约束；或者说是在有可能做坏事而又不为人知的情况下，不仅不放松对自己的要求，反而更加小心谨慎，在隐和微上下功夫，做到防微杜渐，防患于未然。"慎独"强调了道德主体内心信念的作用，体现了严格要求自己的道德自律的精神，指出了一个人自觉实践道德行为的意义。如果说，自省是通过外在规范来约束个体行为的话，那么慎独则是依靠主体的道德自觉性来达到修身的目的。三是知行合一。强调知行合一是儒家修身思想的重要特征。孔孟荀等所主张的自我修养，并非脱离实践的"闭门思过"，而是崇尚力行，主张以行为本，在躬行践履中锻炼成长、完善人格。《论语》开宗明义第一句话就是：子曰："学而时习之，不亦说乎？""时习"就是经常练习、经常实践的意思。孔子一贯重"行"，在言与行的关系上，他明确主张要"听其言而观其行"。他告诫学生，衡量人的品德不能只听其言论，而应看其实际行动。他认为学习的目的在于"行道""君子学以致远"①"行义以达其道"②。只有"行"才能使"道"变为现实。孔子所说的"道"就是他的仁学或称仁道（即通过向全社会传播仁爱思想来实现人人相互敬爱的天下为公的大同世界）。为了做到躬行践履，孔子要求学生要做到言行一致，"言必信，行必果"③，要以"言过其实"及"躬之不逮"为耻。孟子继承和发扬孔子的"力行"思想，强调要想获得卓越的才能，形成完善的人格，达到崇高的道德境界，就必须自觉地接受各种严酷环境的磨炼和艰难挫折的考验。同样，荀子说过"学至于行而止矣"，认为"学"的最终目的在于"行"。可见，三者均把道德实践看作是个体品德培育的基本功和审评标准。《中庸》有"力行近乎仁"，同样也是强调道德实践的重要性，强调道德学问不是外在的知识，道德学问必须同道德实践相结合，同自身为人处世相结合，才是真学问。儒家认为，人格塑造不仅仅是道德思想的培养，更是对社会道德原则和规范的实行；

---

① 《论语·子张》。
② 《论语·季氏》。
③ 《论语·子路》。

也只有通过对社会道德原则和规范的实行，人格塑造才可能真正落实。四是积善成德。人格塑造是一个循序渐进、积少成多的积累过程，同时，它又是一个长期曲折的过程。儒家思想家特别强调在人格塑造上应该有持之以恒的精神、顽强的意志，在艰难困顿中体现道德精神，锤炼人格素质。孔子曾说："我能一日用其力于仁矣乎？我未见力不足者。善之有矣，我未之见也。"① 可见，个体品德培育是一个持之以恒的主观努力过程。同时，人格塑造过程不是单纯的循环往复，而是一个循序上升的过程。孔子在回顾自己的一生时曾说："吾十有五而志于学，三十而立，四十而不惑，五十而知天命，六十而耳顺，七十而从心所欲，不逾矩。"② 这就是孔子活到老、学到老、修养到老的过程。孟子也十分重视在人格塑造过程中对锲而不舍精神的培养。他认为在人格塑造过程中最忌讳的便是"一曝十寒"。对此，他解释为：天下最易生长的植物，若是"一日暴之，十日寒之"，是不可能生长起来的。他又说：山间小径，经常走就变成一条路；隔了若干时间不去走，就被茅草堵塞住了。孟子特别强调恒心，强调做事要坚持到底，决不能间断停顿，中道而废。他以掘井取水为例，说"有为者辟若掘井，掘井九仞而不及泉，犹为弃井也"③。荀子在其性恶论的基础上，阐述了"积善成德"的思想。在荀子看来，人性本是恶的，但是通过后天的教育、学习，可以转恶为善。这个转化过程是自觉学习优良品德并不断积累善的结果。所谓"积善"，就是不断行善积德。荀子认为，圣人高尚的品德并非一夜之间生长出来的，而是长期积累的结果。他说："积土成山，风雨兴焉；积水成渊，蛟龙生焉；积善成德，而神明自得，圣心备焉。"④ 依据"积善成德"，荀子相信即使是"涂之人"，也可通过"积学"的过程成为圣人。他说："涂之人，伏术为学，专心一志，思索熟察，加日县久，积学而不息，则通于神明，参于天地矣。故圣人者，人之所积而致矣。"⑤ 又说："涂之人，百姓积善而全尽，谓之圣人。彼求之而后得，

① 《论语·里仁》。
② 《论语·为政》。
③ 《孟子·尽心上》。
④ 《荀子·劝学》。
⑤ 《荀子·性恶》。

为之而后成，积之而后高，尽之而后圣，故圣人也，人之所积也。"
"人积耨耕而为农夫，积斫削而为工匠，积反货而为商贾，积人生礼仪
而为君子。"① 可见，荀子把人格塑造建立在了"积学而不息"的基础
上。当然，这里的"学"不仅仅是学伦理道德知识和熟悉伦理道德规
范，更是指向将伦理道德规范付诸实践，在实践中培育健全的人格。

五　建立有利于人格塑造的长效机制

人格塑造既是道德建设的根基，也是维护社会稳定和推动社会发展
必需的动力性资源和目标任务。人格塑造的要素极为复杂，既受社会制
度、法律、教育等外在因素的深刻影响，也与公民个体身心发展、社会
实践等变量密切相关，是在社会实践基础上主客体因素相互作用、协调
发展的结果。正是从这个意义上说，传统人生礼仪之所以能够作用于个
体品德培育，这与古代社会建立起来的较为合理的个体品德培育机制是
紧密相连的。为此，当代社会的人格塑造同样要重视机制问题。同时，
人格塑造是一项实践性很强的活动，作为社会伦理关系的承担者，主体
如何铸就优良的个体品德就成为"人之为人"的本质性内容，这就决
定了构建人格塑造长效机制的重要性。我们所说的人格塑造长效机制就
是人格塑造的机理和各种因素作用于人格塑造的方式方法及其途径。基
于这样一种认识，当代社会人格塑造的长效机制至少包括以下四个方面
的内容：

第一，需求机制。道德需求是人们基于对道德所具有的满足自我的
社会价值、意义的认知而产生的遵守一定社会道德规范的心理倾向。人
们之所以需要道德，首先是因为道德是使个人在社会中得以实现自身价
值、完善自我、更好生存的必要条件。在现实生活中，个体不能离开社
会而生存，而道德是社会调控的重要力量，社会成员对道德的普遍遵守
是社会稳定和发展的基础。从道德需求与个体品德的关系来看，道德需
求是人格塑造意识及其行为习惯形成的内在驱动力。一个对道德有着很
强需求的人，如果没有需求对象的满足是不可能的。当这种实现自身需

---

① 《荀子·儒效》。

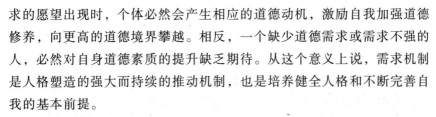

求的愿望出现时，个体必然会产生相应的道德动机，激励自我加强道德修养，向更高的道德境界攀越。相反，一个缺少道德需求或需求不强的人，必然对自身道德素质的提升缺乏期待。从这个意义上说，需求机制是人格塑造的强大而持续的推动机制，也是培养健全人格和不断完善自我的基本前提。

第二，熏陶机制。道德作为一种社会意识，是由社会存在决定的，它总是植根于社会的经济基础和现实的社会生活。无论是作为个体意识还是作为群体意识，它都离不开人们的社会存在和实践活动的基础。同时，道德认知是人格形成的必然前提和基础。要使人们养成良好健全的人格，首先必须让人们对一定的道德原则、规范和要求有所认知、了解和掌握，知道什么是善的和恶的，什么是美的和丑的，知道自己应该做什么和自己应当怎样做。一个缺乏道德知识灌输与熏陶，不明是非对错、不辨善恶美丑的行为主体是不可能有好的人格意识和人格自觉性的，即使他并非故意作恶，但也可能因为无知而违背道德规范。在人格塑造中，必须充分利用各种教育渠道和大众传媒对全体社会成员尽可能地进行道德知识的灌输与行为规范的演练，宣传正义、善良、诚实、守法、合法的道德行为，以正确的价值取向教育人、引导人，帮助人们分清是非、善恶、美丑，并在此基础上引导人们逐步建立其所理解和追求的由道德理想、道德信念和道德价值等意识和观念所构成的意义世界。也只有在这个基础上，人格塑造才会成为可能。从这个意义上说，熏陶机制是人格塑造的保障性机制，也是培养良好健全的人格并不断完善自我的基本保证。

第三，接受机制。在人格塑造的过程中，道德知识与伦理规范知识的灌输效果如何，还要受个体本身是否能够接受以及接受的程度如何的影响。如果只重视道德教育和外在价值取向，而不考虑道德个体的道德接受机制，就会压抑个体的积极性、能动性和创造性，就不能培养其理想的自主性、道德判断和道德选择能力，其结果只能是低效的甚至无效的。因此，培育良好健全的人格，既要重视道德灌输和外在导向，还要注重个体道德接受机制的培养。道德接受机制运行的基本原理是在道德灌输机制的作用下，通过个体的自我意识，认识、理解、吸纳、接受反映客观社会道德关系和道德要求的普遍的道德准则，并转化为其德性与品格。接受标志着个体对外在道德原则和规范的认同、承认、接纳、选择的态度。作为客体的道德原则与规范，能够在多大程度上被转化到个体品德之中去，从根本上来说，取决于个体的道德接受机制。当然，个体的道德接受机制是一个非常复杂的系统，在培养的过程中，既要考虑个体的需要与心理，又要考虑个体的接受程度差异，尤其要注重个体道德接受能力的培养。从一定的意义上说，接受机制不仅是人格塑造的内化性机制，而且在人格塑造机制中处于主导地位，起着主导作用。

第四，维护机制。所谓维护机制是指建设、修复和保护人格塑造体系的制度系统。建立和完善人格塑造维护的制度系统，要在制度和法律层面为人格塑造制定具有可操作性的激励及保护措施。通过制度运作和立法形式，把人格塑造置于有形、具体和实在的保护之下。同时，要建立和完善人格塑造的社会评价体系，以社会舆论、内心信念、传统习惯为主要评价手段，以人们的品质和行为为主要评价对象，以善恶为主要评价标准，从而影响社会风尚、协调人际关系，实现个体人格从现有到应有的转化。尤其要发挥好舆论监督在人格塑造中的重要作用，随时批评、针砭和揭露不道德行为。对人格塑造而言，舆论监督的主要形式是口头议论和大众传媒。其中口头议论不仅是公众从传统的、普遍的或先进的价值观出发，对人和事进行评价、指责、贬斥、肯定，而且还通过人们彼此相传的形式对评价对象施加影响；而大众传媒则通过报刊、广播、电视、互联网等形式，使这种监督的影响面更大，影响力也更加深远。事实上，我们都明白一个简单的道理：社会普遍的道德规范之所以能够对个体的意识及其行为产生巨大的约束力，根本原因就在于舆论这一强大的社会力量发挥着监督作用。

参考文献

1. 马克思主义经典著作

[1]《马克思恩格斯选集》第1—4卷，人民出版社1995年版。

[2]《列宁选集》第1—4卷，人民出版社1995年版。

[3]《毛泽东选集》第1—4卷，人民出版社1991年版。

[4]《邓小平文选》第3卷，人民出版社1993年版。

2. 古代典籍译解

[1] 王文锦：《礼记译解》，中华书局2001年版。

[2] 杨伯峻：《孟子译注》，中华书局2000年版。

[3] 杨天宇：《仪礼译注》，上海古籍出版社2004年版。

[4] 杨伯峻：《论语译注》，中华书局2006年版。

[5] 梁启雄：《荀子简释》，中华书局1953年版。

3. 学术著作

[1] 梁漱溟：《中国文化要义》，学林出版社1987年版。

[2] 蔡元培：《中国伦理学史》，东方出版社1996年版。

[3] 李泽厚：《中国古代思想史论》，人民出版社1986年版。

[4] 冯友兰：《中国哲学小史》，中国人民大学出版社2005年版。

[5] 朱贻庭主编：《伦理学大辞典》，上海辞书出版社2002年版。

[6] 陈少峰：《中国伦理学史》，北京大学出版社1995年版。

[7] 唐凯麟、曹刚：《重释传统》，华东师范大学出版社2000年版。

[8] 张立文：《和合之境》，华东师范大学出版社2001年版。

[9] 许亚非：《中国传统道德规范及其现代价值研究》，四川大学出版

社 2002 年版。

［10］顾希佳：《人生礼仪与中国文化》，人民出版社 2001 年版。

［11］陈来：《古代思想文化的世界：春秋时代的宗教、伦理和社会思想》，生活·读书·新知三联书店 2002 年版。

［12］钟敬文主编：《民俗学概论》，上海文艺出版社 1998 年版。

［13］吴成国：《中国人的人生礼仪生活》，湖北教育出版社 1999 年版。

［14］徐经泽主编：《中华魂丛书·人生礼仪卷》，山东人民出版社 1992 年版。

［15］冯天瑜等：《中华文化史》，上海人民出版社 1990 年版。

［16］乌丙安：《中国民俗学》，辽宁大学出版社 1985 年版。

［17］钱玄：《三礼通论》，南京师范大学出版社 1996 年版。

［18］杨华：《先秦礼乐文化》，湖北教育出版社 1996 年版。

［19］杨向奎：《宗周社会与礼乐文明》，人民出版社 1997 年版。

［20］王启发：《礼学思想体系探源》，中州古籍出版社 2005 年版。

［21］勾承益：《先秦礼学》，巴蜀书社 2002 年版。

［22］刘丰：《先秦礼学思想与社会整合》，中国人民大学出版社 2003 年版。

［23］陆建华：《荀子礼学研究》，安徽大学出版社 2004 年版。

［24］彭林：《中国古代人生礼仪文明》，中华书局 2004 年版。

［25］阴法鲁、许树安主编：《中国古代文化史》（二），北京大学出版社 1991 年版。

［26］邹昌林：《中国礼文化》，社会科学文献出版社 2000 年版。

［27］杨志刚：《中国人生礼仪制度研究》，华东师范大学出版社 2001 年版。

［28］杨向奎：《宗周社会与礼乐文明》，中华书局 1997 年版。

［29］彭湃：《人生礼仪与文化》，清华大学出版社 2007 年版。

［30］常金仓：《周代礼俗研究》，黑龙江人民出版社 2005 年版。

［31］唐凯麟：《伦理学》，高等教育出版社 2001 年版。

［32］葛晨虹：《中国人生礼仪文化》，经济科学出版社 2001 年版。

［33］罗国杰主编：《中国传统道德》，中国人民大学出版社 1995 年版。

［34］陈来：《古代宗教与伦理：儒家思想的根源》，生活·读书·新知

三联书店 1996 年版。

[35] 陈戍国:《先秦礼制研究》,湖南教育出版社 1991 年版。

[36] 李安宅: 《仪礼与礼记之社会学研究》,上海人民出版社 2005 年版。

[37] 马小红:《礼与法》,经济管理出版社 1997 年版。

[38] 万建忠:《中国历代葬礼》,北京图书馆出版社 1998 年版。

[39] 檀传宝:《学校道德教育原理》,教育科学出版社 2003 年版。

[40] 陆林:《中华家训》,安徽人民出版社 2001 年版。

[41] 王炳照:《中国古代私学与近代私立学校研究》,山东教育出版社 1997 年版。

[42] 侯外庐主编:《中国思想通史》第 4 卷,人民出版社 1954 年版。

[43] 吉国秀:《婚姻仪礼变迁与社会网络重建》,中国社会科学出版社 2005 年版。

[44] 王炳照、阎国华:《中国教育思想通史》,湖南教育出版社 1994 年版。

[45] 陈谷嘉、朱汉民:《中国德育思想研究》,浙江教育出版社 1998 年版。

[46] 程裕祯:《中国文化要略》,外语教学与研究出版社 1998 年版。

[47] 江万秀、车春秋: 《中国德育思想史》,湖南教育出版社 1992 年版。

[48] 陈谷嘉:《中国儒家伦理学》,人民出版社 1996 年版。

[49] 张岂之:《中国思想史》,西北大学出版社 1993 年版。

[50] 朱汉民:《传统文化导论》,湖南大学出版社 2000 年版。

[51] 陈根法:《德性论》,上海人民出版社 2004 年版。

[52] 傅治平:《和谐社会导论》,人民出版社 2005 年版。

[53] 唐凯麟、龙兴海:《个体道德论》,中国青年出版社 1993 年版。

[54] 陈晓龙:《知识与智慧——金岳霖哲学研究》,高等教育出版社 1997 年版。

[55] 石中英:《教育学的文化品格》,山西教育出版社 2005 年版。

[56] 孙秋云:《文化人类学教程》,民族出版社 2007 年版。

[57] 樊浩:《中国伦理精神的历史建构》,江苏人民出版社 2001 年版。

[58] 徐少锦：《中国家训史》，陕西人民出版社 2003 年版。

[59] 罗国杰：《道德建设论》，湖南人民出版社 2007 年版。

[60] 朱贻庭主编：《中国传统伦理思想史》（增订本），华东师范大学出版社 2003 年版。

[61] 冯友兰：《中国哲学简史》，新世界出版社 2004 年版。

[62] 焦国成：《中国伦理通论》，山西教育出版社 1997 年版。

[63] 黄济：《中国教育传统与教育现代化基本问题研究》，北京师范大学出版社 2003 年版。

[64] 高国希：《道德哲学》，复旦大学出版社 2005 年版。

[65] 韩钟文：《先秦儒家教育哲学思想研究》，齐鲁书社 2003 年版。

[66] 莫雷：《教育心理学》，广东高等教育出版社 2005 年版。

[67] 张积家：《普通心理学》，广东高等教育出版社 2005 年版。

[68] 陈会昌：《道德发展心理学》，安徽教育出版社 2004 年版。

[69] 姜飞月：《道德发展的理论》，黑龙江人民教育出版社 2002 年版。

[70] 邓球柏：《中国传统文化与思想政治教育》，首都师范大学出版社 1999 年版。

[71] 费孝通：《乡土中国生育制度》，北京大学出版社 1998 年版。

[72] 肖群忠：《孝与中国文化》，人民出版社 2001 年版。

[73] 彭兆荣：《人类学仪式的理论与实践》，民族出版社 2007 年版。

[74] 张应杭：《传统文化拟论》，上海人民出版社 2000 年版。

[75] 郭于华：《仪式与社会变迁》，社会科学文献出版社 2000 年版。

4. 主要学术论文

[1] 杜豫：《孔子与礼》，《孔子研究》1999 年第 3 期。

[2] 金景芳：《谈礼》，《历史研究》1996 年第 6 期。

[3] 吴贤哲：《从礼经看礼的起源、功用及其在中国文化史上的地位》，《孔子研究》1996 年第 2 期。

[4] 张良才：《中国传统人生礼仪教育及其现代价值》，《齐鲁学刊》2000 年第 4 期。

[5] 张晋藩：《论礼——中国法文化的核心》，《政法论坛》1995 年第 3 期。

［6］章全才：《礼的起源与本质》，《学术月刊》1963 年第 8 期。

［7］张世欣：《中国传统文化"和"观念辩解》，《学术月刊》1996 年第 1 期。

［8］于爱华：《古希腊和先秦和谐观之比较》，《天津商学院学报》2005 年第 1 期。

［9］邓红蕾：《中国古代人生礼仪文化的哲学思考》，《江汉论坛》1999 年第 4 期。

［10］高兆明：《"社会伦理"辩》，《学海》2005 年第 5 期。

［11］蔡和萧：《儒家"贵和"思想的现代世界意义及其价值实现》，《广东民族学院学报》（社会科学版）1995 年第 3 期。

［12］杨礼富：《浅议中国传统和谐伦理思想》，《东吴哲学》2004 年卷。

［13］王健敏：《中国传统人生礼仪文化与道德教育》，《浙江教育学院学报》2004 年第 6 期。

［14］徐桂红：《和谐与有序——孔子所追求的理想社会》，《理论导刊》1997 年第 10 期。

［15］辛全洲：《从儒家"礼"思想看和谐社会构建》，《青海师范大学学报》（哲学社会科学版）2005 年第 6 期。

［16］陆自荣：《儒家礼制中的和谐追求》，《北京理工大学学报》（社会科学版）2006 年第 2 期。

［17］李桂民：《论礼学的重礼情结与社会和谐理念》，《太原理工大学学报》（社会科学版）2005 年第 12 期。

［18］李文义：《孔子"礼"、"命"、"仁"概念及其意义》，《烟台大学学报》（哲学社会科学版）2004 年第 10 期。

［19］马慧娣：《和谐社会和"礼制"》，《清华大学学报》（哲学社会科学版）2005 年第 3 期。

［20］蒋景萍：《传统思想中的"礼"和"人生礼仪"》，《伦理学研究》2004 年第 3 期。

［21］韩凤鸣：《"礼"的产生和文明的起源》，《河海大学学报》（哲学社会科学版）2005 年第 9 期。

［22］高飞卫：《孔子与中国古代人生礼仪文化》，《陕西师范大学继续

教育学报》2004 年第 6 期。

［23］夏当英：《孔子道德本位的社会秩序论》，《安徽大学学报》（哲学社会科学版）2005 年第 5 期。

［24］安普华：《〈论语〉与孔子的礼学思想》，《湖南省社会主义学院学报》2005 年第 2 期。

［25］孙玉杰：《中国古代伦理道德教育机制初探》，《河南大学学报》（社会科学版）1999 年第 6 期。

［26］祖嘉合：《儒家道德教育方法对现代道德教育的启示》，《学校党建与思想教育》2005 年第 12 期。

［27］张自慧：《中国礼文化之和谐观探析》，《江淮论坛》2005 年第 3 期。

［28］王光松：《论礼治的现代转化问题》，《华南理工大学学报》（社会科学版）2002 年第 9 期。

［29］魏则胜、李萍：《道德教育的文化机制》，《教育研究》2007 年第 6 期。

［30］赵汀阳：《论道德金规则的最佳可能方案》，《中国社会科学》2005 年第 3 期。

［31］高谦民：《试论中国古代教育的重德精神》，《南京师大学报》（社会科学版）1998 年第 2 期。

［32］陈浩凯：《中国古代道德教育的特色及其启示》，《湖南社会科学》2001 年第 2 期。

［33］许启贤：《中国古代的人生礼仪及其教育》，《中州学刊》1994 年第 2 期。

［34］彭兆荣：《人类学仪式研究述评》，《民族研究》2002 年第 2 期。

［35］彭兆荣：《人类学仪式理论的知识谱系》，《民族研究》2003 年第 2 期。

后　记

　　中国传统文化实质上就是一种伦理道德文化，各种形态的传统美德是其价值表现形式，人生礼仪仪式则是伦理道德文化的一种实践形式。人生礼仪仪式不仅成为人们日常行为必须遵守的规范与准则，同时还被引入到宗法社会群体的行为规则中又延伸为区分尊卑贵贱、亲属等级的严格的礼法礼典，进而扩展到政治体制，形成了一整套维护统治秩序的系统而完整的社会治理程式，真正发挥了"经国家、定社稷、序人民、利后嗣"的作用。先秦著名的典籍《左传》多次阐明，华夏族之所以区别于其他族类，就是因为拥有"礼义"。因此，唐代著名学者孔颖达在解释《左传》时说："中国有礼义之大，故称夏；有服章之美，谓之华。华、夏一也。"在古汉语中，如果说"中国"的释义属于一个地域性的概念，那么，"华夏"则更倾向于一个文化概念，它是中华民族这一文化共同体的总称。从这个意义上讲，关注传统人生礼仪与古代个体品德培育问题是一项有价值的研究工作。

　　选择这个题目进行研究，首先是为了从理论上说明传统人生礼仪与个体品德培育之间的关系。知礼行礼，是文明的表现，是为善，自然会受到人们的赞誉与尊重；反之，则是野蛮的表现，是为恶，自然会受到人们的蔑视与谴责。我们的祖先对不讲礼仪的人和事是深恶痛绝的。《诗经·风·相鼠》通篇都在诅咒无礼之人，"人而无礼，胡不遄死？""人而无仪，不死何为？"意思是说，为人若不知礼，何不快死化为泥？为人若没有容仪，死了还有什么可惜的呢？《礼记·曲礼上》说："鹦鹉能言，不离飞鸟；猩猩能言，不离禽兽。今人而无礼，虽能言，不亦禽兽之心乎！"礼仪成为区分人与禽兽的重要标准。应该说，中国古代非常重视通过人生礼仪规范来强化个体品德培育。在信息化时代的今天，礼仪教育的条件更加成熟，各种仪式的手段和技术十分先进，但是，借助人生礼仪规范来强化思想政治教育的效果并不十分理想。相反，在我们的现实生活中，人生礼仪规范被人们忽略，是非善恶判断标准的相对化现象非常普遍。这必须引起我们思想政治教育工作者的高度重视。

其次，研究该问题还有一个目的就是试图从理论和实践的结合上探讨古代社会是如何将人生礼仪"内化"为一种传统的道德品质并据以规范和引导个体的行为。传统人生礼仪，就其本质而言，是传统社会普遍认可和遵守的道德规范。它既为人们的行为设立了标准，又给人们的行为指明了方向。传统人生礼仪使人们学会约束自己，也使人们知道了为什么要约束自己和如何约束自己。正如《礼记·曲礼上》所言："夫礼者，所以定亲疏、决嫌疑、别同异、明是非也。""道德仁义，非礼不成；教训正俗，非礼不备；分争辨讼，非礼不决；君臣上下，父子兄弟，非礼不定；宦学事师，非礼不亲；班朝、治军、莅官、行法，非礼威严不行；祷祠祭祀，供给鬼神，非礼不诚不庄。"但是，传统人生礼仪毕竟是一种软约束，如何让传统人生礼仪在实际生活和日常交往中规范和引导人们的行为，养成人们高度的自律意识，还需要我们做出理论上的明确阐释。

另外，研究传统人生礼仪与个体品德培育问题，旨在从传统人生礼仪中为今天的人们提供一套可供参照的个体品德培育模式，进而激发个体对礼仪仪式的内在需求。应该说，礼仪仪式就是一种规范的生活秩序。礼仪仪式是靠内驱力以人人遵循礼节、仪式和规矩而获得稳定的秩序，靠的是从仪式教化中养成的敬畏、虔诚与感恩意识，靠的是礼仪仪式内化在每一个人心中，达到自律、自爱与自立。本人在设想，通过对传统人生礼仪的研究，能否为现实生活中的人们提供一套可供比照的规范的个体品德培育模式，进而激发个体对礼仪仪式的内在需求，使人们的行为更加文明，更加符合现代公民的基本要求。

需要特别说明的是，在本书的写作过程中，得到了我的导师陈晓龙教授的指导，也得到了学院领导与同行们的关心和支持，在此表示真挚的谢意。还参阅了大量的书籍文献与学术论文，吸收了诸多近年来思想政治教育学、人类学、民俗学和伦理学领域已有的研究成果，有些未及

——注明，在此也一并表示致歉和感谢。还要特别感谢中国社会科学出版社的编辑老师，他们的辛勤劳动为本书增色不少。由于水平有限，书中难免有许多不妥甚至错误之处，恳请批评指正。

何继龄

2015 年 10 月于西北师大